三苏文化

苏轼评传

曾枣庄 著

巴蜀书社

图书在版编目（CIP）数据

苏轼评传 / 曾枣庄著. —成都：巴蜀书社，
2023.4
ISBN 978-7-5531-1954-0

Ⅰ．①苏… Ⅱ．①曾… Ⅲ．①苏轼（1036－1101）－
评传 Ⅳ．①K825.6

中国国家版本馆 CIP 数据核字（2023）第 055545 号

苏 轼 评 传
SUSHI PINGZHUAN

曾枣庄 著

出 品 人	林　建	
策　　划	侯安国	
责任编辑	王承军	
出　　版	巴蜀书社	
	四川省成都市锦江区三色路 238 号新华之星 A 座 36 层	
	邮编：610023	
	总编室电话：(028)86361843	
网　　址	www.bsbook.com	
发　　行	巴蜀书社	
	发行科电话：(028)86361852	
经　　销	新华书店	
照　　排	四川胜翔数码印务设计有限公司	
印　　刷	成都思潍彩色印务有限责任公司　(028)87510100	
版　　次	2023 年 4 月第 1 版	
印　　次	2023 年 4 月第 1 次印刷	
成品尺寸	240mm×170mm	
印　　张	18.25	
字　　数	300 千	
书　　号	ISBN 978-7-5531-1954-0	
定　　价	60.00 元	

本书若有印装质量问题，请与工厂调换

目　录

一 "长者明敏尤可爱"
——眉山和苏轼的少年时代

宋仁宗景祐三年（1036）阴历十二月十九日卯时，在四川眉山县城内纱縠行一个"门前万竿竹，堂上四库书"——富有文化传统的家庭里，一代文豪苏轼呱呱坠地了。

眉山位于四川成都西南二百里处，岷江由北而南纵贯全境。在眉山西南一百余里处有以秀丽著称于世的天下名山峨眉山，眉山境内也有一些浅丘。这里确实是山不高而秀，水不深而清，介岷、峨之间，为江山秀气所聚。陆游在《眉州披风榭拜东坡先生遗像》（《陆游集》卷九，中华书局，1978年。后引陆游诗文，只括注卷次、篇名。）诗中写道："蜿蜒回顾山有情，平铺十里江无声。孕奇蓄秀当此地，郁然千载诗书城。"在这"孕奇蓄秀"之地，孕育出苏轼这样的文豪，并不是偶然的。苏轼后来宦游祖国南北各地，仍然对其故乡山水十分眷恋，一往情深，经常回忆起故乡山水的美丽："吾家蜀江上，江水绿如蓝"（《东坡集》卷一《东湖》）；"每逢蜀叟谈终日，便觉峨眉翠扫空"（《东坡集》卷四《秀州报本禅院乡僧文长老方丈》）。

眉山不仅山水秀丽，而且气候温和，土地肥沃，物产丰富。苏轼在寒冷贫瘠的北方做官时，尤其感到故乡的温暖、富饶、可爱：

> 北方苦寒今未已，雪底波稜如铁甲。
>
> 岂如吾蜀富冬蔬，霜叶露芽寒更苗。
>
> （《东坡集》卷九《春菜》）

即使在鱼米之乡的江浙一带做官，他也免不了常常勾起思乡之情：

江南春尽水如天，肠断西湖春水船。

想见青衣江畔路，白鱼紫笋不论钱。

（《东坡集》卷一八《寄蔡子华》）

特别是《送运判朱朝奉入蜀》（《东坡集》卷二）一诗，苏轼以拟人化的手法，把自己盼归故乡写成故乡盼己归去，对故乡的深厚感情跃然纸上：

蔼蔼青城云，娟娟峨眉月。

随我西北来，照我光不灭。

我在尘土中，白云呼我归。

我游江湖上，明月湿我衣。

岷峨天一方，云月在我侧。

谓是山中人，相望了不隔。

梦寻西南路，默数长短亭。

似闻嘉陵江，跳波吹枕屏。

歌颂祖国的山河美是苏轼诗词一个重要的主题，这与他从小受着故乡山水的陶冶，养成了爱好大自然的性情，显然是分不开的。

陆游称眉山为"千载诗书城"。四川，特别是成都及其附近地区，自古以来就是文化发达的地区之一，在宋以前，特别是在文学领域，无论汉赋、唐诗还是宋词，可说都处于"表仪一代，领袖百家"的地位。

前人说，黄河流域是中华文化的发祥地。但大量的考古发掘证明，中华文化的发祥地不只是黄河流域，长江流域也是中华文化的摇篮之一：上游的巴蜀文化、中游的楚文化、下游的吴越文化。文化的发展，看来不只是一个由中心逐渐向外传播和扩展的过程，同时也是多个中心逐渐融合统一的过程。在"乃与秦塞通人烟"以前的巴蜀文化，显然不同于黄河流域的中原文化，其发达程度也不及中原文化。春秋战国时期，中原文化已高度发达，九流十家，学派林立，而这时的巴蜀文化根本不足以与中原文化媲美。

秦并六国自巴蜀始，并给巴蜀带来了先进的中原文化，把巴蜀文化纳入了中原文化的发展轨道。两汉、隋唐、两宋，巴蜀文化特别发达。苏轼说："文章之风，惟汉为盛，而贵显暴著者，蜀人为多。盖相如唱其前，而王褒继其后，峨冠曳佩，大车驷马，徜徉乎乡间之中，而蜀人始有好文之意。弦歌之声，与邹、鲁（孔子、孟子的故乡）比。"（《东坡集》卷一一《谢范舍人书》）周紫芝《中书舍人赵逑转一官致仕制》（《海陵集》卷二〇，四库全书本。下引此书，只括注卷次、篇名。）云："蜀士以文章名天下，代不乏人。比年以来，材俊辈出。"綦崇礼《乞搜访收用川蜀人才诸子》（黄淮、杨士奇《历代名臣奏议》卷一四二，上海古籍出版社影印永乐刊本。）云："臣窃观蜀地自昔盖多英才，由汉司马相如①、王褒②、扬雄③相继之后，世不乏人，至于皇朝，尤赖其用。如陈氏尧叟、尧佐、尧咨，范氏镇、百禄、祖禹，苏氏洵、轼、辙，皆蜀人也，其余知名者未易悉数。"蔡毓荣等康熙《四川总志·外纪》云："蜀之文人才士，每出皆表仪一代，领袖百家。汉如扬雄、王褒、司马相如，唐如陈子昂④、李白，宋如苏家父子，元如虞集，岂他方所能比拟？然不特此，香奁之彦，有花蕊夫人、当垆卓文君、制笺薛涛，才情岂在人下？"

一代有一代的文学。汉赋、唐诗、宋词、元曲，明清小说、戏剧，都是最足以代表时代特色的文学。汉赋四大家，除贾谊外，其他三家都是蜀人。司马相如是四川成都人，王褒是四川资中人，扬雄也是成都人，而成都、资中都离眉山很近。

唐诗是中国诗歌发展的顶峰。初唐诗坛领袖陈子昂，是四川射洪人。李白虽未必出生于四川（学界意见不统一），但从小在四川江油长大。杜甫虽非

---

① 司马相如（前179—前118）字长卿，蜀郡成都人，西汉著名文学家，长于辞赋，著有《子虚赋》《上林赋》等。

② 王褒字子渊，蜀郡资中（今四川资阳北）人，汉宣帝召见他，奉命作《圣主得贤臣颂》。官谏议大夫。作品以《洞箫赋》最为有名。

③ 扬雄（前53—8年）字子云，成都人，西汉末年著名思想家、文学家，著有《太玄》《法言》《羽猎赋》《长杨赋》等。

④ 陈子昂（661—702）字伯玉，梓州射洪（今四川射洪）人。武后时官右拾遗，直言敢谏，所陈多切中时弊。后解职归里，为县令段简所杀。他是唐代革新诗歌的先驱，对后世影响较大。

蜀人，但他现有的一千四百余首诗，有八百多首都作于四川。

从总体上看，词风不外婉约、豪放两派，而两派都源于蜀。婉约词的鼻祖是《花间集》①，编者是五代后蜀卫尉少卿赵崇祚，作序者是后蜀位至宰相的欧阳炯，入选词人或为蜀人，或虽非蜀人而在蜀做官，或曾游蜀。豪放词的创立者则是眉山苏轼。

巴蜀文人多属才子型。蜀中文人虽各有自己的个性，但才气横溢，豪放不羁似乎又是他们的共性，这也许是从蜀中山水得到的灵气吧！

蜀中不仅多才子，而且多才女，汉有"当垆"的卓文君，唐有制笺能诗的薛涛，五代有以宫词闻名的花蕊夫人，宋有张愈妻蒲芝，愈卒，蒲氏为诔，辞最工，蜀士多传诵，以至《宋史·张愈传》录其全文。

四川史学处于全国领先地位主要在两个时期。一是魏晋南北朝时期。谯周著有《后汉纪》《古史考》《蜀本纪》《益州志》《三巴记》《巴蜀异物志》等，可惜都已失传，仅《古史考》有辑本。陈寿著有《三国志》、《古国志》（已佚）、《益部耆旧传》（有辑本），特别是《三国志》，与《史记》《汉书》《后汉书》合称为"前四史"，取得了与司马迁、班固相当的史学地位。常璩著的《华阳国志》，更堪称"传诸不朽、见美来裔"的史学名著。二是宋代。宋代是中国史学最发达的时代，宋代的不少史学名著多出自蜀人之手。北宋范镇参与了欧阳修《新唐书》的编纂，范祖禹参与了司马光《资治通鉴》的编纂，并自著《唐鉴》十二卷，是宋代的唐史专家。南宋李焘有煌煌巨著《续资治通鉴长编》一千余卷（今存五百余卷），为研究北宋历史保存了丰富的资料。李心传著《建炎以来系年要录》二百卷，《建炎以来朝野杂记》四十二卷，为研究南宋前期特别是高宗朝的历史提供了丰富的史料。如果说魏晋南北朝时期蜀人是以地方史居于当时史学的领先地位，那么宋代蜀人则以当代史居于当时史学的领先地位。刘咸炘《重修宋史述意》谓"宋一代之史学实在蜀"，这是一点也不夸张的。

较之文学和史学，蜀中哲人略为逊色。汉代堪称思想家者为扬雄，但其

---

① 花间词派是五代西蜀出现的一派词人，如韦庄、薛昭蕴、牛峤、毛文锡、牛希济、欧阳炯、鹿虔扆、阎选、李珣、和凝、孙光宪等。后蜀赵崇祚把他们的作品编为《花间集》，因此得名。

主要哲学著作《太玄》，模仿《周易》，《法言》模仿《论语》，原创性的东西并不多。汉以后，宋以前，连与扬雄相当的思想家也没有出现过。在宋代出现了与朱熹齐名的理学家张栻，争得理学正统地位的魏了翁，在理学发展史上占有重要地位。

四川是中国土生土长的宗教——道教的发祥地。汉代张天师（张陵）入蜀，在四川大邑的鹤鸣山创立天师道，又叫五斗米道，这是道教的前身。其子张衡、孙张鲁传其教，张鲁还在汉中建立了政教合一的政权，并把五斗米道发展到全国。距眉山不远的青城山更是道教名山。唐僧入印取经，曾留住成都大慈寺。四川石刻佛像之多，就是佛教流行的产物。乐山大佛更是世界有名。大足有石刻造像五万多尊，广元千佛崖有造像七千多尊，夹江千佛岩有两千四百多尊；安岳、仁寿、资阳、巴中、潼南、荣县、合川等地，也有大量石刻佛像。四川石刻造像之大、之多、之精，在全国是罕见的。

四川的绘画以唐末、五代、宋代最为发达。他们除以绢、纸作画外，还在寺观内作壁画，仅成都大圣慈寺的壁画就达一万三千余件，"举天下之言唐画者，莫如成都之多"（李之纯《大圣慈寺画记》，袁说友《成都文类》卷四五，四库全书本）。五代时蜀中有著名画家如李升、黄筌等人，后蜀孟昶建立了翰林图画院，以黄筌为翰林待诏、权院事，这是中国最早正式建立的画院。入宋以后，四川的名画家也很多，如石恪、孙知傲、黄居寀、赵昌等。文同与苏轼创立的湖州画派，对后世文人画产生了深远影响，这是与四川绘画发达分不开的。

四川文化发达的原因很多，从根本上说，经济繁荣是文化发展的物质基础，巴蜀文化的发达是四川富庶的产物。四川四面高山，与中原隔绝，但它土地肥沃，气候温和，很适宜于农业生产的发展。特别是秦代李冰在蜀中兴建了一系列水利工程，使成都平原成为膏腴之地，至今仍得其利。常璩《华阳国志·蜀志》（四部丛刊本）称李冰的水利工程使蜀"旱则引水浸润，雨则杜塞水门，故记曰水旱从人，不知饥馑，时无荒岁，天下谓之天府"。顾祖禹《读史方舆纪要》四川总序称"蜀川土沃民殷，货贝充溢，自秦汉以来迄于南宋，赋税皆为天下最"。昔日成都的浣花之游，曾为不少文人墨客所艳叹，宋人任正一《游浣花记》(《成都文类》卷四六)云:"成都之俗以游乐相尚,而浣花为特甚……凡为是游者,架舟如屋,饰以缯采,莲樯衔尾,荡漾波间,箫鼓咏歌之声,喧哄而作。其不能具舟者依岸结棚,上下数里,以阅舟之往来。成都之人于他游观或不能皆出,至浣花则倾城而往。"若非民殷国富,这样的文化娱乐,几乎是不可想象的。

二是教育发达。先秦孔子办学,使齐鲁文化居于全国领先地位。西汉文翁为蜀守,在成都建立学校,选属县子弟入学,这就是后来的文翁石室。在文翁的影响下,蜀中郡县纷纷建立学校,教授门生动以百千计。发展到宋明,更是书院林立,超过州县之学。明人李长馥《修子云书院启》说,书院"多以名贤遗址为之,其在蜀者如北岩、紫岩、青莲、金华数书院,皆名人遗址"。

三是印刷出版业发达,四川是最早开始雕版印刷的地区之一。唐文宗大和年间,剑南两川已刻印历书鬻于市;咸通年间,刻有《唐韵》《玉篇》《金刚经》。五代后蜀宰相毋昭裔曾主持刻印九经,又令门人句中正、孙逢吉刻《文选》《初学记》《白氏六帖》。入宋以后,宋太祖曾派内侍到成都监雕《大藏经》。宋代有四大刻书中心,成都、眉山即其一。蜀本书字大如钱,墨黑如漆,刻印精美,为历代藏书家所珍视。

广泛的文化交流是蜀中文化发达的另一原因。在古代,"蜀道之难,难于上青天",四面高山的四川地形最不便于同外界的交流。但推动四川文化繁荣的重要因素之一,恰恰是同外界的文化交流。纵观古今四川出生的文化名人,几乎没有一个不出川的。汉代四川的三大赋家,唐代的陈子昂、李白,宋代的苏轼兄弟,他们都成名于川外,其主要文学活动都不在四川。另一方面,外地文人纷纷入蜀也大大推动了四川文化的发展。"天下诗人皆入蜀",唐宋尤为明显。初唐的王勃、卢照邻,盛唐的高适、岑参、杜甫,中唐的白居易、刘禹锡,晚唐的李商隐,五代的韦庄,宋代的黄庭坚、范成大、陆游,都曾入蜀做官或流寓蜀中。"蜀江水碧蜀山青"(白居易《长恨歌》),蜀中山水大大增加了他们的诗兴。唐五代入蜀画家也很多,画圣吴道子曾两次入蜀,把三百余里嘉陵江绘成壁画。安史之乱后,中原战乱频仍,避难入蜀的画家更多。五代宋初蜀中绘画名家辈出，显然与中原大批画家入蜀分不开。

经济繁荣，教育兴盛，出版业发达，本地文人的外流和外地文人的入蜀，是古代巴蜀文化发达的主要原因。

宋初，赵匡胤平定后蜀孟昶，接着又爆发了以全师雄为首的叛乱，给四川造成了很大的破坏，西蜀文化曾暂时低落。苏轼说："自孟氏入朝，民始息肩，救死扶伤不暇，故数十年间，学校衰息。"但是，经过宋初几十年的休养生息，随着经济的恢复，文化又逐渐繁荣起来。很多士人，"相继登于朝，以文章功业闻于天下。于是释耒耜而执笔砚者（放下农具来读书的）十室而九，比之西刘（西汉）又以（已）远过"（苏轼《谢范舍人书》）。在苏轼兄弟参加进士考试那一年，仅眉山一县被荐参加礼部进士考试的竟达四五十人之多，进士及第的就有十三人。苏轼从小受着这种发达文化的熏陶，这对他后来在文学艺术领域取得巨大的成就，无疑产生了有益的影响。

不仅如此，宋初文坛承袭了晚唐五代辞藻华丽而内容空虚的文风，而西蜀受"五代文弊"的影响要小些，西蜀文人仍"以西汉文词为宗师"。苏轼说："吾州之俗有近古者三：其士大夫贵经术而重氏族，其民尊吏而畏法，其农夫合耦以相助。盖有三代（夏、商、周）、汉唐之遗风，而他郡之所莫及也。"关于"士大夫贵经术"的情况，苏轼还进一步说："始朝廷以声律取士，而天圣以前学者，犹袭五代文弊。独吾州之士，通经学古，以西汉文词为宗师。方是时，四方指以为迂阔。至于郡县胥吏，皆挟经载笔，应对进退有足观者。"（卷一一《眉州远景楼记》）在整个文坛"犹袭五代文弊"时，眉州的士大夫却"贵经术"，"以西汉文词为宗师"，与欧阳修等人所倡导的古文革新合拍。苏洵父子三人后来深受欧阳修赏识，成为北宋古文革新的主将。唐宋散文八大家，苏洵父子就占了三家，这与他们受西蜀文风的熏陶也有直接关系。

苏轼字子瞻，号东坡，生于宋仁宗景祐三年（1036）。他的婴儿时期，由哺乳过八娘的乳母任采莲哺乳。任氏侍奉苏轼母亲三十五年，以后又随苏轼南北奔波，苏轼的三个儿子也是她带大的。苏轼贬官黄州期间，她才去世，终年七十二岁，葬于黄州临皋亭，苏轼作有《乳母任氏墓志铭》（《东坡文集》

卷八九）来悼念这位慈祥忠厚的老人。

苏轼八岁开始在乡塾读书，学校在眉山天庆观北极院中，有一百多个学生，老师是眉山道士张易简。苏轼在这里读了三年书，他从小勤学好问，关心世事，在乡塾里，一天有一位从京城来的人拿出石介①所作的《庆历圣德诗》给老师看，这是一首歌颂范仲淹②、欧阳修等人革新朝政的诗。年幼的苏轼从旁观看，好奇地问老师这是些什么人。先生说小孩子何必问这些。苏轼回答说，这是天上的人吗？那我就不用知道；如果也是地上的人，为什么不可问？先生见他出言不凡，才告诉他范仲淹等都是人中豪杰。年幼的苏轼对这些复杂的问题虽不全懂，但已留下了深刻的印象。他后来说："时虽未尽了（了解），则已私识之矣。"（《东坡文集》卷二四《范文正公集序》）

后来苏洵又送苏轼兄弟到眉山城西寿昌院州学教授刘微之那里读书。刘微之是当地很有学问的人，曾作《鹭鸶》诗，其中有"渔人忽惊起，雪片逐风斜"之句，他很得意。苏轼认为"逐风斜"没有写出鹭鸶归宿，不如"雪片落蒹葭"好。刘微之认为苏轼改得好，赞叹道："吾非若师也！"刘微之去世时，范镇③的悼亡诗有"案前曾立两贤良"之句，"两贤良"即指苏轼兄弟。

在家中苏轼兄弟"皆师先君"，以父亲苏洵为师。在苏轼十来岁时，苏洵曾叫他作《夏侯太初论》。苏轼竟写出了"人能碎千金之璧，不能无失声于破釜；能搏猛虎，不能无变色于蜂虿"这样的警句。苏洵很欣赏他的这篇习作。苏轼自己对这句也很得意，他在知密州（今山东诸城）时所作的《颜乐亭诗并序》（《东坡文集》卷一九）、《黠鼠赋》中两次用过这一警句。苏轼此语亦有所本，《晋书》卷四五《刘毅传》引邹湛曰："臣闻猛兽在田，荷戈而出，凡人能之；蜂虿作于怀袖，勇夫为之惊骇，出于意外故也。"《能改斋漫录》卷八认为"东坡意发于此"。东坡之意虽发于《晋书》，但语言之精粹远甚于

---

① 石介字守道，兖州奉符人，笃学有志，性行刚正，曾著书以戒奸佞，指切当时，无所忌讳。历任国子监宣讲，太子中允，直集贤院等职，著有《徂徕集》。

② 范仲淹（889—1052）字希文，苏州吴县（今江苏苏州市郊）人。庆历三年任参知政事，革新朝政，不久罢相，新政失败。有《范文正公集》。

③ 范镇字景仁，成都华阳人，官至翰林学士，因反对新法，以户部侍郎致仕。哲宗立，欲以为门下侍郎，固辞，封蜀国公。

《晋书》，故成为人们有无思想准备而表现迥异的千古名句。

大约在苏轼十岁左右，苏洵觉得欧阳修的《谢宣诏赴学士院，仍谢赐对衣、金带及马表》写得很好，就叫苏轼拟作。苏洵看了苏轼的拟作很满意，高兴地说："此子他日当自用之。"苏洵说准了，后来苏轼曾多次入学士院，并多次得到皇帝赏赐的对衣、金带及马。苏洵那时经常游学四方，回家后常把途中见闻告诉苏轼兄弟。在苏轼十二岁时，苏洵从虔州（今江西赣州）回来，对苏轼说，在虔州天竺寺有白居易亲笔书写的一首诗，笔势奇异，墨迹如新。诗的内容是：

> 一山门作两山门，两寺元从一寺分。
>
> 东涧水流西涧水，南山云起北山云。
>
> 前台花发后台见，上界钟清下界闻。
>
> 遥想吾师行道处，天香桂子落纷纷。

这首联珠叠璧式的奇诗，给苏轼留下了强烈印象。四十七年后，他贬官惠州（今广东惠州），途经虔州，特地前往寻访，可惜诗已不在，仅存刻石而已。（卷三八《天竺寺并序》）苏洵还经常以他在游学中的一些感受教育苏轼。他说，今后的文章写作技巧将越来越高，而思想内容将越来越差。因为他所接触的一些读书人都"慕远而忽近，贵华而贱实"，但他非常推崇颜醇之①的诗文，说他的文章"皆有为而作"，"中当世之过"，"如五谷必可以疗饥"，"如药石必可以伐病"，能解决实际问题。苏轼一生是牢牢记住了这一"先君之遗训"的。（卷一〇《凫绎先生文集序》）苏洵经常教育苏轼兄弟不要为文而文，认为文章"非能为之为工，乃不能不为之为工"。苏轼后来回忆说："自少闻先君之论文，以为古之圣人有所不能自已而作者。故轼与弟辙为文至多，而未尝敢有作文之意。"（卷一〇《南行前集序》）苏洵对苏轼兄弟性格的不同也很注意，他在《名二子说》（《嘉祐集笺注》卷一五，上海古籍出版社，

---

① 颜太初字醇之，号凫绎先生，徐州彭城（今江苏徐州）人。少博学，有隽才，慷慨好义，喜为诗，多讥切时事。

1993 年校点本。下引苏洵诗文只括注卷次。）中写道：

> 轮、辐（车轮上凑集于中心毂上的直木）、盖、轸（车箱底部四面的横木），皆有职乎车。而轼独若无所为者。虽然，去轼，则吾未见其为完车也。轼乎，吾惧汝之不外饰也！天下之车莫不由辙。而言车之功，辙不与焉。虽然，车仆马毙，而患亦不及辙。是辙者善处乎祸福之间也。辙乎，吾知免矣！

轼是车上用作扶手的横木，是露在外面的，因此说："轼乎，吾惧汝之不外饰也。"苏轼性格豪放不羁，锋芒毕露，确实"不外饰"，结果一生屡遭贬斥，差点被杀头。辙是车子碾过的印迹，它既无车之功，也无翻车之祸，"善处乎祸福之间"。苏辙性格冲和淡泊，深沉不露，在以后激烈的党争中，虽然也屡遭贬斥，但终能免祸，悠闲地度过了晚年。这篇短文，说明了他的两个儿子取名轼、辙的原因，表现了苏轼兄弟不同性格以及苏洵对二子的担心和希望。

苏轼的母亲程氏是大理寺丞程文应的女儿，也颇有文化。在苏洵游学四方时，她就成了苏轼兄弟的家庭教师，对他们亲授以书。一天，她读东汉史《范滂传》。范滂（137—169）因党锢之祸[①]为宦官所杀。临刑前，范滂与母亲诀别，要母亲割不忍之恩，不要过分悲伤。范母很坚强，安慰儿子说："既有令名，复求寿考，可得兼乎？"苏轼从旁问道：我如果成了范滂，母亲赞许吗？程夫人回答说：你能作范滂，难道我就不能作范滂之母吗？范滂有澄清天下的大志，苏轼从小也"奋厉有当世志"。程夫人高兴地说："吾有子矣！"

苏轼兄弟从小受着良好的家庭教育，熟读经史，纵论古今，文如泉涌，胸怀壮志，准备为国建立功业。他们有很多诗谈到他们少年时代的情况。苏轼说：

> 我昔家居断往还，著书不复窥园葵。
>
> （卷六《送安惇秀才失解西归》）

---

① 东汉桓帝时，李膺、陈蕃等反对宦官专权，宦官以"诽谤朝廷"的罪名，逮捕了李膺等二百多名"党人"，终身不许为官，史称"党锢之祸"。

我时年尚幼，作赋慕相如。

（卷一五《答任师中家汉公》）

苏辙也说：

念昔各年少，松筠闷南轩。

闭门书史丛，开口治乱根。

文章风云起，胸胆渤澥（渤海）宽。

不知身安危，俯仰道所存。

（《栾城集》卷七《初发彭城有感寄子瞻》，上海古籍出版社，1987年校点本。下引苏辙此集文，只括注篇名、卷次。引自《栾城后集》《栾城三集》者，加注《后集》《三集》）

除读书作文外，苏轼还常以琴棋书画自娱。《历代琴人传》引张左衮《琴经·大雅嗣音》说："古代多以琴世家，最著者……眉山三苏。"苏轼家藏有著名的唐代古琴——雷琴，为了弄清雷琴的发音情况，他曾把琴破开来进行研究。苏轼会棋，但棋艺不算高明。晚年贬官儋州期间他曾说："予素不解棋，尝独游庐山白鹤观，观中人皆阖户昼寝，独闻棋声于古松流水之间，意欣然喜之。自尔欲学，然终不解也。儿子（苏）过，乃粗能者。儋守张中日从之戏。予亦隅坐竟日，不以为厌也。"（卷四二《观棋并引》）苏轼从小爱好书法、绘画。苏辙说他"幼而好书，老而不倦"（《后集》卷二二《亡兄子瞻端明墓志铭》）。苏轼自己也说："凡物之可喜，足以悦人而不足以移人者，莫若书与画……始吾少时，尝好此二者。家之所有，惟恐其失之；人之所有，惟恐其不吾予也。"以致到了"薄富贵而厚于书，轻死生而重画"的地步。（卷一一《宝绘堂记》）苏轼在琴棋方面还不足以名家，但由于他从小酷好书法、绘画，在这方面却取得了很大成就。苏轼少年时代曾在眉山城西八十里的栖云寺读书，在石崖上作"连鳌山"三字，大如屋宇，雄劲飞动。二十一岁时他曾在成都净众寺为镇守成都的大臣张方平画像。

少年苏轼也具有一般少年的特点，爱好很广泛。根据苏轼自己后来的回忆，他曾听一位九十余岁的姓朱的老尼讲后蜀皇帝孟昶和花蕊夫人①在摩诃池上纳凉作词的故事：

> 余七岁时，见眉山老尼，姓朱，忘其名，年九十岁。自言尝随其师入蜀主孟昶宫中。一日大热，蜀主与花蕊夫人夜纳凉摩诃池上，作一词，朱具能记之。
>
> （《洞仙歌叙》）

他还同一些小朋友在宅旁园地凿石为戏，得一石砚：

> 轼年十二时，于所居纱縠行宅隙地中，与群儿凿地为戏。得异石如鱼，肤温莹，作浅碧色。表里皆细银星，扣之铿然，试以为砚，甚发墨，顾无贮水处。先君曰："是天砚也，有砚之德，而不足于形耳。"

苏轼对这块天石砚一直很宝爱，并把它传给儿子："元丰二年秋七月，予得罪下狱，家属流离，书籍散乱。明年至黄州，求砚不复得，以为失之矣。七年七月，舟行至当涂，发书笥（盛书笔器），忽复见之，甚喜，以付迨、过。"（《天石砚铭并序》）有时他又同小朋友喂鸟雀。在他所住的书堂前，长满了竹子、柏树、杂花，各种鸟都不怕人。其中有一种名叫桐花凤的鸟，羽毛红绿相间，特别美丽，常常三五成群地翔集于园庭中。苏轼在《异鹊》（《东坡集》卷一八）中写道：

> 昔我先君子，仁孝行于家。
> 家有五亩园，么凤集桐花。
> 是时乌与鹊，巢縠可俯挐。
> 忆我与诸儿，饲食观群呀。

---

① 花蕊夫人，五代后蜀主孟昶之夫人，姓徐，青城（今四川都江堰市西）人，能文，有宫词百首。

少年苏轼还爱种树，手植数万株，他在《戏作种松》（《东坡集》卷一一）诗中，形象地描述了松树的生长过程：

> 我昔少年日，种松满东冈。
>
> 初移一寸根，琐细如插秧。
>
> 二年黄茅下，一一攒麦芒。
>
> 三年出蓬艾，满山散牛羊。

有时他与表弟程之元像小黄牛一样满山遍野乱跑，寻找梨、栗、桔、柚。他在《送表弟程六知楚州》（《东坡集》卷一六）中回忆说：

> 我时与子皆儿童，狂走从人觅梨栗。
>
> 健如黄犊不可恃，陜过白驹那暇惜。
>
> 醴泉寺古垂橘柚，石头山高暗松栎。

有时他与弟弟苏辙登山涉水，"有山可登，有水可游，未始不褰（揭起）裳先之"（《栾城集》卷二四《武昌九曲亭记》）；有时他骑在牛背上，一面牧牛牧羊，任其吃草，一面津津有味地读书：

> 我昔在田间，但知羊与牛。
>
> 川平牛背稳，如驾百斛舟。
>
> 身行无人岸自移，我卧读书牛不知。
>
> 前有百尾羊，听我鞭声如鼓鼙。
>
> 我鞭不妄发，视其后者而鞭之。
>
> 泽中草木长，草长病牛羊。
>
> 寻山跨坑谷，腾趠（跃）筋骨强。
>
> （《东坡集》卷三《书晁说之〈考牧图〉后》）

四川当时的风俗，每到除夕，相与馈问，叫馈岁；酒食相邀，叫别岁；除夕晚上，通宵不眠，叫守岁。苏轼在《岐下岁暮思归，寄子由弟三首》之一《馈岁》（《东坡集》卷一）中回忆道：

农功各已收，岁事得相佐。

为欢恐无见，假物不论货。

山川随出产，贫富称小大。

置盘巨鲤横，发笼双兔卧。

富人事华靡，采绣光翻座。

贫者愧不能，微挚出春磨。

官居故人少，里巷佳节过。

亦欲举乡风，独唱无人和。

这首诗的前十二句记述了当时四川岁暮，无论贫富都相互馈送礼品的淳朴风俗，但从中也不难看出贫富的悬殊。富人很奢华，送的东西是"采绣光翻座"；贫穷的人没有这些东西相互馈送，只能送点"春磨"的食物而已。"独在异乡为异客，每逢佳节倍思亲"，诗的最后四句表现了苏轼对故乡风物和对弟弟子由的深切怀念。

每年正月初，草芽刚破土，苏轼兄弟就随人出游，叫作踏青。苏辙在《记岁首乡俗寄子瞻二首踏青》中说："江上冰消岸草青，三三五五踏青行。浮桥没水不胜重，野店压糟无复清。松下寒花初破萼，谷中幽鸟渐鸣嘤……缟裙红袂临江影，青盖骅骝踏石声。晓去争先心荡漾，暮归夸后醉纵横。"苏轼在《和子由踏青》（《东坡集》卷一）中也写道：

春风陌上惊微尘，游人初乐岁华新。

人闲正好路旁饮，麦短未怕游车轮。

城中居人厌城郭，喧阗晓出空四邻。

歌鼓惊山草木动，箪瓢散野乌鸢驯。

苏轼兄弟这两首诗生动反映了北宋四川踏青春游的热闹场面。江上冰消，岸边草绿，寒花破萼，幽鸟和鸣，城中居民倾城出动，三五成群，歌鼓喧阗，少女临江，骄骢争道，浮桥不堪重负，野店挤满游客，拂晓争先出城，黄昏乐而忘返。

四川每年二月十五日为"蚕市"，出卖蚕器和花木，演奏音乐，任人观赏。这时即使爱好读书的苏轼兄弟也坐不住了。苏轼在《和子由蚕市》中写道：

> 蜀人衣食常苦艰，蜀人游乐不知还。
> 千人耕种万人食，一年耕种一春闲。
> 闲时尚以蚕为市，共忘辛苦逐欣欢。
> 去年霜降斫秋获，今年箔积如连山。
> 破瓢为轮土为釜，争买不翅（通"啻"）金与纨。
> 忆昔与子皆童丱，年年废书走市观。
> 市人争夸斗巧智，野人喑哑遭欺谩。
> 诗来使我感旧事，不悲去国悲流年。

这些辛勤耕作、衣食艰难的农民，趁农闲时节去赶蚕市，市场上荻秆编织的席箔和破瓢、土釜等堆积如山，大家争相购买，贵重似乎不亚于金纨。这些农民用一年辛苦的收获去交换一点商品，又受到那些斗智弄巧的商人的欺诈。这首诗表明少年苏轼已开始注意社会问题，对贫苦农民怀着深厚的同情。

杜甫在少年时代就结交了很多著名的文人学士："甫昔少年日，早充观国宾。李邕求识面，王翰愿为邻。"（《奉赠韦左丞丈二十二韵》）苏轼的少年时代很少与名人往来："我年二十无朋俦，当时四海一子由。"（《东坡后集》卷二《送晁美叔》）十七岁时，苏轼曾与刘仲达交往，但刘仲达算不上什么名人。其后游成都，与和尚惟度、惟简相交往，"与之游甚熟"。惟度能讲史书上不曾记载的"唐末五代事"；惟简"精敏过人"，"二僧皆吾之所爱"（《东坡集》卷三一《中和相胜院记》）。但这"二僧"也算不上什么名人。苏轼青少年时代见到的名人似乎只有张方平。张方平（1006－1091）字安道，扬州人，自幼颖悟绝人，凡书皆一阅，终身不再读，人称"天下奇才"。他曾先后担任翰林学士、谏议大夫、御史中丞等职。至和元年（1054）张方平移镇成都，第二年苏轼兄弟去成都拜见张方平，张方平与苏轼兄弟初次交谈，就奇其才。苏轼兄弟向张方平呈交了自己的文章，苏洵问张方平，二子将从乡举，行吗？张方平看了苏轼兄弟的文章，回答苏洵说："从乡举，乘骐骥而驰间巷也。六科所以擢英俊，君二子从此选，犹不足骋其逸力尔。"（张方平《文安先生墓表》）据无名氏《瑞桂堂暇录》载，张方平安排苏轼父子住于斋舍，第二天出了六题来考苏轼兄弟，自己则于壁间密窥之。苏辙对题目有疑，指以示轼。苏轼不言，只是举笔倒敲几案，意为"管子注"。苏辙疑而未决，又指第二题示轼。苏轼却勾去了第二题，并开始答卷。二人完卷后，出来交与张方平。张方平非常高兴，因为第二题本无出处，是他故意用来考察苏轼兄弟的判断力的。张方平对苏洵说："二子皆天才，长者明敏尤可爱。然少者谨重，成就或过之。"苏轼兄弟的性格不同，确实太鲜明了，即使初见面，也能感觉到。苏轼"明敏"，"不外饰"，他的才气远远超过苏辙；而苏辙比苏轼"谨重"，他后来的官位确实比苏轼高。

二 "名震京师"
——进士及第

苏洵不仅对苏轼兄弟进行了精心的培养，并于嘉祐元年（1056）即苏轼二十一岁那年，不失时机地带领苏轼兄弟进京应试。苏洵虽不满意科举制度，但在当时除了应试，很难有其他出路。他在给张方平的信中说：

> 二子轼、辙……闻京师多贤大夫，欲往从之游，因以举进士。洵今年几五十，以懒钝废于世，誓将绝进取之意。惟此二子，不忍使之复为湮沦弃置之人。今年三月将与之如（入）京师。
>
> （《上张侍郎书》）

苏轼在《张文定公墓志铭》（《东坡后集》卷一七）中说，张方平"晚与轼先大夫游，论古今治乱，及一时人物，皆不谋而合。轼与弟辙，以是皆得出入门下"。他听说苏洵将带领儿子进京应试，立即给韩琦、欧阳修等写了推荐苏轼父子的信。

三月，苏轼父子按计划离别了故乡，经阆中出褒斜谷，发横渠镇，入凤翔驿，过长安，五月到达京城开封。在横渠镇，他们欣赏了那"乱山横翠幛，落月淡孤灯"（《东坡集》卷一《太白山下早行，至横渠镇，书崇寿院壁》）的奇异景色。在经过陕西扶风时，他们想找一旅店休息一下，已经走进去了，但见破烂不堪，无法居住，只好继续前进。在长安，苏洵作了《途次长安，上都漕付谏议》，诗云："丈夫正多念，老大不自安。居家不能乐，忽忽思中原。慨然弃乡庐，劫劫道路间。"来到河南崤山，马累死了，他们只好改乘驴子。苏轼后来问苏辙道："往日崎岖还记否？路长人困蹇驴嘶。"（《东坡集》

卷一《和子由渑池怀旧》）在渑池，他们停歇于奉闲僧舍，并题诗于壁。到达京城开封后，住在兴国寺浴室院。这时正遇上京城大雨，蔡河决口，水涌进城，房舍倒塌。直至七月，大雨才止，但仍然到处是水。苏轼登上龙津桥，观京城夜市，只见星寒月皎，灯火辉煌，如在江湖之上。他在《牛口见月》（《东坡续集》卷一）诗中回忆道：

> 忽忆丙申年，京邑大雨滂。
>
> 蔡河中夜决，横浸国南方。
>
> 车马无复见，纷纷操桅郎。
>
> 新秋忽已晴，九陌尚汪洋。
>
> 龙津观夜市，灯火亦煌煌。
>
> 新月皎如画，疏星弄寒芒。
>
> 不知京国喧，谓是江湖乡。

　　苏轼兄弟来到京城就积极准备参加考试。苏辙晚年隐居颍昌，在他的书橱里藏有《春秋传》一轴，就是嘉祐元年苏辙寓居兴国寺浴室时所亲书，并有次年夏苏轼所题书名。苏辙之孙苏籀翻到这些珍贵遗物时说，由此可想见祖父"尔时与坡公同学，潜心稽考"的情况（《栾城遗言》）。

　　当时的进士考试要经过举人考试、礼部复试、皇帝御试等几次筛选。嘉祐元年九月，苏轼兄弟顺利通过了举人考试。第二年正月，仁宗任命礼部侍郎兼翰林侍读学士欧阳修为主考官，国子监直讲梅尧臣①负责编排详定等具体事务，举行礼部考试。试题是《刑赏忠厚之至论》。苏轼在这篇仅六百余字的文章中（见《东坡集》卷二一）初步阐明了他一生所遵循的以仁政治国的思想，即"以君子长者之道待天下，使天下相率而归于君子长者之道"。他主张要赏罚分明："有一善，从而赏之"；"有一不善，从而罚之"。但他又强调"立法贵严而责人贵宽"，奖赏有拿不稳的地方要奖赏，惩罚有拿不稳的地方

---

① 梅尧臣字圣俞，宣城（今属安徽）人。官至都官员外郎，其诗和苏舜钦齐名，世称"苏梅"，是北宋诗歌革新运动的推动者。

就不要惩罚，所谓"赏疑从与"，"罚疑从去"，"罪疑惟轻，功疑惟重"，因为在他看来，"与其杀不辜，宁失不经"。赏重了，"不失为君子"；而罚重了，"则流而入于忍（残忍）"。梅尧臣读到这篇文章，觉得"有孟轲之风"，把它转给欧阳修看。欧阳修看后，"惊喜以为异人"，准备以这篇文章为第一。但又怕是他的学生曾巩的文章（宋代实行糊名考试，未揭晓时，不知作者），为避嫌疑，才作为第二名。接着礼部复试，又以"春秋对义"（即回答《春秋》一书的问题）获第一。嘉祐二年（1057）三月仁宗殿试，苏轼兄弟都同科进士及第，这时的大臣都对他们待以国士之礼。欧阳修在《与梅圣俞书》中说："读轼书，不觉汗出，快哉快哉。老夫当避路，放他出一头地也，可喜可喜。"又说："更三十年，无人道着我也！"欧阳修还派自己的门生晁美叔去拜访苏轼。苏轼后来回忆说："嘉祐初，轼与子由寓兴国浴室，美叔忽见访云：'吾从欧阳公游久矣。公令我来与子定交，谓子必名世，老夫亦须放他出一头地。'"苏轼《送晁美叔》（《东坡后集》卷二）诗，转述晁的话说："醉翁（欧阳修）遣我从子游，翁如退之蹈轲丘，尚欲放子出一头。"就是说的这件事。苏轼后来在文学上的成就也确实超过了欧阳修。可贵的是，欧阳修看到苏轼可能超过自己，不是把他踏下去，而是"尚欲放子出一头"，这是特别值得今人学习的。

据杨万里《诚斋诗话》记载，欧阳修曾问苏轼，《刑赏忠厚之至论》中所说"皋陶曰杀之三，尧曰宥之三"，此见何书？苏轼说事在《三国志·孔融传》注。欧阳修后来重看了《孔融传》注，没有这句话，又问苏轼。苏轼说，曹操灭袁绍，以袁熙妻赐其子曹丕。孔融说，过去武王伐纣以妲己赐周公。曹操惊问见于何书，孔融回答说："以今度之，想当然耳。"苏轼说，他所说的"皋陶曰杀之三，尧曰宥之三"，也是"意其如此"。欧阳修惊叹道："此人可谓善读书，善用书，他日文章必独步天下。"苏轼后来的诗、词、散文在很多方面也确实是"独步天下"。可贵的是，欧阳修并未因苏轼杜撰典故而斥责他，反而看出他"善读书，善用书"，善见人之所长，这也是特别值得今人学习的。

为什么欧阳修等人这样赏识苏轼呢？除了他应试文章的思想内容符合欧

阳修等人的政治主张外，还因为他的文风也符合欧阳修等人大力提倡的古文革新的要求。苏轼在《谢欧阳内翰书》（《东坡续集》卷一一）中说：

> 天下之事，难于改为。自昔五代之余，文教衰落，风俗靡靡，日以涂地。圣上慨然太息，思有以澄其源，疏其流，明诏天下，晓谕厥旨。于是招来雄俊魁伟敦厚朴直之士，罢去浮巧轻媚丛错采绣之文，将以追两汉之余，而渐复三代之故。士大夫不深明天子之心，用意过当，求深者或至于迂，务奇者怪僻而不可读。余风未殄，新弊复作。

这段话说明三个问题：（一）宋初深受"五代文弊"的影响，"风俗靡靡，日以涂地"。（二）朝廷正在矫正"五代文弊"，"罢去浮巧轻媚丛错采绣之文"，要恢复两汉三代的朴实文风。（三）但是，旧弊未除，新弊复作，有的"求深"，有的"务奇"，相互抄袭。在这种背景下，"以西汉文词为宗师"的苏轼文章，自然会大受朝廷赏识，特别是会受到正在倡导古文革新的欧阳修、梅尧臣等人的赏识。苏轼在《上梅龙图书》（《东坡续集》卷一一）中说："轼长于草野，不学时文，词语甚朴，无所藻饰。意者执事欲抑浮剽之文，故宁取此，以矫其弊。"以"无所藻饰"之文矫正"浮剽之文"，这正是当时古文革新运动的需要。

在苏轼兄弟应试的同时，苏洵持张方平的介绍信拜见了欧阳修，并献了自己所作的论文二十篇。欧阳修读了这些文章，认为具有荀子的文风，并把这些文章上奏朝廷。欧阳修说："书既出，而公卿士大夫争传之。其二子举进士皆在高等，亦以文学称于世。眉山在西南数千里外，一日父子隐然名动京师，而苏氏文章遂擅天下。""自来京师，一时后生学者皆尊其贤，学其文，以为师法。"（《故霸州文安县主簿苏君墓志铭》）曾巩也说："今参知政事欧阳公修为翰林学士，得其文而异之，以献于上。既而欧阳公为礼部，又得其二子之文，擢之高等。于是，三人之文章，盛传于世。得而读之者皆为之惊，或叹不可及，或慕而效之。自京师至于海隅障徼，学士大夫莫不知其名，家有其书。"（《苏明允哀词》）张方平也说："至京师，永叔（欧阳修）一见，大称叹，以为未始见夫人也，目为孙卿子（即荀子），献其书于朝。自是名动天下，士争传诵其文，时文为之一变。"（《文安先生墓表》）从以上记载不难看出，苏轼三父子的文名，当年在京城震动之大。

三 "变出不意"
——赴母丧返川

嘉祐二年（1057）四月，正当苏轼兄弟同科进士及第，父子兴高采烈的时候，突然得到家中噩耗，苏轼的母亲已于四月八日病故。苏轼父子仓促离京，赴丧返家，连与亲友告别都来不及。他们离家虽然仅仅一年多一点，但由于家中没有成年男子照管，加之程夫人病逝，因此家中是一派荒凉景象。苏洵在《与欧阳内翰第三书》中说：

> 洵昨出京仓惶，遂不得一别。去后数日，始知悔恨。盖一时间变出不意，遂扰乱如此……洵离家时无壮子弟守舍，归来屋庐倒坏，篱落破漏，如逃亡人家。今且谢绝过从，杜门不出。

这封信生动描述了他们仓皇离京和返家时的凄凉心情。苏轼父子返家后，把程夫人安葬在眉山安镇乡可龙里老翁泉旁，这里山环水抱，泉水淙淙，风景优美，地势雄壮。以后苏洵和苏轼的妻子王弗等人死后也葬在这里，这就是后来所说的苏坟。

苏轼居母丧期间，镇守成都的是龙图阁学士王素，苏轼曾去拜访他，并在《上知府王龙图书》（《东坡续集》卷一一）中提出了蓄兵、赋民等问题，表现了他对民间疾苦的关心。他在信中说，近年以来，蜀人抽筋割骨以奉其上，但仍不免于刑罚。有田者不敢望饱，有财者不敢望富，整天提心吊胆，担心死无葬身之地。老百姓处于困急之中，"箪瓢之馈，愈于千金"。因此，他认为王素治蜀是比较容易得人心的。他要王素正确处理"养兵以卫民"和"赋民以养兵"的关系，"此二者不可以有所厚薄"。薄于养兵，其患近而容易消除；厚于赋民，其忧远而难救。但为政之人大都知养兵之重要，只畏惧易除之近患；而不知重赋之危险，不知畏惧难救之远忧。他要王素注意"甲午之大乱出于民怨"。所谓"甲午之乱"就是指甲午年（994）四川爆发的王小波、李顺起义。他说，四川的老百姓对王素抱了很大的希望："今之饥者待公而食，寒者待公而衣，凡民之失其所者待公而安。"他希望王素深结蜀民之心，使蜀人能"安居无事，以养生送死"。

苏轼在乡期间，经常与亲朋往来于眉山、青神。他曾经去青神，在瑞草桥，与王淮奇"携壶藉草"，坐在草地上饮酒；夜还何村，携王箴坐庄门，吃瓜子炒豆；又与王愿游石佛镇猪母泉，看那神奇的一对鲤鱼；去星桥别业访程彝仲，与苏慎言叔、苏子明兄游蟆颐山。宋君用将去京城，来与苏轼告辞，苏轼写了一首《送宋君用游辇下》（冯应榴《苏文忠公诗合注》卷四九）诗勉励他。从诗的内容看，宋君用原来很有钱，慷慨大方，挥金如土："吾乡广平君（指宋君用），少与轻薄游。堆金等屋梁，穤稏（稻谷）百顷秋。朝筵罗红颜，夜庖炙肥牛。落魄穷书生，多以金帛酬。"后来家产很快被挥霍尽了，过着饥寒交迫的生活："高赀一朝尽，里巷认青眸？儿女号饥寒，亲友寡馈赒。中夜起长叹，慷慨商声（五音之一，其声凄厉）讴。"但他"平生负壮气，岂可遂尔休！"决心去京城谋出路，苏轼鼓励他说，溪鱼受困都还知道远游大海，更何况宋君用这样的豪士呢？"马壮仆正健，去去其无留！"

苏轼家中的疏竹轩，有一块怪石，他以细致的观察力和丰富的想象力，写了一首寓意深刻的《咏怪石》（《苏文忠公诗合注》卷四九）。开头写他觉得这块怪石没有什么用处，用来做捣衣石或柱墩易断；用来做磨刀石或墨砚又太粗劣，不能蓄水；系在箭的丝绳上吧，但它又不能做射鸟用的石制箭头；用来做碑吧，它又经不住镌刻。总之，毫无用处，应该丢掉。苏轼写道：

家有粗险石，植之疏竹轩。

人皆喜寻玩，吾独思弃捐。

以其无所用，晓夕空嶙然。

砧础则甲斨，砥砺乃枯顽。

于缴不可砻，以碑不可镌。

凡此六用无一取，令人争免长物观。

接着写怪石向苏轼托梦，为自己辩解：

> 谁知兹石本灵怪，忽从梦中至吾前。
> 初来若奇鬼，肩股何屑颜（瘦弱貌）。
> 渐闻硠礚（石落）声，久乃辨其言。
> 云我石之精，愤子辱我欲一宣。
> 天地之生我，族类广且蕃。
> 子向所称用者六，星罗电布盈溪山。
> 伤残破碎为世役，虽有小用乌足贤！
> 如我之徒亦甚寡，往往挂名经史间。
> 居海岱者充禹贡，雅与铅松相差间。
> 处魏榆者白昼语，意欲警惧骄君悛。
> 或在骊山拒强秦，万牛喘汗力莫牵。
> 或从扬州感卢老，代我问答多雄篇。
> 子今我得岂无益，震霆凛霜我不迁。
> 雕不加文磨不莹，子盍节概如我坚？

怪石对苏轼说，你所说的那些有用之石到处都是，伤残破碎，为世所役，虽有小用，不足为贵。而像我这样的怪石是世间少有的，而且往往名垂青史：海岱怪石与铅松同充禹贡；魏榆怪石警告骄君"作事不时，怨讟动于民"（事见《左传》昭公八年）；临潼怪石拒绝为秦始皇的骊山墓效劳（事见《长安志》）；扬州怪石有唐代诗人卢仝为之咏吟（见卢仝《萧宅二三子赠答诗》）。怪石这种"意欲警惧骄君悛"，"万牛喘汗力莫牵"，"震霆凛霜我不迁"以及"雕不加文磨不莹"的"节概"，深深感动了苏轼，他最后写道：

> 吾闻石言愧且谢，丑状欻去不可攀。
>
> 骇然觉坐想其语，勉书此诗席之端。

苏轼觉得怪石不但不丑，而且其精神高不可攀，故把怪石的"节概"书之席端，作为自己的座右铭。苏轼一生也具有怪石的"节概"，他一生都敢于"警惧骄君悛"，对他历仕的仁宗、英宗、神宗、哲宗都作过尖锐的批评；他也是"雕不加文磨不莹"，总是以自己的本来面目出现；他虽然屡遭贬逐，几乎被杀头，但总是保持着"万牛喘汗力不牵"，"震霆凛霜我不迁"的气节。但此诗偏偏先说自己瞧不起怪石，然后再写怪石托梦自辩、苏轼闻言折服，这就比直接歌颂怪石的"节概"，更富有戏剧性和吸引力。苏轼这首保存下来的较早的诗篇，已表现出苏轼诗豪放不羁的浪漫主义风格。

嘉祐四年（1059）十一月，苏轼服丧期满，同父亲、弟弟一同赴京。他们乘舟沿岷江、长江而下，经嘉州（今四川乐山）、犍为、宜宾、渝州（今重庆）、忠州（今重庆忠县）、夔州（今重庆奉节），出三峡，至江陵（今湖北江陵），然后陆行北上，经襄阳、唐州（今河南唐河）、许州（今河南许昌），于嘉祐五年（1060）二月到达京师。沿途山川景物很美，他写下了不少歌颂祖国山河的诗章。他在《初发嘉州》（《东坡续集》卷一）中写道：

> 朝发鼓阗阗，西风猎画旃。
>
> 故乡飘已远，往意浩无边。
>
> 锦水细不见，蛮江清更鲜。
>
> 奔腾过佛脚，旷荡造平川。
>
> 野市有禅客，钓台寻暮烟。
>
> 相期定先到，久立水潺潺。

早晨发船，鼓声阗阗，西风猎猎，画旗招展，故乡越来越远，锦江越来越细，直至再也看不到了，而奔腾的岷江在嘉州大佛寺脚下冲积成旷荡平川。"少陵山水是图经"，苏轼的纪行诗几乎也可作"图经"读，千余年后的今天，登上乐山大佛寺，朗诵"奔腾过佛脚，旷荡造平川"的诗句，你定会觉得苏轼真实地摄下了这里的壮阔景色。苏轼在诗末自注说："是日期乡僧宗一会别钓鱼台下。"诗的末四句即指此。苏轼在《江上看山》（《东坡续集》卷一）中还写道：

> 船上看山如走马，倏忽过去数百群。
>
> 前山槎牙忽变态，后岭杂沓如惊奔。
>
> 仰看微径斜缭绕，上有行人高缥缈。
>
> 舟中举手欲与言，孤帆南去如飞鸟。

这首诗从各个角度描绘了舟行之快，特别是以举手欲与高山行人谈话而孤帆已如飞鸟远逝来衬托舟行之快，更觉奇趣盎然。这一带的民风是淳朴的，他在《夜泊牛口》（《东坡续集》卷一）中写道：

> 日落江雾生，系舟宿牛口。
>
> 居民偶相聚，三四依古柳。
>
> 负薪出深谷，见客喜且售。
>
> 煮蔬为夜飧，安识肉与酒？
>
> 朔风吹茅屋，破壁见星斗。
>
> 儿女自咿嘤，亦足乐且久。

看到这样美丽的河山和淳朴的民风，苏轼不禁嘲笑自己何苦奔走仕途：

> 人生本无事，苦为世味诱。
>
> 富贵耀吾前，贫贱独难守。
>
> 谁知深山子，甘与麋鹿友。
>
> 置身落蛮荒，生意不自陋。
>
> 今予独何者，汲汲强奔走？

沿途的名胜古迹也很多，忠州有屈原塔。屈原本来没有到过忠州，但后人追念屈原忠魂，也在这里修塔纪念。苏轼在《屈原塔》（《东坡续集》卷一）中写道：

楚人悲屈原，千岁意未歇。

精魄飘何处，父老空哽咽。

至今沧江上，投饭救饥渴。

遗风成竞渡，猿叫楚山裂。

屈原古壮士，就死意甚烈。

世俗安得知，眷眷不忍决。

南宾旧属楚，山上有遗塔。

应是奉佛人，恐子就沦灭。

此事虽无凭，此意固已切。

古人谁不死，何必较考折。

名声实无穷，富贵亦暂热。

大夫知此理，所以持死节。

诗的前十二句泛写千百年来楚人悲吊屈原形成"遗风"，作为壮士的屈原自然是慷慨赴死的，但楚人总是对他怀着深深的眷恋之情。中间六句是说巴东本是古蜀楚地，故忠州也有屈原塔。屈原是否去过忠州虽然于史无凭，但忠州人民怀念屈原的心意却是真切的。最后六句是苏轼发出的感慨，屈原很懂得富贵是短暂的，声名才是无穷的，因此，宁死也要坚守节义。苏轼对屈原的仰慕之情溢于言表，而就苏轼一生看，他也确实是以节义自守的。

在湖北秭归有昭君村，是汉妃王昭君出生之地，杜甫"群山万壑赴荆门，生长明妃尚有村"（《咏怀古迹五首》）即指这里。苏轼经过这里时也写有《昭君村》（《东坡续集》卷一）诗：

昭君本楚人，艳色照江水。

楚人不敢娶，谓是汉妃子。

> 谁知去乡国，万里为胡鬼。
>
> 人言生女作门楣，昭君当时忧色衰。
>
> 古来人事尽如此，反复纵横安可知。

昭君身为汉妃，确实够高贵了，结果却远离乡国，死于匈奴；当时的人都很羡慕昭君，真是到了"遂令天下父母心，不重生男重生女"的程度，但昭君本人深锁汉宫却为自己容颜渐老、不得宠幸而忧伤。苏轼由此发出了古往今来人事反复的深沉感叹。

这一带还有刘备和诸葛亮的很多遗迹。苏轼在途经奉节时，寻访刘备遗迹，在《永安宫》（《东坡续集》卷一）诗中写道：

> 千年陵谷变，故宫安得存？
>
> 徘徊问耆老，惟有永安门。

睹物思人，他为当年刘备兵败彝陵（今湖北宜昌东）深感惋惜：

> 吁嗟蜀先主，兵败此亡魂。
>
> 只应法正死，使公去遭燔。

法正字孝直，初仕刘璋，后邀刘备取蜀，任蜀郡太守、尚书令、护军将军等职，成为刘备的重要谋士。刘备伐吴，诸葛亮屡谏不听，结果大败而还。诸葛亮感叹道："法孝直若在，则能制主上令不东行；就复东行，必不倾危矣！"（《三国志·法正传》）苏轼《永安宫》诗的最后两句即指此。

在奉节县西南七里处，有诸葛亮的八阵图。苏轼在《八阵碛》（《东坡续集》卷一）诗中，也为诸葛亮的壮志未酬深感惋惜：

> 孔明最后起，意欲扫群孽。
>
> 崎岖事节制，隐忍久不决。
>
> 老大遂成迁，岁月去如瞥。

六师纷未整，一旦英气折。
唯余八阵图，千古壮夔峡。

他在途经湖北襄阳时，还去瞻仰了诸葛亮的故居隆中，其《隆中》（《东坡续集》卷一）诗云：

诸葛来西国，千年爱未衰。
今朝游故里，蜀客不胜悲。

苏轼以文赋闻名于世，苏轼文赋又以前后《赤壁赋》为最著名。但苏轼最早的文赋不是大家熟知的前后《赤壁赋》，而是这次南行赴京途中所作的《滟滪堆赋》（《东坡文集》卷一）。这是现存苏轼最早的一篇赋，是一篇骚散并用，而以散句为主的文赋。其自叙云："世以瞿塘峡口滟滪堆为天下之至险，凡覆舟者，皆归咎于此石。以余观之，盖有功于斯人者。夫蜀江会百水而至于夔，淰漫浩汗，横放于大野，而峡之大小，曾不及其十一。苟先无以龃龉于其间，则江之远来，奔腾迅快，尽锐于瞿塘之口，则其险悍可畏，当不啻于今耳。因为之赋，以待好事者试观而思之。"论滟滪堆的功罪，就是此赋主旨。赋中多为散句："天下之至信者，惟水而已。江河之大与海之深，而可以意揣。惟其不自为形，而因物以赋形，是故千变万化而有必然之理……余泊舟乎瞿塘之口，而观乎滟滪之崔嵬，然后知其所以开峡而不去者，固有以也……方其未知有峡也，而战乎滟滪之下。喧豗震掉，尽力以与石斗，勃乎若万骑之西来……于是滔滔汩汩，相与入峡，安行而不敢怒。"但间杂有骚句，多用于描写："掀腾勃怒，万夫不敢前兮；宛然听命，惟圣人之所使……蜀江远来兮，浩漫漫之平沙。行千里而未尝龃龉兮，其意骄逞而不可摧。忽峡口之逼窄兮，纳万顷于一杯……忽孤城之当道，钩援临冲。毕于其下兮，城坚而不可取。矢尽剑折兮，迤逦循城而东去。"或用于抒发感慨："嗟夫！物固有以安而生变兮，亦有以用危而求安。得吾说而推之兮，亦足以知物理之固然。"郎晔云："杜甫《滟滪堆》诗云：'沉牛答云雨，如马戒舟航。天意存倾覆，神功接混茫。'公之此赋，颇存其意。"（《经进东坡文集事略》卷一，文学古籍刊行社，1957 年）其实苏轼《滟滪堆赋》所存之意更接近苏洵的《忆山送人》（卷一六）："长江浑浑流，触啮不可栏。苟非峡山壮，浩浩无隅边。恐是造物意，特使险且坚。江山两相值，后世无水患。"苏轼兄弟诗文的很多观点常常源于苏洵，此为例证之一。

除《滟滪堆赋》外，这次南行途中还作有一篇《屈原庙赋》（《苏轼文集》卷一）。关于此赋的写作时间有两说，一般认为也是南行途中所作，但郎晔《经进东坡文集事略》卷一载："晁无咎云：《屈原庙赋》者，苏公之所作也。公之初仕京师，遭父丧而浮江归蜀也，过楚屈原之祠，为赋以吊。"晁为苏门四学士之一，与苏轼关系密切，不当有误。有人说"宋人守丧期间一般不作诗文"，此恐不确。晁无咎明言"遭父丧而浮江归蜀也，过楚屈原之祠，为赋以吊"，难道晁还不知道宋人习俗吗？苏轼《书子由绝胜亭诗》（《苏轼文集》卷六八）云："'夜郎秋涨水连空，上有虚亭缥缈中。山满长天宜落日，江吹旷野作惊风。爨烟惨淡浮前浦，渔艇纵横逐钓筒。未省岳阳何似此，应须子细问南公。'蜀州新建绝胜亭，舍弟十九岁时作。"苏辙十九岁为嘉祐二年（1057），正是苏轼兄弟守母丧期间，这也证明"宋人守丧期间一般不作诗文"并不可靠。苏辙《巫山庙》（《栾城集》卷一），王文诰《苏诗总案》卷一以诗为嘉祐四年冬作，其实也作于"遭父丧而浮江归蜀"时。诗有"乘船入楚溯巴蜀，溃旋深恶秋水高。归来无恙无以报，川上麦熟可作醪。"嘉祐元年南行赴京是沿江东下，不得云"入楚溯巴蜀"；时乃出蜀，不得云"归来"；时乃深冬，不得云"秋水高"。郎晔《经进东坡文集事略》卷一："末云'嗟子区区，独为其难兮。虽不适中，要以为贤兮'，窃谓汉以来原之论定于此矣。又公尝言：'古为文譬造室，赋之于文，譬丹刻其楹桷也，无之不害于为室。'故公之文常以用为主，赋亦不皆仿《离骚》。虽然，非不及骚之辞也。"这里全面概括了此赋的内容与艺术特色。从内容看，此赋堪称"汉以来原之论定于此矣"。此赋主要歌颂屈原能"处难"。"人固有一死兮，处死之为难"，他既不肯"高举而远游"，又不肯"退默而深居"，更不肯"嗷嗷其怨慕"而伤害君臣关系，"力争而强谏"既无效，他就只有"死犹冀其感发而改行"这一

条路可走了："苟宗国之颠覆兮，吾亦独何爱于久生。"屈原以死明志虽有些
过头，但不失为贤（"虽不适中，要以为贤兮"）。又云："自子之逝今千载兮，
世愈狭而难存。贤者畏讥而改度兮，随俗变化，斫方以为圆。黾勉于乱世而
不能去兮，又或为之臣佐。变丹青于玉莹兮，彼乃谓子为非智。惟高节之不
可企及兮，宜夫人之不吾与。违国去俗死而不顾兮，岂不足以免于后世。"可
见此赋不仅是歌颂屈原，也是为人心不古，为今人的畏讥改度，随俗变化，
斫方为圆而发，他们不能企及屈原的高志，反谓其"非智"。从艺术上看，此
赋"不皆仿《离骚》"，这正是苏轼的独创性；但"非不及骚之辞"，也就是说
此赋可与《离骚》媲美，同样具有强烈的抒情色彩。"去家千里兮，生无所归
而死无以为坟。悲夫！""峡山高兮崔嵬，故居废兮行人哀。子孙散兮安在，
况复见兮高台"，生无归，死无坟，故居废，子孙散，贤人何其不幸！祝尧
《古赋辨体》（四库全书本）评此赋云："描写原心，如亲见之，末意更高，真
能发前人所未发"；"如危峰特立，有崭然之势"。

　　苏轼父子在这次赴京途中写了很多诗文，汇集为《南行集》。苏轼在《南
行前集叙》（《东坡集》卷二四）中强调了文贵自然，不要为作文而作文，硬
要到了胸中有话，不吐不快，即到了"不能自已"的程度时，才能写出好文
章。他说："昔之为文者，非能为之为工，乃不能不为之为工也。""古之圣
人，有不能自已而作者。"而《南行集》中的诗文都是沿途"山川之秀美，风
俗之朴陋，贤人君子之遗迹，与凡耳目之所接者，杂然有触于中，而发于吟
叹"。他们这些诗文都"得于谈笑之间，而非勉强所为之文也"。

四 "极论朝政得失"

——应制科试

苏轼兄弟来到京城后，苏轼被任命为河南福昌县（今河南宜阳）主簿，苏辙被任命为渑池县（今属河南）主簿。主簿是佐助知县典领文书，办理具体事务的九品小官。苏轼感到心中无数，曾向他的伯父苏涣请教"所以为政之方"。苏涣告诉他，为政就像作文，得到题目后，要考虑成熟才能下笔，这样写出的文章才是好文章；"为政亦然，有事入来，见得未破，不要下手，俟了了而后行，无有错也。"苏轼对此很重视，"以此言为家法"（《经进东坡文集事略》卷九《刑赏忠厚之至论》注）。苏轼一生都主张稳扎稳打，反对操之过急。

苏轼兄弟均未赴任，经欧阳修、杨畋等推荐，参加了秘阁的制科考试。苏轼参加了秘阁的直言极谏科考试。试前，苏轼上了二十五篇《进策》，二十五篇《进论》（见《东坡应诏集》）。秘阁考试时，作了《王者不治夷狄论》《礼以养人为本论》等六论（《东坡后集》卷一〇）。以前的秘阁考试，不起草，所以文章一般都写得不太好。从苏轼起才先起草，所以写得"文义灿然，时以为佳"。秘阁考试后又进行御试，仁宗亲至崇政殿策试，苏轼有《御试制科策》一篇（《东坡后集》卷一〇），"入三等"。自宋王朝建国以来，制策入三等的只有吴育①和苏轼两人。在苏轼应制科试所作的上述文章中，以二十五篇《进策》、《礼以养人为本论》和《御试制科策》最为重要，它们代表了苏轼在仁宗朝的政治主张，甚至可说代表了苏轼一生的政治主张；而这一政治主张，正是他在神宗朝和哲宗朝都屡遭贬斥的根源，对他的文学发展道路产

---

① 吴育字春卿，建安（今福建建瓯）人，从小奇颖博学，官至右谏议大夫、枢密副使、参知政事，遇事敢言。

生了深刻的影响。因此,这里必须作较详尽的论述。

嘉祐六年(1061)正月,苏辙兄弟因举制策,移居怀远驿。当时参加制科考试的人很多,一天,宰相韩琦对人说:"二苏在此,而诸人亦敢与较试,何也?"此话传出,十之八九的应试者都不试而去。(李廌《师友谈记》)七月,诏起居舍人、同知谏院司马光、同知谏院杨畋、知制诰沈遘为秘阁考官。秘阁考试过去都在八月,苏辙恰于此时生病,自料赶不上考试。宰相韩琦闻知苏辙生病,就上奏仁宗说:"今岁召制科之试,惟苏轼、苏辙最有声望,今闻苏辙偶病未可试,如此兄弟有一人不得就试,甚非众望,欲展限以俟。"仁宗照准。在苏辙生病时,韩琦多次派人了解病情,直至苏辙痊愈,才进行秘阁考试。(同上)秘阁共试六论:《王者不治夷狄论》《刘恺丁鸿孰贤论》《礼义信足以成德论》《形势不如德论》《礼以养人为本论》《既醉备五福论》(均见卷二)。苏辙后来在《追记入侍迩英讲四绝》(卷一五)诗中回忆说:"早岁西厢跪直言,起迎天步晚临轩。"并自注道:"辙昔举制策,坐于崇政西廊,盖迩英之比也。是日晚,仁皇自延和步入崇政,过所试幄前。瞻望天表,最为亲近。"这是苏辙第一次也是唯一一次见到仁宗皇帝,因为其后不到两年,仁宗就去世了。

苏轼的二十五篇《进策》分为三大部分:《策略》五篇,《策别》十七篇,《策断》三篇。五篇《策略》带有总论性质,分析了当时形势的危急以及形势危急的原因,提出了总的政治主张。

苏轼对形势的看法,概括起来就是"有治平之名而无治平之实"。

所谓"有治平之名"是说当时的形势表面上还是太平的。宋王朝结束了五代以来的分裂割据局面,中国重新统一,经过将近百年的经营,政局稳定,经济、文化、科学都较繁荣。经济上,农业、手工业都有较大发展,城市经济繁荣。"东南形胜,三吴都会,钱塘自古繁华。烟柳画桥,风帘翠幕,参差十万人家……市列珠玑,户盈罗绮,竞豪奢。"柳永①这首《望海潮》词,生动形象地描绘了当时城市的繁华。在科学文化方面,苏轼生活的时代可说是

---

① 柳永,原名三变,字耆卿,崇安(今属福建)人,生卒年不详,北宋著名词人,著有《乐章集》。

人才辈出的时代，出现了欧阳修、王安石①、曾巩、三苏父子、沈括②、司马光③等一大批文化名人，呈现出一派承平景象。

所谓"无治平之实"，是说在表面承平的背后，隐藏着深刻的社会危机，国内阶级矛盾和民族矛盾都非常尖锐。北宋的赋税很重，"二税（夏秋各收一次的田税）视唐增至七倍"。土地兼并很厉害："势官富姓，占田无限，兼并冒伪，习以成俗。"（《宋史·食货志》）北宋统治者虽然对广大人民进行了残酷掠夺，但由于宫廷"燕乐逾节，赐予无度"，"冗官耗于上，冗兵耗于下"，所以仍然财政拮据，入不敷出。人民不堪重负，民乱此起彼伏。苏轼生活在两次大的民乱之间：在他出生前四十多年，他的家乡四川爆发了王小波、李顺之乱④；在他死后不到二十年，中国南北又几乎同时爆发了宋江之乱和方腊之乱⑤。苏轼生活的年代虽然没有爆发过大规模的民乱，但小的民乱和兵乱仍不断爆发。苏轼在各地做官时，就曾追捕、镇压多起"谋反妖贼"。这一切说明当时的阶级矛盾非常尖锐。

宋代民族矛盾也很尖锐。宋代的开国皇帝赵匡胤对契丹和西夏的侵扰只搞消极防御。宋太宗曾征契丹，但连吃败仗。宋真宗时，契丹大举南下，朝臣纷纷主张逃命。宰相寇准力主抵抗，要求真宗御驾亲征。在取得胜利的情况下，仍然订立了澶渊之盟，每年向契丹贿赂金缯数十万两匹。其后，西夏也乘机侵扰、要挟，宋朝又向西夏进献大量财物。这一巨大费用既未换得边境的安宁，又进一步加重了人民的负担，加深了宋王朝的财政危机。

面对这种形势，统治阶级中一些有识之士，都有一种惶惶不可终日的危机感。苏洵在《审敌》一文中就说过："天下之势，如坐敝船之中，骎骎乎将

---

① 王安石（1021—1086）字介甫，号半山，临川（今江西抚州市临川区）人。曾两度为相，推行新法，是北宋著名政治家、思想家、文学家，著有《临川集》。

② 沈括（1031—1095）字存中，钱塘（今浙江杭州）人，北宋著名科学家，其所著《梦溪笔谈》被誉为中国科技发展史上的里程碑。

③ 司马光（1019—1086）字君实，陕西夏县（今山西夏县）人，位至宰相，反对王安石变法。北宋著名史学家，著有《司马温公文集》《资治通鉴》。

④ 宋太宗淳化四年（993），四川青城人王小波率众起义。他战死后，李顺继续率众造反，自称大顺王，众至数十万，攻克许多州县，两川大震。995年战败。

⑤ 宋徽宗宣和初年，宋江在山东、河北一带起义，流动作战，经历十郡。方腊于同时在睦州清溪（今浙江淳安）起义，先后攻占六州五十二县，兵败被俘，英勇就义。

入于深渊。"王安石在《上仁宗皇帝书》(《临川先生文集》卷三九,四部丛刊初编本。下引王安石诗文只注卷次。)中也说:

> 内顾则不能无以社稷为忧,外则不能无惧于夷狄。天下之财力日以困穷,而风俗日以衰坏。四方有志之士,谔谔然常恐天下之久不安。

苏轼对形势的看法与王安石相类似,他说:

> 国家无大兵革几百年矣。天下有治平之名,而无治平之实;有可忧之势,而无可忧之形。此其有未测者也。方今天下非有水旱、盗贼、人民流离之祸,而咨嗟怨愤,常若不安其生;非有乱臣割据,四分五裂之忧,而休养生息,常若不足于用;非有权臣专制,擅作威福之弊,而上下不交,君臣不亲;非有四夷交侵,边鄙不宁之灾,而中国皇皇(惶惶)常有外忧。(《东坡应诏集》卷一《策略第一》)

这就是说,当时在政治上统治阶级与被统治阶级之间的矛盾以及统治阶级内部的矛盾都已经非常尖锐,"上下不交,君臣不亲",人民已经到了"咨嗟怨愤","不安其生"的地步;经济上内囊空虚,财政拮据,"不足于用";在同辽和西夏的关系上,诚惶诚恐,时时担心遭受侵扰。用他在《思治论》(《东坡集》卷二一)中的话说,就是"今世有三患":"常患无财","常患无兵","常患无吏"。苏轼在《策略第一》中还作了一个生动的比喻,说当时宋王朝的状况就像一个病人闷闷不乐,问他哪里有病,他自己也说不出,"其言语、饮食、起居、动作,固无以异于常人,此庸医之所以为无足忧,而扁鹊、仓公(皆战国时名医)之所以望而惊也!"

在这种形势下,朝廷有识之士纷纷提出改革朝政的主张。真宗初年王禹偁[①]就主张"谨边防,通盟好";"减冗兵,并冗吏";"艰难选举,使入官不

---

① 王禹偁(954—1001)字元之,济州钜野(今山东巨野)人,进士及第,历任左司谏、翰林学士、知制诰等职。他是北宋初期倡导古文革新运动的重要人物。

035

滥";"沙汰僧尼，使疲民无耗";"亲大臣，远小人"（《宋史》卷二九三《王禹偁传》）。仁宗宝元二年（1039），宋祁[①]提出了去"三冗"的主张，认为"天下有定官无限员"，"天下厢军不任战而耗衣食"，"僧众日多而无定数"，这"三冗不去，不可为国"（《宋史》卷二八四《宋祁传》）。特别值得一提的是仁宗庆历三年（1043）在富弼[②]、韩琦[③]、欧阳修等人支持下，范仲淹[④]推行新政。新政的内容是"明黜陟"，"抑侥幸"，"精贡举"，"择长官"，"均公田"，"厚农桑"，"修武备"，"推恩信"，"重命令"，"减徭役"。当时仁宗"信向仲淹，悉采用之"。但由于"更张无渐，规摹阔大"，即没有经过充分准备，改革的范围涉及面广，触犯了官僚贵族的既得利益，"人心不悦"，"谤毁稍行"（《宋史》卷三一四《范仲淹传》），新政推行不到一年就被废止，范仲淹、富弼、韩琦相继被逐出朝廷。庆历新政的失败对苏轼思想影响很大。如果说宋王朝"有治平之名而无治平之实"的形势使他一生主张革新朝政的话，那么，庆历新政的失败教训，则使他懂得了革新朝政必须作好充分准备，稳扎稳打，坚持始终。范仲淹的改革虽然失败了，但是主张革新朝政的呼声并未停止。仁宗皇祐元年（1049），文彦博[⑤]主张并实行省兵，裁减年老体弱的禁军。嘉祐元年（1056），苏洵经欧阳修向朝廷上的《几策》《衡论》等，提出了自己的革新主张。嘉祐三年（1058），王安石上书仁宗，系统提出变法主张。同年，苏洵也上书仁宗系统提出十条革新措施。三年后即嘉祐六年（1061），苏轼应制科试，也系统提出了自己的革新主张。

苏轼说："其病之所由起者深，则其所以治之者，固非鲁莽因循苟且之所能去也。而天下之士，方且掇拾（拾取）三代之遗文，补葺汉唐之故事，以

---

① 宋祁（998—1063）字子京，安陆（今湖北宝应县南）人。任翰林学士、龙图阁学士等职，曾与欧阳修同撰《新唐书》。

② 富弼（1004—1083）字彦国，河南洛阳人。曾支持范仲淹新政，自己任相期间无所兴革，后来反对王安石变法。

③ 韩琦（1008—1075）字稚圭，相州安阳（今属河南）人，仁宗时位至宰相，神宗时屡次上书反对新法。

④ 范仲淹（889—1052），字希文，苏州吴县（今江苏苏州）人。庆历三年任参知政事。有《范文正公集》。

⑤ 文彦博（1006—1097）字宽夫，汾州介休（今属山西）人。仁宗时位至宰相，神宗时反对新法，元祐初拜平章军国重事，支持司马光废除新法。

为区区之论可以济世，不已疏乎？方今之世，苟不能涤荡振刷而卓然有所立，未见其可也。臣尝观西汉之衰，其君皆非有暴鸷淫虐之行，特以怠惰废弛，溺于宴安，畏期月（一年，指时间很短）之劳而忘千载之患，是以日趋于亡而不自知也。"（《策略第一》）

从以上这段话可以看出，苏轼主张"涤荡振刷"，这是要除旧；主张"卓然有所立"，这是要立新；反对"怠惰弛废，溺于宴安"，反对"畏期月之劳而忘千载之患"，这一切都是针对仁宗朝因循苟且的整个社会风气说的。这是苏轼在仁宗朝的主要斗争锋芒。苏轼主张"动而不息"，他说："天之所以刚健而不屈者，以其动而不息也……使天而不知动，则其块然者将腐坏而不能自持，况能以御万物哉！"（《策略第一》）他在《御试制科策》中进一步阐述了万物皆生于动的观点："天以日运故健，日月以日行故明，水以日流故不竭，人之四肢以日动故无疾，器以日用故不蠹。天下者，大器也，久置而不用，则委靡废放，日趋于弊而已矣。"这些话表明，苏轼同王安石一样，都是主张政治变革的。

当然"变法"与"变革"是两个既有联系又有区别的概念，"变革"的含义比"变法"广泛得多。苏轼是主张变革的，而王安石是主张变法的。苏辙说："公（苏轼）与介甫（王安石）议论素异。"（《东坡先生墓志铭》）就是说他们的主张从来不同，这种不同并不是从神宗朝王安石变法推行以后开始的，而是在仁宗朝苏轼刚刚登上政治舞台时就开始了。就在前引《策略第一》那段话中，苏轼在反对"因循苟且"后，又提出要反对"鲁莽"从事，指责那些"拾掇三代之遗文"的"天下之士"。这即使不是专指王安石，至少也包括了主张"法先王之政"的王安石。王安石在嘉祐三年（1058）写的《上仁宗皇帝言事书》中主张以"征诛"为变法开路，他说："古之人欲有所为，未尝不先之以征诛而后得其意"；"先王欲立法度，以变衰坏之俗而成人之才，虽有征诛之难，犹忍而为之。以为不若是，不可以有为也。"这种观点，是一贯主张稳扎稳打，反对操之过急的苏轼所不能接受的。苏轼反对下猛药，他所主张的变革是渐进的变革。他在《礼以养人为本论》中指出，法对治国是次要的，加之"惨毒繁难"，而天下的人却常常以为是最紧急的；礼是治国之本，加之又"和平简易"，而天下的人却以为不急需；正因为本末倒置，国家才未治理好，却怪法不好，又急急忙忙地变法。平常"治气养生"，"宣（宣泄）故纳新"，做起来很容易，即使过了头"也无大患"，但人们却畏难而不为，反而喜欢用"悍药毒石"去治病。苏轼感慨道："甚矣，人之惑也！"这段话清楚地表现了苏轼对以"征诛"为变法开路的猛政是不赞成的。苏轼后来在《问养生》（《东坡集》卷二三）中，把主张渐变，反对骤变的观点阐述得尤为清楚。他说："寒暑之极，至于折胶（冷到极点，可使胶折断）流金（热到极点，可使金属熔化），而物不以为病，其变者微也。寒暑之变，昼与日俱逝，夜与月并驰，俯仰之间屡变，而人不知者，微之至，和之极也。使此二极者相寻而狎至，则人之死久矣。"白天不知不觉地变成了黑夜，黑夜不知不觉地变成了白天；酷热的夏天不知不觉地变成了严寒的冬天，严寒的冬天不知不觉地变成了酷热的夏天；如果昼夜寒暑骤变，"则人之死久矣"。苏轼要求的变革就是这种微变、渐变。由此可见，在主张变革，反对仁宗朝的因循苟且这一点上，苏轼同王安石是一致的；但在如何变革的问题上，苏轼同王安石就分道扬镳了。

在变革什么的问题上，苏轼同王安石的分歧就更大了。王安石认为当时形势危急的原因是"患在不知法度"，"方今之法度，多不合先王之政"，出路就在于"变革天下之弊法"。苏轼却大不以为然。他说："天下有二患：有立法之弊，有任人之失。"二者中哪个是主要的呢？他明确指出"任人之失"是主要的。他说，过去汉因秦制，刑罚峻急，礼义消亡，所以贾谊①、董仲舒②"以立法更制为事"。"后世见二子（贾、董）之论，以为圣人治天下凡皆如此。是以腐儒小生皆欲妄有所变革，以惑乱世主。臣窃以为当今之患，虽法令有所未安，而天下之所以不大治者，失在于任人而非法制之罪也。"这里攻击的"欲妄有所变革"的"腐儒小生"，即使不是专指王安石，至少也是包括

---

① 贾谊（前200—前168），洛阳（今属河南）人，西汉政治家、文学家。主张削弱诸侯势力，抗击匈奴掠夺。

② 董仲舒（前179—前104?），广川（今河北景县广川镇）人，西汉儒学大师，以研究《公羊春秋》著名，提出罢黜百家，独尊儒术，以巩固封建君主专制，主张革除秦的弊政，提倡德治，即所谓"更化"。

了提出"患在不知法度"的王安石在内的。苏轼针对王安石"变革天下之弊法"的主张，首先用北宋曾几度变法的历史事实，证明变法未必有济于事。他说，宋自建国以来，"国家法令凡几变矣"。但这些变法"其名甚美，其实非大有益也"，并未能"致天下之大治"。苏轼认为，声律再好，奏非其人，也会走调；法律再好，任非其人，也"不能无奸"（《策略三》）。他说，汉唐法令不明，用法不密，"小人以无法为奸"；"今也法令明具而用之至密，举天下惟法之知。所欲排者，有小不如法，而可指以为瑕；所欲与（举）者，虽有所乖戾而可借法以为解，故小人以法为奸。"要排挤你，即使你只是"小不如法"，也可据法整你；要举拔你，即使你违法乱纪（"有所乖戾"），也可"借法以为解"（《决壅蔽》）。按现代人强调法治的眼光看，苏轼可能过分否定了法的作用。但古往今来的无数事实证明，法是死的，人是活的，吏治腐败，法再多再好也无济于事，不仅有法可以不执行，甚至还可"以法为奸"。苏轼的话还是很有见地的。苏轼还指出，过分强调任法，不能充分发挥个人的作用，会造成因循苟且，无所作为。他说："用法益密而进人益艰，贤者不见异，勇者不见私（偏爱），天下务为奉法循令，要以如式而止。"（《倡勇敢》）在同时所作的《应制举上两制书》（《东坡集》卷二八）中，苏轼认为当时存在的问题是"用法太密而不求情"。他说，天下未平时，法未立，人们各行其意，"故易以有功，而亦易以乱"；到了天下太平的时候，人们莫不趋于奉法，不敢用其私意而"惟法之知"，即使很有本事的人，也要"如法而止"，不敢在法律之外采取措施。各级官吏，包括宰相在内，"皆以奉法循令为称其职，拱手而任法"。或成或败，或治或乱，大家都认为自己没有责任，"非我也，法也"。苏轼深有感慨地说："法之弊，岂不亦甚矣哉！"他说，现在天下的人都庸庸碌碌，"莫有深思远虑者，皆任法之过也"。在这里，苏轼把当时的因循苟且，无所作为，拱手任法，照章办事，尸位素餐而无远虑，都归罪于"任法"。在"任法"与"任人"的关系上，苏轼说："人胜法则法为虚器，法胜人则人为备位。人与法并行而不相胜，则天下安。"表面看，他既反对"法胜人"，又反对"人胜法"，主张"人与法并行而不相胜"；但对"讲求法度"的王安石来说，无疑是包含有反对的意思的。后来他在《贺韩丞相再入启》

（《东坡集》卷二七）中说："任法而不任人，则责轻而忧浅，庸人之所安；任人而不任法，则责重而忧深，贤者之所乐。"庸人安于"任法"，贤者乐于"任人"，更明确地提出"任人"比"任法"重要。

苏轼也并非一概反对变法。他说："（法）苟不至于害民而不可不去者，皆不变也。"（《策略第三》）这里强调的仍是不要轻易变法。但这句话也可这样理解：法如果"害民"，且到了"不可不变"的程度，他也赞成变法。他在《进策》中所规划的种种变革措施，有一些就涉及变法问题。但苏轼强调变法要慎重，不要朝令夕改。他说，范仲淹为相，当他正在深思熟虑，准备提出变革措施的时候，仁宗感到他太慢了，不断催促他条陈天下之利害；但当他才开始条陈天下之利害，"百未及一二"，结果却因"举朝喧哗"，又把范仲淹逐出朝廷，所谓"庆历新政"也就烟消云散了。像这样朝令夕改，任人不专，怎么能达到天下"至治"呢？他主张应该像刘备任用诸葛亮治蜀，苻坚①任用王猛②治秦那样，信任大臣，放手让大臣治理，才能使他们"尽其才"而"备其功"。否则，"虽得贤人千万，一日百变法，天下益不可治"（《策略第三》）。总之，苏轼认为治理天下的关键在于用人得当，而不在于变法；不是迫不得已，"害民"到"不可不变"时，不要轻易变法；要变，就要考虑成熟，看准再变；既变，就要坚持到底，不要朝令夕改，虎头蛇尾，有始无终。

《进策》的第二部分即十七篇《策别》，由四部分组成：一是《课百官》六篇，即《厉法禁》《抑侥幸》《决壅蔽》《专任使》《无责难》《无沮善》；二是《安万民》六篇，即《敦教化》《劝亲睦》《均户口》《较赋役》《教战守》《去奸民》；三是《厚货财》两篇，即《省费用》《定军制》；四是《训兵旅》三篇，即《蓄材用》《练军实》《倡勇敢》。这是苏轼为缓和当时日趋尖锐的阶级矛盾和民族危机而提出的政治、经济、军事等方面的具体革新措施。其所涉范围之广泛和深刻的程度，在某些方面甚至超过了三年前王安石的《上仁宗皇帝言事书》。

---

① 苻坚（338—385），一名文玉，字永固，略阳临渭（今甘肃秦安东南）人，氐族，十六国时期前秦皇帝，357—385年在位。他任用王猛，统一了北方大部分地区。

② 王猛（325—375）字景略，北海剧县（今山东寿光东南）人，是苻坚的谋士和大臣，他整顿吏治，发展生产，统兵灭前燕。

《课百官》六篇主要是关于改革吏治的措施。苏轼主张厉行法禁，要赏罚严明，善无不赏，罪无不罚："自下而上，民有一介之善，不终朝而赏随之"；"自上而下，公卿大臣有毫发之罪，不终朝而罚随之。"苏轼对商鞅①、韩非②通过严刑峻法以督责天下是不赞成的，但对他们"用法始于贵戚大臣而后及于疏贱"是赞赏的，他也主张"厉法禁自大臣始"，应通过"击天下之大族，以服小民之心"，认为"天下之所谓权豪贵显而难令者，此乃圣人之所借以徇天下也"（《厉法禁》）。可见苏轼主张从政治上打击豪强。苏轼还主张择吏要严，他认为当时的官吏一是太多，"近岁以来，吏多而阙少"，往往一官而有三人，居官的一人，去官的一人，伺官（等着候补）的一人；二是太贪，正因为官多，在官时候少，闲居时候多，于是在官时就加紧刮地皮，以作为"闲居仰给之资"（《抑侥幸》）。当时是贿赂公行："凡贿赂先至者，朝请而夕得；徒手而来者，终年而不获。""举天下一毫之事，非金钱无以行之。"（《决壅蔽》）为了解决官冗官贪的问题，他反对升官有"一定之制"，不管才不才，到时候都升官；他主张应"法不一定，而以才之优劣为差"（《抑侥幸》）。他主张各地官吏"择人要精"，"任人宜久"，认为"凡今之弊，皆不精不久"造成的；他反对"三岁一迁"的制度，认为这会使"吏不为长远之计"，对为吏者"不可以仓卒而责成功"（《专任使》）。他主张择吏应不拘一格，因为世之贤者"或出于竖贾贱人，甚者至于盗贼"；而那些"儒生贵族"，有的倒"放肆不轨"，甚者连"小民"都不如。苏轼反对官吏一犯法"则终身不迁"的"今世之法"，主张给人以改过自新的机会，使违法之人可"竭力为善以自赎"（《无沮善》）。苏轼还反对举官连坐法，即被推荐的人有罪，推荐的人也要受惩处。他说："人之难知，自尧舜病之矣（从尧舜以来就以知人为难）。今日为善而明日为恶犹不可保，况于十数年之后？"他认为举官连坐是让"盗贼质劫良民以求苟免耳。为法之弊，至于如此，亦可变矣！"（《无责难》）前面说苏轼并非一概反对变法，这就是一个很典型的例子。

---

① 商鞅（约前390—前338），战国时政治家，法家代表人物，辅佐秦孝公变法，奠定了秦国富强的基础。

② 韩非（前280?—前233），战国末年思想家，法家代表人物，著有《韩非子》，系统总结了先秦法家学说，提出了法、术、势相结合的法家理论。

《安万民》六篇主要是关于缓和阶级矛盾以加强统治的革新措施。苏轼一方面主张应当减轻剥削，他说，古代设官是为了"裕民"，使老百姓富裕；现在设官是为了"胜民"，战胜老百姓。赋敛本来有固定的期限，但却以提前交纳为贤；本来有固定的数量，却以多交为能，"求利太广而用法太密"（《敦教化》）。苏轼还指责当时"贫富之相役，而占田之数无限"（卷九《御试制科策》）。他要求防止"兼并之族"既兼并土地而又逃避赋税。他说，几十年来，国家赋税混乱不堪，兼并之族赋甚轻，而贫弱之家却不免于重赋，有的甚至破产逃亡，不知到哪里去了，而赋税还保留着。这种情况不是一件两件，而是"天下皆是"。他主张根据买卖田地的契约来转移田赋，以防止兼并之族"多取其地而少入其赋"（《较赋税》）。这是主张从经济上限制豪强，限制兼并之族。另一方面，对人民的反抗，苏轼主张坚决镇压，"日夜整齐其人民而锄去其不善"。他认为当时内无权臣专权，外无诸侯割据，"万世之后，其尤可忧者，奸民也"（《去奸民》）。苏轼以后在各地做官就是从这两方面加强对人民的统治的。

《厚货财》两篇是苏轼为解决宋王朝入不敷出的财政危机而提出的"丰财"措施。为了解决当时财政拮据的问题，王安石强调开源，即他所谓的"理财"："因天下之力以生天下之财，取天下之财以供天下之费。自古治世，未尝以不足为天下之公患也，患在治财无其道耳。"王安石后来的很多变法措施，实际都是"取天下之财"的措施。苏轼则强调节流。他说："夫财岂有多少哉！人君之于天下，俯己以就人，则易为功；仰人以援己，则难为力。是故广取以给用，不如节用以廉取。""富而愈贪，求愈多而财愈不供。"他指责朝廷对"天下之利，莫不尽取"，关有征（赋税），市有租（租赋），盐铁有榷（专卖），酒有课（课税），茶有算（算赋），"天下之人方且穷思竭虑以求广利之门"（《省费用》）。这些观点正是他后来反对王安石变法实践的根源。这里指责的"穷思竭虑以求广利之门"的"天下之人"，自然也是包括了王安石在内的。为了节流，苏轼主张，第一，取消郊祀的大量赏赐，取消佛老宫观"以巨万计"的大量费用。在《御试制科策》中，苏轼还指责当时"后宫之费，不减敌国（不亚于每年向辽和西夏贿赂的费用）。金玉锦绣之工，日作而不息，朝成夕毁，务以相新。"这表明苏轼主张限制官僚贵族特别是皇族的特权。第二，裁减冗官。他说，河水之患应由沿河之吏"救灾"，但又设一都水监。这就像养马的人害怕"牧人"盗马粮，又设一"厩长"，结果是"厩长立而马益瘠（瘦）"，因为盗马粮的人更多了。第三，改革军制，裁减冗兵。他说，当时的军队不耕而聚于京师的数十万人，都靠各地的贡赋供养；又派禁兵戍守郡县，三年一迁，有的往返远至数千里，大大增加了负担。苏轼主张逐渐加强地方军队的训练，以负守土之责；逐渐减少禁军，除作皇帝扈从和捍城之外，别无他用。这样，"内无长聚仰给之费，而外无迁徙供馈之劳"，又可节省很多费用（《定军制》）。

《训军旅》三篇和《进策》的第三部分《策断》上、中、下三篇，都是苏轼为了镇压人民反抗，击败辽和西夏的侵扰而提出的战略策略与强军措施。苏轼在《进策》中花了很多篇幅论述这个问题，除《策断》三篇外，《策略第二》、《策别》中的《教战守》以及《训军旅》三篇都讲到这一问题。

苏轼系统总结了对辽和西夏软弱无能、妥协投降的教训。他说过去大臣不为长久之计，而用最下之策，每年"出金缯数十百万以资二强虏"。他指责当权者畏敌如虎，完全屈服于辽和西夏的威胁和讹诈。他们不折一箭，不失一镞，派出一位使者，提出一些"无厌（无法满足）之求，难塞之请"，来观察我们的反应。结果是朝廷喧哗，大臣赶忙研究对策。但隔了不久，边境又告急了。辽和西夏还没有发动战争，"吾君吾相"就整天诚惶诚恐，应接不暇，疲于奔命（《策略第二》）。

苏轼分析了当时的形势，国家每年以上百万的资财资助辽和西夏，"奉之者有限，而求之者无厌，此其势必至于战，战者必然之势也"。不是自己先打，就是对方先打；不是西夏先打，就是契丹先打。不可知的，只是战争爆发的"迟速远近"，但战争是肯定"不能免"的。但是，当时的状况完全不能适应战争的形势，"天下之人，骄惰脆弱，如妇人孺子不出于闺门。论战斗之事，则缩颈而股栗；闻盗贼之名，则掩耳而不愿听"。士大夫也口不言兵，以为"生事扰民"（《教战守》）。特别是"沿边之民，西顾而战栗；牧马之士，不敢弯弓而向北，吏士未战而先期于败"（《蓄材用》）。这样的民风士气，怎么能战斗呢？

针对这种形势，苏轼主张要积极备战。首先，他认为整个朝廷"待二虏失在于过重"，即过高估计了对方的力量，长期穷于应付，不能集中精力治理内政。他主张专门设一官吏，来处理同辽和西夏的关系，"而执政大臣得以专治内事"（《策略第二》《策断上》）。"内事"治好了，对敌就有力量了。

其次，苏轼批判了"以去兵为王者之盛节"的"迂儒之论"，认为当今之患"在于知安而不知危，能逸而不能劳"。他主张"教战守"，"使平民皆习于兵"，"使士大夫尊尚武勇，讲习兵法"。对在官府供职的老百姓和从民间抽来捕盗的差役都要进行军事训练，每年冬天应把他们集中于郡府进行考试，"有胜负，有赏罚"（《教战守》）。苏轼还主张"兵出于农"，兵农合一。他反对募兵制，认为那些应募而来的兵，终生以当兵为职业，必然成为"老弱之卒"，只能空耗资粮，而不能打仗。他主张实行征兵，三十岁以下的人才招为兵，当兵十年后仍重新为民。他说："今天下之患，在于民不知兵，故兵常骄悍而民常怯，盗贼攻之而不能御，戎狄掠之而不能抗。今使民得更代而为兵，兵得复还而为民，则天下之知兵者常众，而盗贼、戎狄将有所忌。"（《练军实》）在同时所作的《御试制科策》中，苏轼还主张募民屯田，即把不能战守的沿边之民迁到空闲之地，而另外招募强壮的人在边境屯田；等到屯田之兵增多了，戍边的军队就可减少，以便在几年之后，使"沿边之民尽为耕战之夫"。

第三，苏轼还批判了"勿为祸始"的"庸人之论"，主张要争取主动，要战守之权在我。他说，若战与不战之权操在敌方，自己就欲战不能，欲休不可；进不能战而退不能休，就只好求和；求和自我提出，就只有增多贿赂；战争之后又大量贿敌，就会国用不足；国用不足就必然加赋于民，对老百姓"暴取豪夺"。长期以来都是对方想打而我方欲和；对方也不是能常打仗，只是乘我方欲和之机，做起要打的样子进行要挟。要怎样才能扭转这种被动挨打的局面呢？他说："用兵有权，权之所在，其国乃胜。""欲天下之安，则莫若权在中国；欲权在中国，则莫若先发而后罢，示之以不惮，形之以好战。"（《策断上》）这就是说，越怕打，对方越要打；不怕打，做好打的准备，"示之以不惮，形之以好战"，反而打不起来。

第四，苏轼对西夏和契丹作了比较，认为契丹对宋王朝的威胁比西夏大；但"兵之所加，宜先于西"。因为自古以来要击败北方少数民族的骚扰，都必须通西域；而当时西域不通，就是因为西夏成了障碍。西夏比起宋王朝来，自然很小；但苏轼警告说，"大有所短，小有所长"，弄得不好，小的将战胜大的。大国地广而备多，备多而力分，"小国聚而大国分"，小国力量集中，大国力量分散，强弱之势就可能走向反面，此其一。大国之人如千金之子，自重多疑；小国之人穷无所恃，至死不顾，因此，"小国常勇而大国常怯"，此其二。大国恃其大而骄傲轻战，结果常吃败仗；小国知其小，往往深谋远虑，反易取胜，此其三。大国往往"君尊而上下不交，将军贵而吏士不亲，法令繁而民无所措其手足"；而小国之民若一家，"有忧则相恤，有急则相赴"，此其四。苏轼认为大国的长处就在于人力物力雄厚，可以分兵数出；小国人力物力薄弱，不能分兵多次应付。他认为要战胜西夏，就应分兵骚扰，轮番作战，弄得西夏疲于奔命。过去对西夏用兵不利，就在于没有用己之长，攻敌之短，"是以聚兵连年而终莫能服"（《策断中》）。苏轼对大小强弱辩证关系的这一分析，应该说是相当深刻的，颇有见地的。对于契丹，北宋统治者更是畏敌如虎，"以为不可得而图之"。苏轼不以为然，认为契丹"有可乘之势三"：一是契丹的朝廷百官，有"中国士大夫交错于其间"，其中也有"贤俊慷慨不屈之士"，他们受契丹凌辱，"有惋愤郁结而思变者"。二是沦陷区人民，被契丹"厚敛而役使"，皆有"内附之心"。三是契丹在幽燕之地"僭立四都，分置守宰，仓廪府库，莫不具备。有一旦之急，适足以自累，守之不能，弃之不忍，华夷杂居，易以生变"（《策断下》）。根据以上情况，苏轼认为是能够战胜契丹，收复失地的。

总之，在对待辽和西夏侵扰的问题上，苏轼与那些主张妥协苟安的保守派是不同的，而与王安石的观点是比较接近的。他是一个主战派，是一位爱国者。

苏轼这次应制科试，对时政的抨击是相当激烈的，是"直言当世之故，无所委曲"，直接提出当时存在的问题，一点不拐弯抹角。他指责仁宗皇帝无所作为，"未知勤"，"未知御臣之术"，认为仁宗亲策贤良之士，只不过是"以应故事而已"；他指责各级官吏因循苟且，"大臣不过遵用故事，小臣不过谨守簿书，上下相安，以苟岁月"（《御试制科策》）。他既反对仁宗因循守旧、苟且偷安；又反对王安石的变法主张，并提出了自己一整套革新主张。在改革的方法步骤上，他虽然没有王安石那样激进，但在改革的内容上，却比王安石的《上仁宗皇帝言事书》还要广泛，还要具体，有的甚至还要深刻一些。南宋理学家朱熹①曾说："二公（王安石、苏轼）之学皆不正……东坡初年若得用，未必其患不甚于荆公。"（《朱子语类》卷一三〇）所谓"学皆不正"是按照朱熹的标准说苏、王皆非正统儒学观点，因为他们两人都是主张革新弊政的；所谓"东坡初年若得用，未必其患不甚于荆公（王安石）"，正说明苏轼革新主张比王安石广泛，在某些方面甚至更彻底，更深刻。

苏轼说，他的这些主张都是他独立思考的结果。凡是他不赞成的，"虽古之所谓贤人之说，亦有所不取。虽以此自信，而亦以此自知其不悦于世也"（《东坡集》卷二八《上曾丞相书》）。据《苏诗总案》记载，对他的《进策》，"韩琦亦不善，王安石尤嫉之"。当时韩琦任宰相，王安石任知制诰，这些持重老臣和激进的变法派人物，都对他的《进策》不满意，确实是"不悦于世"。特别是他的弟弟苏辙，因极言政之得失，而对后宫之事尤其讲得深切，结果遭到攻击，要求罢黜他。虽然仁宗考虑到"以直言召人，而以直言去之，天下将谓我何？"不同意罢黜苏辙，但仍把苏辙置于"下等"。最初要任命苏辙作商州（今陕西商县）军事推官，任知制诰的王安石不肯撰词，结果未能赴任，在京城侍奉苏洵，闲居了几年。苏轼在《病中闻子由得告不赴商州》（《东坡集》卷二）中说"答策不堪宜落此"，"策曾忤世人嫌汝"，就是指他们应制科试所作的策论得罪了当权者。苏轼兄弟的言辞虽然激烈，但却是从忠君、从巩固宋王朝的统治这个根本点出发的，而且反映出他们眼光锐敏，确实击中了时弊。仁宗是看出这点的，他在读了苏轼兄弟的制策后，高兴地说："朕今日为子孙得两宰相矣！"（《宋史·苏轼传》）他们的文章也确实写得好，从此，"苏轼文章遂擅天下，学者多从讲问，以其文为师法"（《苏诗总案》）。

---

① 朱熹（1130—1200）字元晦，一字仲晦，号晦庵，徽州婺源（今属江西）人，是南宋唯心主义思想家，宋代理学的集大成者。著作很多，有《四书集注》《周易本义》《晦庵文集》《朱子语类》等。

五 "我初从政见鲁叟"

——签判凤翔

苏轼应制科试后不久，被任命为大理评事签书凤翔府（今陕西凤翔）判官。大理评事是掌管刑狱的京官；签书判官是州府幕职，掌管文书，佐助州官。这是以京官身份充州府签判，比起前次所授的河南福昌县主簿来，职位显著提升了。正如苏轼自己所说，"忽从县佐，擢与评刑"了。嘉祐六年（1061）十一月苏轼离京赴任，苏辙送他到郑州，相别于郑州西门外，十二月十四日到达凤翔。"冬十二月岁辛丑，我初从政见鲁叟。"（《东坡集》卷二《石鼓》）这是苏轼"从政"的开始。

凤翔府所属的地方是我国古代的关中之地。关中是我国古代文化发展的摇篮，这里有很多名胜古迹。他在途经京兆（今陕西西安）时，与刘京兆（即刘敞）痛饮数日，参观了他的石林亭。刘敞在京兆搜得石器数十件，并用它来考察三代制度，作《先秦古器记》。苏轼看到这些石器，感叹历史兴废说："都城日荒废，往事不可还。惟余古苑石，漂散在人间。公来始购蓄，不惮道里艰。……君看刘（汉）李（唐）末，不能保河关。况此百株石，鸿毛于泰山！"（《东坡集》卷一《次韵和刘京兆石林亭之作，石本唐苑中物，散流民间，刘购得之》）

苏轼在凤翔写有《凤翔八观》（《东坡集》卷二），介绍凤翔的八种文物遗迹。他在序中说："凤翔当秦蜀之交，士大夫之所朝夕往来。此八观者，又皆跬（半步为跬）步可至，而好事者有不能遍观焉，故作诗以告欲观而不知者。"一为石鼓，是唐代从宝鸡出土的，一直保存到现在，现存北京故宫博物院。它是我国最早的刻石文字，在十块鼓形石上，用大篆（籀文）刻着十首四言诗。这些诗在宋代已经字迹"模糊"，很难辨认："强寻偏旁推点画，时得一二遗八九"；"模糊半已隐瘢胝（手掌或足掌因长期磨擦而生的厚皮），诘曲（弯弯曲曲）犹能辨跟肘（足跟手肘，喻笔画）。"由于诗中没有人名岁月，因此很难确定刻石的时间，古人（包括苏轼）多认为是周宣王时的石刻："忆昔周宣歌《鸿雁》，当时籀史（大篆）变蝌蚪（小篆）"；"欲寻年岁无甲乙，岂有名字记谁某？"（《石鼓歌》）据近人考证是秦刻石，内容是记载秦国国君的游猎情况。二是诅楚碑文，是在开元寺出土的，当时放在凤翔府太守便厅内。碑文内容是记载秦穆公与楚结盟，相约万代不叛："先君穆公世，与楚约相捍。质（盟誓）之于巫咸，万叶期不叛。"后来却相互攻杀："今其后嗣王，乃敢构多难。刳胎杀无罪，亲族遭囹（拘禁）绊。"（《诅楚文》）三是王维、吴道子的绘画。王维（701—761）是唐代的著名诗人和画家。苏轼曾称赞王维"诗中有画"，"画中有诗"（《题蓝田烟雨图》）。当时在开元寺的东塔，有王维画的真迹："摩诘本诗老，佩紫袭芳荪。今观此壁画，亦若其诗清且敦。"这里同样强调了王维诗画相通，诗情画意融成一体的特点。吴道子名道玄，是唐代名画家，山水、佛像都画得很好，世尊为画圣。唐玄宗时曾召入宫廷。宋时开元寺和普门寺都有他的真迹："道子实雄放，浩如海波翻。当其下手风雨快，笔所未到气已吞。"可见吴道子的画以"雄放"为特色。苏轼本人就是画家，他很推崇王维和吴道子的画："吾观画品中，莫如二子尊。"在二人中尤其推崇王维："吴生虽妙绝，犹以画工论。摩诘得之于象外，有如仙翮谢笼樊。吾观二子皆神俊，又于维也敛衽无间言。"（《王维吴道子画》）此外，还有唐人杨惠之塑在天柱寺的维摩像、东湖、真兴寺阁、李氏园、秦穆公墓等。从《凤翔八观》可以看出，苏轼对我国的古文物是很有兴趣的。

苏轼在凤翔任上曾多次出访所属各县。他到任不久，就于嘉祐七年（1062）二月十三日至十九日到各县"减决囚犯"，并作《奉诏减决囚犯，记所经历》（《东坡集》卷一）寄子由。诗的开头写道："远人罹水旱，王命释俘囚。分县传明诏，循山得胜游。"十三日他来到武城镇（又叫石鼻寨，离宝鸡三十里），据传这个寨子是诸葛亮北伐中原时修建的，依山傍水，十分险要："薄暮来孤镇，登临忆武侯。峥嵘依绝壁，苍茫瞰奔流。"这天晚上宝鸡失火，他在三十里外都能隐约看见："半夜人呼急，横空火气浮。天遥殊不辨，风急已难收。"第二天早晨他来到宝鸡，到处都是烟煤狼藉，而那些吏卒还在吵吵嚷嚷，骚扰不堪。宝鸡是由陕入蜀的要道，到了这里不免引起他的乡思："南山连大散（关），归路走吾州。欲往安能遂，将归为少留。"十四日又从宝鸡到虢县（今陕西虢镇）。虢县东南十八里，有磻溪石，据说是姜太公钓鱼的地方："闻道磻溪石，犹存渭水头。苍崖虽有迹，大钓本无钩。"十五日到郿县（今陕西眉县），这里有董卓城，仿长安建造，俗谓之小长安。董卓（？—192），东汉末陇西临洮（今甘肃岷县）人，昭宁元年（189）率兵入洛阳，废少帝，立献帝，专断朝政。他仗恃"甲厚""金多"，妄图篡汉自立，最后被吕布所杀，露尸于市。董卓长得又肥又胖，天气又热，守尸吏就在他的肚脐眼上点火，"光明达曙，如是数日"。苏轼专门写了一首《郿坞》（《东坡集》卷一）来讽刺他："衣中甲厚行何惧，坞里金多退足凭。毕竟英雄谁得似？脐脂自照不须灯。"以后几天还访问了一些名胜，并有"二曲林泉胜，三川气象侔"；"乱峰巉似槊，一水淡如油"；"千重横翠石，百丈见游鯈"等写景名句。后来苏轼因祷雨等事还曾到过磻溪、阳平、斜谷等地。斜谷是诸葛亮北伐中原经过的地方："有怀诸葛公，万骑出汉巴。"苏轼对诸葛亮是很崇敬的，说他军令严明："吏士寂如水，萧萧闻马檛"；智略过人："君才与曹丕，岂止十倍加"；军声威猛："顾瞻三辅间，势若风卷沙。"他为诸葛亮壮志未酬，身死军中，深深感到惋惜："一朝长星坠，竟使蜀妇髽（妇女服丧的发髻）……客来空吊古，清泪落悲笳。"（《东坡集》卷一《憩怀贤阁》）此外，苏轼还曾游览过岐山西北七八里的周公庙和润德泉；周至县东三十七里处据说是尹喜旧宅的楼观（观南有老子庙），终南山上据说是老子向尹喜传经的授经台："此台一览秦川小，不待传经意已空。"（《东坡集》卷二《授经台》）

苏轼在离凤翔返京途中还写有《骊山》和《骊山三绝句》（《东坡续集》卷一、卷二），对历代统治者的骄奢亡国，作了辛辣的讽刺。后一组诗写道：

> 功成惟欲善持盈，可叹前王恃太平。
>
> 辛苦骊山山下土，阿房才废又华清。

几变雕墙几变灰，举烽指鹿事悠哉！

上皇不念前车戒，却怨骊山是祸胎。

海中方士觅三山，万古明知去不还。

咫尺秦陵是商鉴，朝元何必苦跻攀？

"举烽"，是指褒姒不好笑，周幽王为了逗她笑，无故举烽火，诸侯悉至，引起褒姒大笑。以后犬戎攻周，幽王举烽火征兵，结果诸侯因多次受骗，兵不至，幽王被犬戎杀死于骊山，西周灭亡。"指鹿"，是指秦二世时，赵高欲为乱，恐群臣不服从他，故意在二世面前把鹿说成马。群臣有的沉默，有的附和赵高；而如实讲是鹿的，都被赵高"阴中以法"，悄悄害死了。二世后来也为赵高所迫，自杀了。"上皇"指唐玄宗，他不以周幽王、秦二世为戒，继阿房宫之后，又在骊山大修华清宫、朝元阁，与杨贵妃兄妹过着荒淫的生活，结果导致安史之乱，使唐王朝一蹶不振。联系到苏轼在《进策》中指责仁宗"后宫之费，不减敌国。金玉锦绣之工，日作而不息，朝成夕毁，务以相新"，那么这组诗中所说的"辛苦骊山山下土，阿房才废又华清"；"上皇不念前车戒，却怨骊山是祸胎"；"咫尺秦陵暴商监（鉴），朝元何必苦跻攀"；以及《骊山》诗中所说的"由来留连多丧国，宴安鸩毒因奢惑"，显然都不是单纯的吟古，而是针对现实，有感而发。

总之，这一带充满了丰富的历史遗迹。苏轼在这里的记游诗，表现了他对祖国山河和悠久的历史文化的热爱，对为祖国历史增辉的英雄人物的景仰，对玷污了祖国的历史罪人的愤慨。

凤翔还是西北的军事重镇，是抗击西夏侵扰的前沿阵地。如前所述，苏轼在《进策》中就详尽规划了抗击西夏的战略策略。来到凤翔，他的职责之一是"飞刍挽粟，西赴边陲"（《东坡集》卷二六《凤翔到任谢执政启》），保证前方的军需供应。他在《和子由苦寒见寄》（《东坡集》卷一）中写道：

西羌解仇隙，猛士忧塞壖。

庙谋虽不战，虏意久欺天。

山西良家子,锦缘貂裘鲜。

千金买战马,百宝妆刀环。

何时逐汝去,与虏试周旋?

在这里他揭露了朝廷对西夏的妥协苟安("庙谋虽不战");揭露了西夏的骄横,暗示了战争不可避免("虏意久欺天");歌颂了人民("良家子")自发的抗敌热忱;表示自己"与虏试周旋"的决心,爱国之情溢于言表。

为了对付西夏,苏轼强调要关心民间疾苦,以缓和阶级矛盾。他在《上韩魏公论场务书》(《东坡集》卷二八)中说,西方之事,不是"随敝而拄,随坏而补"所能解决问题的,"非痛整齐之,其势不足以久安"。但是,要"痛整齐之","非可以仓卒轻言者";他于是提出了一些"救一时之急,解朝夕之患"的措施。他指出,过去这一带是比较"富强"的:"耕于野者,不愿为公侯;藏于民家者,多于府库。"但是,最近二十年以来,人民越来越贫困了,现在所谓的富民就是过去的仆隶;现在所谓的积蓄,都是过去残弃的东西。他说:"平安无事之时,不务多方优裕其民……而欲一旦纳之于患难,轼恐外忧未去,而内忧乘之也。凤翔、京兆,此两郡者陕西之囊橐(口袋,这里指粮仓之地)也。今使有变,则缘边被兵之郡,知战守而已。战而无食则北(败北),守而无财则散。使战不北,守不散,其权固在此两郡也。"这里他指出了凤翔的重要战略地位;指出了要加强边防,就必须"多方优裕其民"。他所提出的"救急""解患"措施,都是"多方优裕其民"的具体化。概括起来,主要有以下三点:

一是改革"衙前之役"。他说:"轼官于凤翔,见民之所最畏者,莫若衙前之役。""衙前"是北宋差役的一种,职责是代官府押送纲运,保管财物,并要包赔损失。这一带每年要砍终南山的竹木,编成木筏,从渭河入黄河,经三门峡砥柱之险,运到京城开封,每年弄得很多服役之人倾家荡产。苏轼刚到凤翔,就在《凤翔到任谢执政启》中说,衙前之役,"破荡民业,忽如春冰";他深感"救之无术,坐以自惭"。后来他经过调查,发现木筏之害,本不至于这样严重,如果在渭水、黄河未涨时,让操筏的人自己考察水势运送木筏，情况可能就会好得多；而官府偏规定在渭水、黄河暴涨时运送，造成严重危害。苏轼于是修订衙规，规定衙前之役可"自择水工，以时进止"。从此才使"衙前之害减半"。但问题并未真正解决。嘉祐八年（1063）三月仁宗去世，韩琦为山陵使，苏轼花了五个多月的时间来应付山陵所需木材。他在《和子由闻子瞻将如（入）终南太平宫溪堂读书》（《东坡集》卷一）一诗中说：

> 桥山日月迫，府县烦差抽。
>
> 王事谁敢愬，民劳吏宜羞。
>
> 中间罹旱暵，欲学唤雨鸠。
>
> 千夫挽一木，十步八九休。
>
> 渭水涸无泥，蔺堰旋插修。
>
> 对之食不饱，余事更遑求。

这首诗所说的即指仁宗于十月葬永昭陵，府县差役繁忙，谁也不敢违抗。看到老百姓不堪重负，作为官吏的苏轼深感羞愧。加之遭受严重旱灾（"罹旱暵"），渭水干涸，役夫非常艰辛："千夫挽一木，十步八九休。"面对这种情况，苏轼连饭都吃不下。这种感情，在苏轼四十年的宦游生活中是时时出现的。

二是主张"以官榷与民"。宋王朝建立后，就制定了商税条例，在全国各地设立场、务等机构，主管收税。宋王朝对人民生活中的一些必需品如茶、盐、酒、矾（印染的必要原料），实行官卖，又叫官榷。商税和官榷是宋王朝的重要财政收入。苏轼在《进策》中就反对关有征、市有租，盐铁有榷，酒有课，茶有算，反对"天下之利，（朝廷）莫不尽取"。在签判凤翔时，他明确主张把官榷"尽以予民"。这样虽会失掉二万贯专卖之利，但可从税收中得到一些补偿；即使就是完全失掉这笔收入，但比起"使民日益困穷而无告，异日无以待仓卒意外之患"来，也要有利得多。他说："朝廷自数十年以来，取之无术，用之无度，是以民日困，官日贫，一旦有大故，则政出一切不复有所择，此从来不革之过，今日之所宜深惩而永虑也。"（《上韩魏公论场务书》）这里仍在指责"不革之过"，可见苏轼仍在主张改革。

三是坚决主张免除积欠。当时凤翔府有很多人由于各种原因欠官府的债务而被关押。苏轼任凤翔府签判时，曾掌管积欠，经常鞭笞小民，却只能收回很少一点积欠。苏轼说："彼实侵盗欺官，而不以时偿，虽日挞无愧，然其间有甚足悲者。"因为这些人欠债的原因有些是很荒唐的，如管押竹木，被水冲走了，要赔；守护粮食布帛，岁久霉烂，也要赔。朝廷上下明明知道这些人的无辜，并且没有油水可榨，赔不起，只好赦免。但是，贪官污吏却借此敲诈勒索，有钱行贿则赦，无钱行贿则照样关押，甚至赦免六七次了，这些无钱行贿的人仍照样未赦。苏轼愤慨地说："天下之人，以为言出而莫敢违者，莫若天子之诏书也。今诏书且已许之，而三司之曹吏独不许，是犹可忍耶？"因此，苏轼上书主管部门，要求"自今苟无所隐欺者，一切除免"，以便这些欠债之人"皆得归，安其藜（灰菜）糗（炒熟的谷物），养其老幼，日晏而起，吏不至门"（《东坡集》卷二八《上蔡省主论放欠书》）。

苏轼还反对土地兼并。唐宋的土地兼并都很厉害，地主占有大片土地，形成庄田，在庄田上建造豪华的住宅，称为庄园。在凤翔城北有一座唐末李茂贞①的庄园，苏轼时已为王氏所有，其富丽堂皇不仅凤翔少见，就是整个关中恐怕也是独一无二的："不惟此地少，意恐关中独。"苏轼在描写了这个庄园的豪华后沉痛地写道："当时夺民田，失业安敢哭？谁家美园圃，籍没不容赎。此亭破千家，郁郁城之麓。"（《东坡集》卷一《李氏园》）城边上郁郁葱葱的李氏园是通过"夺民田""破千家"建立起来的，联系到苏轼在《进策》中指责"兼并之族"占田之数无限等议论，表明苏轼对官僚贵族不顾人民死活，大肆兼并土地是深恶痛绝的。

苏轼在凤翔任上，自然灾害一直比较严重。在当时的条件下，人们还在很大程度上靠天吃饭，是否风调雨顺，在很大程度上决定了一年的收成，并在一定程度上决定了国家的治乱。他说，秋收季节快到了，谷穗要有雨才能

---

① 李茂贞原名宋文通，因平定凤翔节度使李昌符之乱有功，唐僖宗赐名李茂贞，任凤翔节度使，后封秦王。

长得饱满；豆荚已结子了，要有雨才能长好；田野里还有空地，家中还有闲散劳动力，也等着雨耕种，不下雨"则余土不耕，闲民不种矣"。如果长时间不下雨，"即为凶岁，民食不继，盗贼且起"，"农民拱手以待饥馑，粒食将绝，盗贼且兴。"（《东坡集》卷三四《祷雨磻溪文》）苏轼很希望消除自然灾害给人民带来的巨大痛苦，他说："中间罹旱暵，欲学唤雨鸠"（《东坡集》卷一《和子由闻子瞻将如终南太平官溪堂读书》）；"安得梦随霹雳驾，马上倾倒天瓢翻"（《东坡集》卷一《至磻溪未明》）；"我来秋日午，旱久石床温。安得云如盖，能令雨泻盆。"（《东坡集》卷一《憩翠绿亭》）正因为苏轼渴望解除旱象，减轻人民痛苦，因此，一旦久旱逢雨，他的欣喜之情就溢于言表了。苏轼到凤翔后的第二年，开始修建官舍，并在公堂的北面建了一个亭子，作为休息之所。但这年春天久旱不雨，"民方以为忧"。到了三月才开始下雨，最初雨小，"民以为未足"；接着就下了三天大雨，于是官民都很高兴："官吏相与庆于庭，商贾相与歌于市，农夫相与忭（欢乐）于野。忧者以乐，病者以愈，而吾亭适成。"为了庆贺天雨，他特地把这个亭子命名为喜雨亭，并写下了著名的《喜雨亭记》（《东坡集》卷三一）。他说，五日不雨则无麦，十日不雨庄稼就种不下去，"无麦无禾，岁且荐饥（连年饥荒），狱讼繁兴，而盗贼滋炽，则吾与二三子，虽欲优游以乐于此亭，其可得耶？"全文以"亭以雨名，志喜也"为纲，从修亭写到忧旱，从忧旱讲到喜雨，讲到雨的意义，笔调轻松灵活，富于变化，生动反映了苏轼与民同忧，特别是与民同喜的感情。

苏轼刚到凤翔的时候，凤翔太守是宋选，苏轼对他是比较尊敬的。嘉祐元年（1056）苏轼赴京应试，经过扶风（今属陕西），这里的传舍（即旅舍）很坏，"不可居"；这次来到这里，发现传舍已修得如官府，如庙观，如富人之宅。各地来到这里住宿的人都乐而忘去；临去时，连马都回头长嘶，恋恋不舍。而这一馆舍，就是宋选到任后才修建的。苏轼由此想到，事无大小，只要认真对待，"天下何足治"；若嫌事小而不为，就什么事也干不成，"天下之所以不治者，常出于此"。宋选这样有地位的人，不仅对传舍，甚至比传舍更小的事，都"未尝不尽心"。苏轼说："尝食刍豢者，难于食菜；尝衣锦者，难于衣布；尝为其大者，不屑为其小，此天下之通患也。"（《东坡集》卷三一

《凤鸣驿记》）而宋选却事无大小，都很"尽心"。从苏轼一生经历看，他也是事无巨细，靡不尽心的。

嘉祐八年（1063）正月，陈公弼接替了宋选的职务。陈公弼是四川青神人，是苏轼的同乡。他待下很严，威震旁郡，僚吏不敢仰视。但苏轼却敢于同他争论。他后来在《陈公弼传》（《东坡集》卷三三）中说："轼官于凤翔，实从公二年。方是时，年少气盛，愚不更事，屡与公争议，至形于颜色，已而悔之。"可见，有时他们的关系相当紧张。陈公弼曾在这里筑凌虚台，并请苏轼作记。苏轼感慨道："物之废兴成毁，不可得而知也。"过去这里很荒芜，哪里知道会有凌虚台？而物之废兴成毁接连不断，现在的凌虚台，终有一天又会变成荒野。"台犹不足恃以长久，而况于人事之得丧，忽往而忽来者欤？而或者欲以夸世而自足，则过矣！盖世有足恃者，而不在乎台之存亡也。"（《东坡集》卷三一《凌虚台记》）苏轼这通议论，显然是对陈公弼之讽诫：官高位显并不足恃。后来，他们的关系有所缓和，比较融洽了，他们同登凌虚台，举酒赋诗："浩歌清兴发，放意末礼删。"（《东坡集》卷二《凌虚台》）苏轼同陈公弼的幼子陈季常的关系尤为密切，他们常在一起打猎，并于"马上论用兵及古今成败"（《东坡集》卷三三《方山子传》）。后来，他们成了终身的密友，特别是在苏轼贬官黄州期间，他们过从甚密，经常唱和往来。

嘉祐八年，苏轼在凤翔任上作了一篇《思治论》（《东坡集》卷二一），进一步概括和发展了他在《进策》中所提出的革新主张。文章一开头就提出了"方今天下何病哉"的问题，他认为在于"其始不立"，开始没有固定的奋斗目标；"其卒不成"，最终自然不能取得成功；"惟其不成，是以厌之，而愈不立也"，正因为未取得成功，就更加厌倦，更加没有奋斗目标。他指出，"今世有三患"，这就是"常患无财""常患无兵""常患无吏"。国家五十余年以来，"下之所以游谈聚议，而上之所以变政易令"，都是想解决"丰财""强兵""择吏"的问题，结果却是"财终不可丰"，"兵终不可强"，"吏终不可择"。苏轼认为根源就在于"其始不立，其卒不成"。苏轼指出："财之不丰，兵之不强，吏之不择，此三者存亡之所从出，而天下之大事也……此三者决不可不治。"经济上的"丰财"，军事上的"强兵"，政治上的"择吏"，这是关系国家生死存亡的三大问题，必须解决好。如何解决呢？

针对"其始不立"的问题，苏轼强调任何革新措施都必须"见之明（把问题症结看清楚）而策之熟（策划成熟）"，"先定其规模（事先拟好计划）而后从事"，要做到"行无越思"，一切措施都是经过深思熟虑的。苏轼说，人们修房子，都要对"为屋若干"，"用材几何，役夫几人，几日而成，土石材苇，吾于何取之"等问题，先规划好。可是，当时的朝政却是与此相反的一片混乱状态：

> 今治天下则不然。百官有司不知上之所欲为也，而人各有心：好大者欲王，好权者欲霸，而媮（苟且）者欲休息。文吏之所至，则治刑狱；而聚敛之臣，则以货财为急。民不知其所适从矣。及其发一政，则曰"姑试行之"而已，其济与否，固未可知也。前之政未见其利害，而后之政复发矣……用舍系于好恶，而废兴决于众寡。故万全之利，以小不便而废者有之矣；百世之患，以小利而不顾者有之矣。所用之人无常责，而所发之政无成效。此犹适千里不赍（携带）粮，而假丐于途人；治病不知其所当用之药，而百药皆试，以侥幸于一物之中。欲三患之去，不可得也。

当时宋王朝就是这样各自为政，各行其是，每发一政都"姑试行之"，屡试屡变，前政未废，后政复发，朝令夕改，虎头蛇尾，弄得老百姓无所适从。人无常责，政无成效，病急乱投医。针对这种混乱状态，苏轼强调要"所施专一"，制定计划要慎重，计划制定之后就应"发之以勇，守之以专，达之以强，日夜以求合于规摩之内，而无务出于其所规摩之外。其人专，其政一，然而不成者，未之有也"。

针对"其卒不成"的问题，苏轼特别强调孔子所说的"好谋而成"的"成"字，他说："好谋而不成，不如无谋"。他盛赞"古之人，有犯其至难而图其至远者"；盛赞"商君（鞅）之变秦法"，敢于"撄（触犯）万人之怒，排举国之说"。这里有一个正确对待社会舆论的问题。苏轼说："天下之士，不可以力胜。力不可胜，则莫若从众。"由此可见，苏轼是重视社会舆论的，强调"从众"的。但苏轼指出："从众者，非从众多之口；而从其所不言而同然者，是真从众也。"所谓"同然"，是指绝大多数人从内心深处认为是对的。他认为从众多之口并不一定是真正的从众，因为这些众多之口只不过是"闻于吾耳，而接于吾前"的议论，"于吾为众，于天下为寡"。他说："古之人常以从众得天下之心；而世之君子常以从众失之，不知夫古之人其所从者，非从其口而从其所同然也。"苏轼认为，只要是绝大多数人从内心深处认为是对的，而"犹有言者（还有反对意见），则可以勿恤也"。

苏轼的《思治论》同《进策》一样，其主要斗争锋芒是反对当时的因循守旧，没有宏伟的奋斗目标，更没有实现这一目标的决心。但同时对正在酝酿的王安石变法，无疑也是一个警告，强调要慎重，要"见之明而策之熟"，"先定其规模，而后从事"，反对轻举妄动。

六 "岐梁偶有往还诗"

——岐梁唱和

苏轼在任凤翔签判期间，苏辙留京侍父，在三年多的时间里，一在凤翔，一在开封，诗赋往还，唱和甚多。在治平元年（1065）正月苏轼罢凤翔任还京后，兄弟两人曾把这些诗编成《岐梁唱和诗集》。岐梁唱和诗是苏轼兄弟生活的真实记录。苏辙在《次韵姚孝孙判官见还岐梁唱和诗集》（《栾城集》卷三）中写道：

> 伯氏文章岂敢知，岐梁偶有往还诗。
>
> 自怜兄力能兼弟，谁肯埙终不听篪。
>
> 西虢春游池百顷，南溪秋入竹千枝。
>
> 恨君曾是关中吏，属和追陪失此时。

埙，土制乐器；篪，竹制乐器。《诗经·小雅·何人斯》有"伯氏吹埙，仲氏吹篪"之语，后人常用埙篪喻兄弟和睦。诗的前四句即写他们兄弟的岐梁唱和，赞美苏轼的诗文才力非自己所能比。五六句写苏轼在凤翔的游踪，末二句感慨姚孝孙当时也在关中作吏，可惜未能与之同游唱和。如果说《南行集》是三苏父子亲自编纂的唯一一部诗文合集，那么《岐梁唱和诗集》就是苏轼兄弟亲自编辑的唯一一部唱和诗集。这部诗集可能刊行过，《东坡外集》序所载苏轼二十余种集子里有《坡梁酬唱集》，或许就是《岐梁酬唱集》之误。现在连《坡梁酬唱集》也失传了，但这些诗仍分别保存在《栾城集》卷一、卷二和《苏轼诗集》卷三至卷五中，对研究和比较苏轼兄弟的思想和诗风很有价值。

《宋史·苏辙传》说他们兄弟"患难之中，友爱弥笃"，《岐梁唱和诗集》就是他们兄弟"友爱弥笃"的集中表现。在这以前，兄弟两人一直生活在一起，他们在驿车隆隆的怀远驿准备制科考试时，在一个"秋雨梧桐叶落时"的夜晚，对床夜雨，想到出仕未免远别，曾相约早退，苏轼赴凤翔任是他们兄弟第一次远别，依依不舍之情特深。苏辙送苏轼赴任，送了一程又一程，一直送到离京城一百四十里的郑州西门外，苏轼《辛丑十一月九日既与子由别于郑州西门之外，马上赋诗一篇寄之》（《苏轼诗集》卷三）充分抒发了他们兄弟的离别之苦：

> 不饮胡为醉兀兀，此心已逐归鞍发。
> 归人犹自念庭帏，今我何以慰寂寞？

苏辙回京读到苏轼的来诗，揣测他已经到达渑池，而渑池是他们六年前入京应试同经之地，故写了《怀渑池寄子瞻兄》（《栾城集》卷一）：

> 相携话别郑原上，共道长途怕雪泥。
> 归骑还寻大梁陌，行人已渡古崤西。
> 曾为县吏民知否，旧宿僧房壁共题。
> 遥想独游佳味少，无言骓马但鸣嘶。

前四句是答苏轼《郑州马上别子由》的，五六句是由近及远的回忆。苏辙诗的最后两句是设想苏轼独游乏味，以但闻骓马嘶鸣反衬苏轼无人与语。写苏轼的孤独也就包括了自己的孤独，而且比直抒自己的孤独更亲切感人。苏轼在《和子由渑池怀旧》（《东坡集》卷三）中告知苏辙说：

> 人生到处知何似？应似飞鸿踏雪泥。
> 泥上偶然留指爪，鸿飞那复计东西。
> 老僧已死成新塔，坏壁无由见旧题。
> 往日崎岖还记否？路长人困蹇驴嘶。

时间虽才隔六年，渑池僧舍已面目全非，老僧奉闲已死，壁上题诗也荡然无存，并由此发出了深沉的感慨：人生太渺小了，有如"飞鸿踏雪泥"，只能偶然留下一些爪痕而已；人生太短促了，转瞬之间，人也死了，壁上的题诗也"无由见"了。这是苏轼二十七岁时的作品。"往日崎岖还记否？路长人困蹇驴嘶"，与其说这是总结他往日生活道路的"崎岖"，还不如说是预示了未来生活道路的坎坷。他一生中经常发出类似的感慨，从中也可看出封建社会不得志的知识分子的精神苦闷和对现实的不满。

逢年过节，他们兄弟间的思念之情尤深。苏辙在《辛丑除日寄子瞻》（《栾城集》卷一）中描写自己在京城过节和对兄长的思念说："庖人馈鸡兔，家味宛如昔。有怀岐山下，辗转不能释……偶成一朝荣，遂使千里隔。何年相会欢，逢节勿轻掷。""一朝荣"付出了"千里隔"的代价，太伤感了。苏轼安慰弟弟说："诗成十日到，谁谓千里隔？一月寄一篇，忧愁何足掷！"（《苏轼诗集》卷三《次韵子由除日见寄》）

苏轼在凤翔期间经常出游，所游之地有的就是他们父子三人当年共同赴京所经之地，如太白山下的崇寿院。苏辙推测苏轼现在旧地重游一定会想到当年的联骑同游："据鞍应梦我，联骑昔尝曾"（《栾城集》卷一《次韵子瞻太白山下早行题崇寿院》）。有的地方与当年他们同游之地类似，苏轼来到冬温夏凉的仙游潭，觉得很像二峡的虾蟆培，所惜者是子由不能相伴而游："忽忆寻蟆培，方冬脱鹿裘。山川良甚似，水石亦堪俦。惟有泉傍饮，无人自献酬。"（《苏轼诗集》卷三《奉诏减决囚禁，记所经历寄子由》）这次又轮到苏辙安慰哥哥了："今游虽不与，后会岂无由？昼出同穿履，宵眠共覆裘。弟兄真欲尔，朋好定谁俦？"（《栾城集》卷一《次韵子瞻减降诸县囚徒，事毕登览》）有时碰上下雪，他们就联想到三峡为风雪所阻和郑州雪中相别，而现在却无人共同赏雪："江上同舟诗满箧，郑西分马涕垂膺……官舍度秋惊岁晚，寺楼见雪与谁登"（《苏轼诗集》卷四《九月二十日微雪怀子由弟》）；"尔来隔秦魏，渴望等饥饿。徒然遇佳雪，有酒谁与贺？"（《栾城集》卷一《次韵子瞻病中大雪》）苏辙非常希望能与兄同游："秦川雪尽南山出，思共肩舆看麦田"（《栾城集》卷二《寒食前一日寄子瞻》）；"兄从南山来，梦我南山下……相与千里隔,安得千里马"(《栾城集》卷二《和子瞻记梦》);"安得西飞鸿,送弟以与兄"(《栾城集》卷二《和子瞻读道藏》)。可惜既无千里马,也无西飞鸿,他就只好以和诗代陪游了:"平时出处常联袂,文翰叨陪旧服膺……离思隔年诗不尽,秦梁虽远速须应(酬答)"(《栾城集》卷一《次韵子瞻秋雪见寄》);"定邀道士弹鸣鹿,谁与溪堂共酒杯? 应有新诗还寄我,与君和取当游陪"(《栾城集》卷二《闻子瞻重游南山》);"尚何忆我为? 欲与我同游。我虽不能往,寄诗以解愁"(《栾城集》卷二《闻子瞻将入太平宫溪堂读书》)。——"和取当游陪","寄诗以解愁",这就是苏轼任凤翔签判期间,他们兄弟唱和诗特多的重要原因。

为了寄托兄弟间的思念之情,他们还不时互寄礼物。苏辙《子瞻寄示岐阳十五碑》(《栾城集》卷一)说:"堂上岐阳碑,吾兄所与我";《画文殊普贤》(《栾城集》卷二)说:"吾兄子瞻苦好异,败缯破纸收明鲜。自从西行止得此,试与记录代一观。"可见苏轼曾寄字画与苏辙。《子瞻见许骊山澄泥砚》(《栾城集》卷二)说:"长安新砚石同坚,不待书来遂许颁……早与封题寄书案,报君湘竹笔身斑。"说明苏轼还曾以澄泥砚寄苏辙,苏辙则以湘竹笔回赠。

从岐梁唱和诗还可看出苏辙兄弟对某些问题的看法并不一致,他们在唱和诗中经常发生争论,而且大半是弟弟反驳哥哥。苏轼的《王维吴道子画》(《苏轼诗集》卷三)生动概括了王、吴二家绘画的不同艺术风格,对两家都给予了很高的评价。但两相比较,苏轼更推崇王维:"吾观二子皆神俊,又于维也敛衽无间言。"苏辙的和诗针锋相对地反驳说:"壮马脱衔放平陆,步骤风雨百夫靡。美人婉娩守闲独,不出庭户修容止。女能嫣然笑倾国,马能一踠致千里。优柔自好勇自强,各自胜绝无彼此。谁言王摩诘,乃过吴道子?"在苏辙看来,壮马奔驰是"刚杰"之美,美人嫣然一笑是"软美",对二者不应有所轩轾。其实,苏轼在这里是在比较文人画和画工画的高低,他并不否认美的多样性。他在《孙莘老求墨妙亭诗》(《苏轼诗集》卷八)中说:"杜陵评书贵瘦硬,此论未公吾不凭。短长肥瘦各有态,玉环飞燕谁敢憎?"可见他们兄弟在美的多样性、风格的多样性的问题上,实际是没有分歧的。

苏轼游终南山下的玉女洞，其泉甚甘，带了两瓶回去，以后又派士卒专程去取玉女洞中水。古人能辨别淄渑水味的不同，有如鹤胫长与凫胫短一样清清楚楚。苏轼没有这种本事，又担心士卒以他水冒充，于是与寺僧破竹为契，僧藏其一，己藏其一，作为往来凭信，"戏谓之调水符"。但他觉得即使调水符也未必能防止士卒作假，故在《调水符》（《苏轼诗集》卷五）中感慨道：

> 欺谩久成俗，关市有契繻。
> 谁知南山下，取水亦置符！
> 古人辨淄渑，皎若鹤与凫。
> 吾今既谢此，但视符有无。
> 常恐汲水人，智出符之余。
> 多防竟无及，弃置为长吁。

苏辙在《和子瞻调水符》（《栾城集》卷二）中说：

> 多防出多欲，欲少防自简。
> 君看山中人，老死竟谁谩？
> 渴饮吾井泉，饥食瓯中饭。
> 何用费卒徒，取水负瓢罐。
> 置符未免欺，反复虑多变。
> 授君无忧符，阶下泉可咽。

苏轼的调水符和苏辙的无忧符，提出了一个非常值得深思的问题。苏轼是一个既能吃苦，又会享受的人，他的调水符就表现了他会享受的一面。"子由幼达"，清心寡欲，故能提出欲望低则忧虑少的主张。"多防出多欲，欲少防自简"，他的"无忧符"，简直可作为人们的座右铭。

他们对"三良"之死的看法也不同，子车氏之三子奄息、仲行、鍼虎为秦之良臣，人称三良。秦穆公死，以三良殉葬，国人哀之，《诗经·秦风·黄鸟》即为哀三良而作。苏轼《秦穆公墓》（《苏轼诗集》卷三）诗一翻此案，认为三良是自愿殉穆公，而非被迫殉葬："昔公生不诛孟明，岂有死之日而忍用其良？乃知三子殉公意，亦如齐之二子从田横。"孟明是佐助秦穆公建立霸权的百里奚之子，穆公派他将兵伐郑，兵败，群臣欲诛孟明，穆公却归咎于己，复使为政。田横在秦末大乱中，自立为齐王。刘邦称帝，田横与其徒逃居海中，刘邦召之，田横与二客至洛阳，横自杀身死，刘邦仍礼葬田横，拜其二客为都尉。但二客葬毕田横，亦自刎于田横墓旁。苏轼认为从秦穆公不诛孟明，可断言他不会强迫三良殉葬；三良的殉葬有如田横二客为主殉葬一样，完全是出于自愿，并说："古人感一饭，尚能杀其身。今人不复见此等，乃以所见疑古人。"苏辙的和诗反驳说，《诗经·黄鸟》所载"良临其穴，惴惴其栗"，证明三良之死决非自愿殉葬："三良百夫特（杰出者），岂为无益死？当年不幸见迫胁，诗人尚记临穴惴。岂如田横海中客，中原皆汉无报所……三良殉秦穆，要自不得已！"

苏轼在凤翔期间曾到终南山上清太平宫读道教经典《道藏》。他在《读道藏》（《苏轼诗集》卷四）诗中说："嗟余亦何幸，偶此琳宫居。宫中复何有，戢戢（聚集貌）千函书……乘闲窃掀搅，涉猎岂暇徐。"苏辙对这种涉猎、泛览的读书法也不以为然，他说："道书世多有，吾读老与庄。老庄已云多，何况其骈傍！所读嗟甚少，所得半已强。"（《栾城集》卷二《和子瞻读道藏》）可见苏辙读书主张少而精。总之，苏轼兄弟情谊甚深，但并不是兄唱弟随，而是和而不同，他们对很多问题的看法并不一致。

七 "丹旐俄惊返旧庐"
——最后一次返蜀

苏轼从仁宗嘉祐六年（1061）赴凤翔任，至英宗治平二年（1065）还朝判官告院，按虚岁算，他任凤翔府签判有四年；按实岁算只有两年多。英宗未继位时，就听说苏轼的文名，因此想诏苏轼入翰林知制诰（掌起草诏令）。宰相韩琦反对，他说，苏轼是了不起的人才，今后自然会被朝廷大用。关键在于朝廷要善于培养他，使天下的人都信服他，都希望朝廷重用他。那时重用，人们就不会有异议。若现在拔之高位，人们未必信服，反而有害于他。英宗又想用苏轼修起居注，韩琦也不赞成，认为记注与制诰的地位差不多，不可马上给他。韩琦主张给苏轼一个接近皇帝的馆阁职务，但要先考试。英宗说："未知其能否故试，如苏轼有不能耶？"（《亡兄子瞻端明墓志铭》）这句话充分表明了英宗也像仁宗一样，对苏轼很器重。但韩琦仍坚持要考，后经考试，入三等，得直史馆。苏轼对韩琦因他资历不够而不让他任知制诰的重要职务是感激的，认为这是"爱人以德"。

苏轼返京不久，不幸之事接踵而来。治平二年（1065）五月二十八日，他的妻子，年仅二十七岁的王弗病逝于京师。王弗确实是他的好内助。可惜这样一个好内助，同苏轼结婚才十一年，就不幸病逝了。王弗死后，暂时殡于京城之西。

王弗去世后不到一年，苏洵也卒于京师。宋英宗治平二年（1065）九月，苏洵、姚辟合修的《礼书》完成，共一百卷。参知政事欧阳修上奏英宗，诏以《太常因革礼》为名。《礼书》刚修完，苏洵就积劳成疾，卧病不起了。当他感到自己已经不行时，向苏轼兄弟交代，要他们完成他尚未完稿的《易传》；又说，其兄苏澹早亡，子孙未立，要苏轼兄弟照顾；与杜垂祐结婚的姐姐，死后尚未安葬，要苏轼兄弟设法安葬；苏轼之妻王弗已于头年卒于京师，苏洵对苏轼说："妇从汝于艰难，他日必葬之其姑（婆婆）之侧。"（《东坡集》卷三九《亡妻王氏墓志铭》）苏洵作了这些交代后不久，于英宗治平三年（1066）四月二十五日就与世长辞了，年仅五十八岁。

苏轼兄弟护父丧出都，自汴河入淮河，然后沿长江逆流而上，一路风涛甚大，十分难行："忆同溯荆峡，终夜愁石首。余飙入帏幄，跳沫溅窗牖"（《栾城集》卷三《和子瞻涡口遇风》）；"乘船入楚溯巴蜀，溃漩深恶秋水高。"（《栾城集》卷一《巫山庙》）泊舟云安（今重庆云阳）已是治平四年（1067）正月二十日（苏轼《题云安下岩》）。过丰都可能已在二月，仙都山道士曾以阴长生《金丹诀》示苏辙，并为他大讲"调养精气"的养生之道（《龙川略志》卷一《养生丹诀》，中华书局《唐宋史料笔记丛刊》本）。直至四月才到达眉山故居，八月葬苏洵于眉山安镇乡可龙里，王弗也葬于翁姑之墓的附近。

苏轼父子都好书画，并很注意搜集名画。苏洵虽为布衣，但所得书画"与公卿等"。苏轼在凤翔任上曾以"钱十万"，购得吴道子的"阳为菩萨，阴为天王"的四块门板，献给他的父亲。在苏洵收集的一百多幅画中，以此"为甲"。苏洵去世后，苏轼又把吴道子画的四块门板载回四川，并作为"先君之所甚爱，轼之所不忍舍"的珍贵物品，施舍于佛舍，还专门修了四菩萨阁来储藏这些名画（《东坡集》卷三一《四菩萨阁记》）。

苏轼在居丧期间，还应宝月大师惟简之请，作了《中和胜相院记》（《东坡集》卷三一）。苏轼一生经常与和尚往来，我们从这篇记中可以看出他对佛教的真实态度。他说，佛僧的"劳苦卑辱"远远超过了农工，为什么有这样多的人"弃家毁服，坏毛发"去做和尚呢？他认为是因为寺僧可避免"寒耕暑耘"和官府的"役作"。这表明他已看到官府的残酷剥削和压迫，是佛僧增多的原因之一。他还说，佛教中的戒条是"为愚夫未达者"设的，他是不管这一套的。他对长老的"荒唐之说"作过一番研究，都是一些"不可知""不可捕捉"的谎言。他对这些长老是大不恭的，"反复折困之"，弄得他们"往往面颈发赤"。他说："吾之于僧，侮慢不信如此，今宝月大师惟简，乃以其所居院之本末，求吾文为记，岂不谬哉！"

熙宁元年（1068）七月苏轼服丧期满。不久，同前妻的堂妹二十八娘王闰之结了婚。十二月，苏轼兄弟离家返京，家中的坟垅田宅，洒扫吊祭等事皆委托堂兄苏子明管理。亲朋王淮奇、蔡子华、杨宗文均来送行，并种荔树，以待苏轼兄弟归来。苏轼后来在《寄蔡子华》（《东坡集》卷一八）诗中写道：

> 故人送我东来时，手栽荔子待我归。
>
> 荔子已丹吾发白，犹作江南未归客。

这是苏轼第三次出川，也是他最后一次返川和离川，从此他再也未能回到他可爱的家乡了。以后他在南北宦游，时时都想重返家园，特别是在他仕途失意的时候，思乡之情更切。他在《送张嘉州》（《东坡集》卷一八）诗中写道：

> 少年不愿万户侯，亦不愿识韩荆州。
>
> 颇愿身为汉嘉守，载酒时作凌云游。

李白《与韩荆州为书》说："生不用封万户侯，但愿一识韩荆州。"韩荆州即韩朝宗，唐玄宗时曾任左拾遗、荆州长史等职，喜荐拔士人。李白写信给他，希望"收名定价于君侯"，得到他的荐举。苏轼反用李白诗，说他既不愿封万户侯，也不愿识韩荆州，只希望回故乡作嘉州（治今四川乐山）太守，在凌云山上饮酒游赏。但是，直到他后来病死常州，葬于河南郏县，再也没有能够实现"载酒时作凌云游"的愿望。

八 "新政皆不与治同道"
——反对王安石变法

苏轼这次返京与第一次赴京应试所走的路线相同，过成都，经阆中，至凤翔，趋长安。熙宁元年（1068）十二月二十九日他们过长安，在毋清臣的家宴上共同观赏《醉道士图》（《东坡集》卷七〇《跋醉道士图》），度岁之后又匆匆上路："忆游长安城，皆饮毋卿宅。身虽座上宾，心是道路客。笑言安能久，车马就奔迫。"他们来不及游览终南山、古龙池，也未及访问曾劝苏辙学养生之道的王颐："城南南山近，胜绝闻自昔。徘徊竟莫往，指点烦鞭策。道傍古龙池，深透河渭泽。山行吾不能，愧此才咫尺。壮哉谁开凿，千顷如一席。参差山麓近，滉荡波光射。君时在池上，俗事厌纷剧。望门不敢扣，恐笑尘土迹。"（《栾城集》卷三《京师送王颐殿丞》）熙宁二年（1069）二月回到京城。苏轼差判官告院，苏辙为置三司条例司检详文字。这时，朝廷政局已经发生了巨大变化。治平四年（1067）英宗病逝，神宗赵顼继位。神宗当时才二十岁，年富力强，颇想有所作为，认为天下之弊事不可不革，理财为当今急务。他的观点与王安石很接近。熙宁元年（1068）以王安石为翰林学士，熙宁二年以王安石为参知政事，开始了变法。王安石首先建立了变法机构"制置三司条例司"（即由皇帝特命设置的制定户部、度支、盐铁三司条例的专门机构），接着相继推行均输、青苗、农田水利、免役、市易、方田均税等新法。苏轼兄弟在仁宗朝虽然主张改革，反对因循守旧，但也不同意王安石的变法理论。现在王安石的变法理论付诸实践了，因此，他们一回朝廷，很快就与王安石处于对立地位。

熙宁二年，王安石准备变科举，兴学校。神宗对此有些怀疑，征询意见，苏轼就写了《议学校贡举状》（《东坡奏议集》卷一），表示反对[1]。神宗对苏轼的意见很重视，他说："吾固疑此，得轼议，意释然矣。"神宗立即召见苏轼，问"方今政令得失"，并说："虽朕过失，指陈可也。"苏轼也不客气，批评神宗"求治太急，听言太广，进人太锐"。神宗当即表示："卿三言，朕当熟思之。"并鼓励苏轼说，凡在馆阁任职的人，都"当为朕深思治乱，无有所隐"（《宋史·苏轼传》）。

但苏轼对全面批评新法仍有顾虑。正好这年的元宵节，神宗下令减价收买浙灯四千盏。苏轼为了试探神宗是否能听批评意见，又写了《谏买浙灯状》（《东坡奏议集》卷一），反对神宗"以耳目不急之玩，而夺其（民）口体必用之资"。他说，卖灯的老百姓一般都不是豪民，他们借债出息，辛苦一整年，都指望元宵节这十来天卖点浙灯来为衣食之计。陛下为民父母，只应添价购买，怎么能压价购买呢？他还说，方今百冗未除，物力凋敝，陛下即使用内帑（皇帝内库）财物，不用大司农钱，但"内帑所储，孰非民力？与其平时耗于不急之用，曷（何）若留贮以待乏绝之供？"因此，他要求今后放灯，以及游观苑囿、宴会赐赏之类都应"务从俭约"。神宗立即采纳了苏轼的意见，停止买灯。苏轼为神宗的"改过不吝，从善如流"所鼓舞，又写了《上神宗皇帝书》和《再上皇帝书》（《东坡奏议集》卷一），对王安石变法作了全面批评。

此外，苏轼还利用进士考试的机会反对王安石。他看到王安石鼓励神宗独断、专任，苏轼在《国学秋试策问》中故意问道："昔之为人君者患不能勤，然而或勤以治，亦或以乱；昔之为人君者患不能断，然而或断以兴，亦或以衰；昔之为人君者患不能信其臣，然而或信以安，亦或以危。"暗指王安石要神宗独断专任未必能取得成功。在御试进士时，新党吕惠卿[2]把那些批评仁宗因循苟简，歌颂神宗革新，支持变法的人擢居上第；而把批评新法的人置于下等。苏轼对此非常不满，认为科场之文，风俗所系。被取的人，天下以为榜样；未取的人，天下以为鉴戒。这样下去，相师成风，"阿谀顺旨者又

---

① 关于《议学校贡举状》等的写作时间，状文作"熙宁四年"。《续资治通鉴长编拾补》（卷四）认为应是熙宁二年，此从其说。

② 吕惠卿（1032—1111）字吉甫，泉州晋江（今属福建）人。初积极参与王安石变法，位至参知政事；后来谋取相位，排挤王安石。司马光当政时被黜，哲宗亲政后启用，徽宗即位后又被贬。

率居上第"，谁还敢直言？他于是写了《拟进士对御试策》（《东坡后集》卷十），批评新政，想以此矫正阿谀之风。

这里我们以苏轼的《上神宗皇帝书》为中心，结合《再上皇帝书》和《拟进士对御试策》，来看看他对新法的批评。

反对制置三司条例司——当时的五位执政大臣，曾公亮①年过七十，"老成持重"；富弼见行新法，称病求退；唐介②也反对变法，不久死去；赵抃③见行新法，连声叫苦；只有王安石朝气勃勃，想有所作为。当时有人把这五位执政大臣叫作生（王安石）、老（曾公亮）、病（富弼）、死（唐介）、苦（赵抃）。显然，依靠这样一个执政班子，是无法推行变法的。于是，神宗根据王安石的提议，于熙宁二年（1069）二月制置三司条例司，作为主持变法的机构，由王安石、陈升之主领其事，吕惠卿、苏辙被任命为其中的检详文字，参与草拟新法。四月，王安石又派人到各地察看农田水利，了解赋税利弊。这实际上是撇开原有那些反对变法的官僚，另外任用一批新人来推行变法。苏轼对此是反对的。他在《拟进士对御试策》中，指责神宗"使两府大臣侵三司财利之权，常平使者乱职司守令之治，刑狱旧法不以付有司而取决于执政之意，边鄙大虑不以责帅臣而听计于小吏之口，百官可谓失其职矣"。他说，宰相之职本来是"论道经邦"，现在却仅仅是"奉行条例司文书而已"。为了使"百官得其职"，苏轼要求神宗"还中书（宰相）之政"。在《上神宗皇帝书》中，苏轼更明确要求罢制置三司条例司。他说，自来都是户部、度支、盐铁三司理财，行之百年，未尝阙事；现在又无故添一三司条例司，使六七少年日夜讲求于内，派四十余人分行察访于外，使得"吏皆惶恐"，"民实惊疑"。苏轼说："臣以为消谗慝以召和气，复人心而安国本，则莫若罢制置三司条例司。"

---

① 曾公亮（999—1078）字明仲，泉州晋江（今福建泉州市）人。举进士，知会稽县，累官至吏部侍郎同中书门下平章事。曾举荐王安石。及与王安石同辅政，知神宗倾向王安石变法，就"一切顺从"，表面上又装着没有参与。熙宁二年以老避位。

② 唐介（1010—1069）字子方，江陵（今属湖北）人。官至参知政事，因与王安石政见不合，而神宗又支持王安石，不胜愤慨，发病而死。

③ 赵抃（1018—1089）字阅道，衢州（今属浙江）人，官至参知政事，后因反对王安石青苗法罢职。为御史日，能不避权幸，京师视为铁面御史。在地方上能因俗施政，曾三次出守成都。

反对农田水利法——熙宁二年（1069）十二月，条例司颁布了《农田水利条约》，鼓励各地开垦荒地，兴修水利。如果工程浩大，可由政府贷款，依例出息。苏轼一生很注意兴修水利，但反对这个条约。他说，条约只规定奖励兴修水利，严惩阻挠的人；而对那些妄有所陈，误兴功役的人，却没有规定当得何罪。这样，"功成则有赏，败事则无诛"，"格沮（阻挠）之罪重而误兴之过轻"，那些不负责任的浮浪奸人就会争言水利了。他说，汴水自古浑浊，宜种禾黍而不宜种稻谷。现在有人主张筑陂（池）使水澄清，改种稻谷。种万顷之稻，必用千顷之陂，一岁一淤，三年而满，花费既多，又夺农时，万一堤防决口，造成水患，"虽食议者之肉，何补于民?"（《上神宗皇帝书》）从这些话看来，苏轼并非一概反对兴修水利，只是反对不从实惠出发，阿承旨意，急功好利，不负责任地运用民力。

反对雇役法——这之前宋王朝实行的差役法，应役的人往往弄得倾家荡产。苏轼在凤翔任上，对衙前之役的危害是深有体会的。熙宁三年（1070）一月，王安石废除了差役法，实行雇役法，"使民出钱雇役"，规定原来不负担差役的官户、女户、寺观、未成丁户都要按定额的半数交纳役钱，叫助役钱。这既有损于官僚特权阶层（官户）的利益，又有损于下等户（女户、未成丁户等）的利益。苏轼指责雇役法"欲使坊郭等第之民，与乡户均役；官品形势之家，与齐民并事"。这显然是站在官僚特权阶层的立场说话。但苏轼也担心雇役法会加重一般老百姓的负担，担心后世出现多欲之君和聚敛之臣，"庸钱不除，差役仍旧，使天下怨毒"。他还说，女户单丁是最穷苦的，都是一些"户将绝而未亡"，"家有丁而尚幼"的人，他们也要交助役钱，陛下"富有四海，忍不加恤"（《上神宗皇帝书》），这说明苏轼反对雇役法也有同情下等户的一面。新党章惇[①]后来也承认，"言（免役法）不便者多下等人户"（《宋会要辑稿》食货十三），可见免役法确实加重了对下等户的剥削。

反对青苗法——这之前各地设有常平仓和广惠仓，粮贱则收购，粮贵则出卖，以防止奸商在青黄不接之际抬高物价。但实际上许多穷苦农民借不到，

---

① 章惇（1035—1105）字子厚，建州浦城（今属福建）人。参与王安石变法。司马光当政后被贬黜，哲宗亲政后又被起用，恢复新法。徽宗即位后又被贬逐。

只有借高利贷度日，而高利贷者则以成倍的利息剥削农民。熙宁二年（1069）九月颁行青苗法，规定在夏收秋收之前，政府以半年取十分之二的利息，借钱给农民，夏收秋收后还纳。这实质上是夺取高利贷者的部分利益归朝廷，由朝廷放债取息。所以苏轼说："今青苗有二分之息，而不谓之放债取利，可乎？"青苗法所收年利为十分之四，较高利贷者的成倍之息是要轻些，对农民有一定好处。但在实际推行过程中确实存在不少问题。如为防止发放的青苗钱收不回来，规定富裕户可以多借，越贫困的户借额越少，一等户可借数额为末等户的十倍，这样不需借钱的富裕户还可把借来的钱向贫困户放高利贷，赚取利息；又规定五户或十户结为一保，借户逃亡，保户要分赔；地方官吏为多放青苗钱以邀功，实行"抑配"，即强迫借贷交息等等。苏轼说："虽说不许抑配，而数世之后，暴君污吏，陛下能保之欤？"实际上并没有等到"数世之后"，当时就出现了"抑配"。确实，"青苗不许抑配之说，亦是空文"。（《上神宗皇帝书》）

反对均输法——过去各地上供之物都岁有定额，不管丰歉和产地远近，结果富商大贾从中渔利。熙宁二年七月颁行均输法，规定凡籴买、税敛、上供的物品，均可"徙贵就贱，用近易远"；凡需供办的物品，可以"从便变易蓄买"。这对限制大商贾，增加朝廷收入是有好处的。苏轼反对朝廷与商贾争利，并认为"亏商税而取均输之利"，不能增加朝廷收入，相反为推行均输法而"设官置吏，簿书廪禄，为费已厚"，反而会增加朝廷负担。

反对变科举、兴学校——历代选拔官吏无非是荐举和考试两种办法。魏晋的九品中正制采用的是荐举，即各郡以有声望的人为"中正"，将当地读书人按才能分九等，政府按等选用。唐宋的科举制度则采用考试。苏轼在《谢制科启》（《东坡集》卷二六）中就指出这两种办法都有缺点。一切都以考试为准，失之于仓促，无法深知士人的才行；而委之于察举，请托之风又会滋长。他说，这是"隋唐进士之所以为有弊，魏晋中正之所以为多奸"的原因。他很赞成制科"兼用考试察举之法"，这样就可做到"始由察举，而无请谒公行之私；终用考试，而无仓卒不审之患"。宋代的进士科仍考试诗赋，以声病对偶定优劣，而明经科完全考死记硬背。熙宁二年王安石主张废除诗赋明经考试，改为以经义、论策取士。苏轼认为根本问题不在于改革考试制度，而在于朝廷用人是否得当。他说："自唐至今，以诗赋为名臣者，不可胜数，何负于天下而必欲废之？"（《议学校贡举状》）

从上述可以看出，苏轼对当时推行的新法几乎都是持反对态度的。他在《再上皇帝书》中说："陛下自去岁以来，所行新政皆不与治同道。立条例司，遣青苗使，敛助役钱，行均输法，四海骚动，行路怨咨，自宰相以下皆知其非。"他要求尽快废除新政，他说："今日之政，小用则小败，大用则大败，若力行而不已，则大乱随之。"

苏轼在神宗朝反对王安石变法实践的理由与他在仁宗朝反对王安石变法理论的理由，基本上是一致的。

第一，"天下之所以不大治者，失在于任人而非法制之罪也"，这是他在仁宗朝反对王安石变法理论的理由；神宗朝他反对王安石变法实践也是从这个观点出发的。他在《议学校贡举状》中说："贡举之法，行之百年，治乱盛衰，初不由此。""必欲登俊良（提拔贤能的人），黜庸回（贬黜庸碌邪佞的人），总揽众才，经略世务，则在陛下与二三大臣，下至诸路职司与良二千石耳（决定于陛下、朝廷大臣和地方要员），区区之法何预焉！"他曾对神宗说："安石不知人，不可大用。"（《东坡奏议集》卷九《杭州召还乞郡状》）为什么说"安石不知人"呢？他认为"自古用人，必须历试，虽有卓异之器，必有已成之功"，"必使积劳而后迁"。而王安石却"招徕新进勇锐之人，以图一切速成之效"，"多开骤进之门，使有意外之得，公卿侍从，跬步可图"。结果是"近岁朴拙之人愈少，而巧进之士益多"。苏轼特别反对把这些"巧进之士"，"新进勇锐之人"派往各地去监督新法的执行。他说，这些人"朝辞禁门，情态即异；暮宿州县，威福便行。驱追邮传，折辱守宰，公私烦扰，民不聊生"。这里苏轼活灵活现地勾画了那些所谓"钦差大臣"飞扬跋扈的丑态。王安石变法在当时历史条件下有一定的进步意义，苏轼反对变法是错误的。他强调改革吏治的重要有一定的道理，但因此而否定变法的重要性也是片面的。王安石"招徕新进勇锐之人"虽然是一些元老大臣对新法持反对态度促成的，但也确实带来了严重后果，依靠一些投机取巧的人来推行新法，必然会产生许多事与愿违的现象。"诏书侧怛信深厚,吏能浅薄空劳苦"(《东坡集》卷七《寄刘孝叔》),苏轼这两句诗反映了宋神宗、王安石的主观愿望同客观效果的矛盾。

第二,苏轼主张改革,但反对骤变,主张渐变,主张要"见之明而策之熟","先定其规模而后从事",这是苏轼在仁宗朝反对王安石变法理论,神宗朝反对王安石变法实践的又一理由。他在《拟进士对御试策》中回答"有所不为,为之而无不成;有所不革,革之而无不服"的策问时指出:"今日之患,正在于未成而为之,未服而革之耳。"他认为"慎重则必成,轻发则多败",而近日的青苗之政,助役之法,均输之策,并军之令(指熙宁二年的减兵并营)都是"卒然轻发"。他说,人君之患本来是因循苟且而不敢改作,但现在的问题不在这里。现在神宗年富力强,这是"万世一时"的好机会,但"群臣不能济之以慎重,养之以敦朴",就像有人乘着轻车,驾着骏马,冒险夜行,而仆夫又从后面鞭打,这就太危险了。他要求神宗解下鞍,喂饱马,等到天明,再慢慢地行于大道。在《上神宗皇帝书》中,苏轼还说:"智者所图,贵在无迹。"应做到事已立而迹不见,功已成而人不知。而现在事未立,功未成,已闹得满城风雨了。他说:"其进锐者,其退速。若有始有卒,自可徐徐,十年之后,何事不立?"

以上事实说明,苏轼从仁宗朝到神宗朝,他的政治主张有变化的一面:仁宗朝他主要反对当时的因循守旧,神宗朝他主要反对急剧的变法。但也有未变的一面,在两朝他都反对王安石变法,或反对其理论,或反对其实践,而且所持的理由也基本没有变化。

苏轼在神宗朝反对王安石变法的激烈言论,有时甚至很难与守旧派的言论相区别。正因为如此,长期以来有不少人把苏轼看作守旧派。但事实上他与守旧派是有区别的,他一生都没有放弃他在仁宗朝提出的"丰财""强兵""择吏"的革新主张。他在《上神宗皇帝书》中,虽然对新法作了全面批评,但对"近日裁减皇族恩例",符合他的通过节流达到"丰财","广取以给用,不如节用以廉取"的主张;"刊定任子条款",限制贵族官僚子弟荫补官职,符合他的"择吏"主张;"修完器械,阅习旗鼓",符合他的"强兵"主张,他都是称颂的。如果再联系到他以后在地方任上为宋王朝的"丰财""强兵""择吏",为缓和和解决当时面临的日趋尖锐的阶级矛盾和民族矛盾所采取的种种措施,特别是联系到他以后反对司马光尽废新法,我们就没有理由因为他曾反对王安石变法,就说他是守旧派。

但在当时,苏轼同变法派人物的矛盾确实越来越大了。他反对变科举、兴学校的意见曾引起神宗重视,但"介甫(王安石)之党皆不悦",就命苏轼摄开封府推官。推官是掌管刑狱的,事务繁杂,他们想"以多事困之"。但苏轼"决断精敏,声闻益远"。他在做开封府推官时,又作《拟进士对御试策》,批评王安石不知人。特别是两篇《上神宗皇帝书》,全面非难新法,更促使变法派非赶走他不可。御史知杂事谢景温诬奏苏轼,说他在苏洵去世,扶丧返川时,曾在舟中贩过私盐,并追捕当时船工进行拷问,想获得"罪"证。苏轼"实无其事",不屑同这些人争辩,只求出任地方官避开这些人。于是被命通判杭州。苏轼一生多次被诬陷,这是其中的第一次。

苏轼通判杭州前,很多朝臣因为与王安石意见不合已纷纷离开朝廷。他的恩师欧阳修已经退隐,欧阳修的门生曾巩也离开了朝廷。苏轼在《送曾子固倅(任副职)越,得燕字》(《东坡集》卷二)中写道:"昔从南方来,与翁(欧阳修)两联翩。翁今自憔悴,子去亦宜然……但苦世论隘,聒耳如蜩蝉。安得万顷池,养此横海鳣。"意思是说,随着欧阳修的失势,曾巩的离去也是必然的。世论太容不得人,像蜩蝉一般的吵吵嚷嚷,震耳欲聋。哪有万顷的巨池,来养你这横海的大黄鱼(鳣)呢?苏轼在《送钱藻出守婺州,得英字》(《东坡集》卷二)中写道:

> 吾君方急贤,日旰坐迷英。
> 黄金招乐毅[①],白璧赐虞卿[②]。
> 子不少自贬,陈义空峥嵘。

---

① 乐毅,战国时燕将。燕昭王筑台于易水东南,置千金于台上,招天下士。乐毅应招,后率军攻下齐国七十余城。燕惠王继位,中齐反间计,乐毅出奔赵国并死于赵。

② 虞卿,名失传,战国时游说之士。因游说赵孝成王被任命为上卿,故称虞卿。主张以赵为主,合纵抗秦。

> 古称为郡乐，渐恐烦敲搒。
>
> 临分敢不尽，醉语醒还惊。

前四句是批评神宗"求治太切，进人太锐"，意思是说神宗急于求贤，用高官厚禄招纳乐毅、虞卿式的人物；天色很晚了（"日旰"）还在迩英殿处理政事，语意似誉似讽。中四句是以嘲作颂，称扬钱藻能坚持自己的主张（"不自贬"），虽慷慨陈义但徒劳无益；古代倒以做郡守为乐，今后新法推行，做郡守恐怕会越来越多地鞭打（"敲搒"）百姓了。最后是说自己临别不敢不吐露真言，醉中的这些话，自己醒后都深感吃惊。这首诗同样表露了他对新法的不满。苏轼后来也承认，他这首诗是"讥讽新法不便"："青苗、助役既行，百姓输纳不前，为郡者不免用鞭箠催督。"（《乌台诗案》）

苏轼是因为政见不合离开朝廷的，他离京前就有一种强烈的归隐田园的思想，他在《送安惇秀才失解西归》（《东坡集》卷二）中写道：

> 我昔家居断往还，著书不复窥园葵。
>
> 碣来东游慕人爵，弃去旧学从儿嬉。
>
> 狂谋谬算百不遂，惟有霜鬓来如期。
>
> 故山松柏皆手种，行且拱矣归何时？
>
> 万事早知皆有命，十年浪走宁非痴？

在这首诗里，苏轼怀念过去的故乡闭门读书，手种松柏的青少年时代的生活，后悔自己东游求官，十年浪走，百事不遂，弃去旧学，同他们胡闹。"弃去旧学从儿嬉"，这也表现了他对王安石变法的不满。他在赴杭途中的一些诗，也表现了政治上失意的心情。有时，他以随缘自适的思想来自我安慰，其《泗州僧伽塔》（《东坡集》卷三）云：

> 耕田欲雨刈欲晴，去得顺风来者怨。
>
> 若使人人祷辄遂，造物应须日千变。

我今身世两悠悠，去无所逐来无恋。

得行固愿留不恶，每到有求神亦倦。

耕田的人希望下雨，收割的人则希望天晴；去的人希望顺风，来的人则埋怨这样的风。如果人人的愿望都要得到满足，老天爷每天就得千变万化。苏轼的态度相反，能行则行，不得行则留。"得行固愿留不恶"，这就是苏轼一生对待逆境的超然态度，他正是以这样的态度来对待"坎坷为逐臣"，"朝游云霄间，暮落江湖上"（《东坡集》卷三《刘莘老》）的逆境的。他在经过镇江金山寺时，看见来自故乡的长江在白天、黄昏、月夜和月落后的不同景色，更产生了奇妙的幻想，觉得江山如此多娇，而自己却不能归卧山林，似乎江神都在怪自己了，为自己的冥顽不化而惊奇。他向江神赌咒发誓，说自己是不得已，只要有田可耕，一定要归隐山林，其《游金山寺》（《东坡集》卷三）云：

江山如此不归山，江神见怪惊我顽。

我谢江神岂得已，有田不归如江水！

但是，苏轼毕竟是一个"奋厉有当世志"的人，具有浓厚的忠君思想，他常常处于欲仕不能，欲隐不忍的矛盾中。"交朋翩翩去略尽，惟我与子犹徬徨"（《东坡集》卷二《送刘道原归觐南京》），他是离开朝廷较晚的一个人。"眼看世事力难任，贪恋君恩退未能"（《东坡集》卷三《初到杭州寄子由》），苏轼就是带着这种矛盾心情赴杭州任的。

九 "余杭自是山水窟"

——通判杭州

政治上郁郁不得志的苏轼，一到杭州就陶情山水，与友朋（包括佛僧、歌妓）饮酒赋诗，想借以摆脱烦恼。

"余杭自是山水窟"（《东坡集》卷四《将至湖州，戏赠莘老》），杭州自古以来就是我国山水秀美的地方。苏轼故乡四川，本来就以风景优美著称，但他一到杭州就感慨道："故乡无此好湖山！"（《东坡集》卷三《望湖楼醉书五绝》）他甚至表示死后也愿葬在这里："平生所乐在吴会，老死欲葬杭与苏。"（《东坡后集》卷一《喜刘景文至》）他一到杭州，就去游览孤山，以轻松的民歌笔调歌颂、描绘西湖风光：

> 天欲雪，云满湖，楼台明灭山有无。
>
> 水清石出鱼可数，林深无人鸟相呼。
>
> （《东坡集》卷三《腊日游孤山，访惠勤、惠思二僧》）

> 东望海，西望湖，山平水远细欲无……
>
> 穿岩度岭脚力健，未厌山水相萦纡。
>
> （《东坡集》卷三《再和》）

> 君不见，钱塘湖，钱王①壮观今已无……

---

① 钱镠（852—932）字具美，杭州临安（今属浙江）人，五代时吴越国的建立者，907—932年在位。在位期间，曾征发民工修建钱塘江海塘，有利于这一地区经济的发展。

溪山处处皆可庐，最爱灵隐飞来孤。

（《东坡集》卷三《游灵隐寺，得来字，复用前韵》）

在苏轼看来，西湖春夏秋冬四季的景色都很美丽：

夏潦涨湖深更幽，西风落木芙蓉秋。

飞雪暗天云拂地，新蒲出水柳映洲。

（《东坡集》卷三《和蔡准郎中见邀游西湖》）

夏天地潦水深，秋天落木萧萧，冬天飞雪暗天，春天蒲柳清新，真是"湖上四时看不足"。在苏轼笔下，西湖无论是晴天还是雨天都很美丽：

游人脚底一声雷，满座顽云拨不开。

天外黑风吹海立，浙东飞雨过江来。

十分潋滟金樽凸，千杖敲铿羯鼓催。

唤起谪仙泉洒面，倒倾鲛室泻琼瑰。

（《东坡集》卷五《有美堂暴雨》）

雷声隆隆，乌云汹涌，狂风怒号，地暗天昏，倒海翻江，暴雨袭来，波光闪烁，有如羯鼓频催，李白醉书，鲛人泻珠，这是西湖的雨景。

黑云翻墨未遮山，白雨跳珠乱入船。

卷地风来忽吹散，望湖楼下水如天。

（《东坡集》卷三《望湖楼醉书》）

这是西湖陡雨陡晴的景色：乌云未合就大雨倾盆，狂风一卷又雨收云散，天水相连，茫茫无际。特别是"白雨跳珠乱入船"七字，绘声绘色绘形，语言精练，形象生动。苏轼在《饮湖上，初晴后雨》（《东坡集》卷四）中写道：

水光潋滟晴方好，山色空濛雨亦奇。

欲把西湖比西子①，淡妆浓抹总相宜。

的确如此，西湖不仅波光闪烁的晴天特别美丽，就是在朦朦胧胧的雨天也奇特壮观，就像美人西施一样，或浓妆，或淡抹，无论怎样打扮，都很迷人。

苏轼在杭州经常出游，时而观潮：

万人鼓噪慑吴侬，犹似浮江老阿童②。

欲识潮头高几许，越山浑在浪花中。

（《东坡集》卷四《八月十五日看潮五绝》）

时而赏月：

新月生魄迹未安，才破五六渐盘桓。

今夜吐艳如半璧，游人得向三更看。

（《东坡集》卷三《夜泛西湖五绝》）

时而赏花：

人老簪花不自羞，花应羞上老人头。

醉归扶路人应笑，十里珠帘半上钩。

（《东坡集》卷三《吉祥寺赏牡丹》）

---

① 即西施，春秋时越国著名美女。越王勾践败于会稽，范蠡取西施献吴王夫差。吴亡，从范蠡游五湖；一说吴亡，沉西施于江。

② 晋初益州（治今四川成都）刺史王濬小名阿童，率兵伐吴，顺流东下取建康（今江苏南京）。这里指潮势像王濬的部队一样汹涌而来。

时而湖上饮酒：

> 朝曦迎客艳重冈，晚雨留人入醉乡。
>
> 此意自佳君不会，一杯当属水仙王①。

（《东坡集》卷四《饮湖上，初晴后雨》）

苏轼对杭州的山水、古刹是非常热爱的。"两岁频为山水役"（《东坡集》卷五《海会寺清心堂》）；"天教看尽浙西山"（《东坡集》卷六《与毛令方尉游西菩提寺》）；"踏遍江南南岸山，逢山未免便流连"（《东坡集》卷五《惠山谒钱道人，烹小龙团，登绝顶，望太湖》）；"三百六十寺，幽寻遂穷年。"（《东坡集》卷七《怀西湖，寄晁美叔同年》）这一时期的作品中充满了这类诗句。以后苏轼知杭州，也经常出游。据《杭州府志》（卷一七二）记载："东坡镇余杭，遇游西湖，多令旌旗导从，出钱塘门，徜徉灵隐、天竺间，谈笑而办。已，乃与僚吏剧饮。薄晚，则乘马以归。"这段记载，一方面说明苏轼的办事效率很高，同时也说明他对西湖的热爱，有时甚至到西湖处理"分争辩讼"。

苏轼在杭州除经常与同僚一起游山玩水，饮酒赋诗外，还常与僧侣、歌妓往来。他一到杭州就立刻访问孤山的惠勤、惠思二僧，并有诗记其事："腊日不归对妻孥，名寻道人实自娱。道人之居在何许？宝云山前路盘纡。孤山孤绝谁肯庐？道人有道山不孤。"（《东坡集》卷三《腊日游孤山访惠勤、惠思二僧》）苏轼与道潜（参寥子）的关系也很密切，苏轼贬官黄州期间，参寥子还特地去黄州访问苏轼。此外，苏轼与清顺、可久、惟肃、义诠等僧人也有往来。宋代的士大夫喜与歌妓交往，苏轼也不例外。他在杭州所纳的爱妾朝云，原来就是钱塘歌妓。苏轼与杭妓琴操也有一段趣闻。琴操爱谈禅咏诗，一次，有人唱秦观的《满庭芳》②词，把"画角声断谯门"误唱为"画角声断

---

① 钱塘有水仙王庙（即龙君庙），在林和靖祠堂附近。苏轼认为林和靖清映世，遂移其神像配水仙王。

② 秦观原词为："山抹微云，天黏衰草，画角声断谯门。暂停征棹，聊共引离尊。多少蓬莱旧事，空回首、烟霭纷纷。斜阳外，寒鸦数点，流水绕孤村。 销魂当此际，香囊暗解，罗带轻分。漫赢得、青楼薄幸名存。此去何时见也？襟袖上、空惹啼痕。伤情处，高城望断，灯火已黄昏。"

斜阳"。琴操在旁纠正道:"'画角声断谯门',非'斜阳'也。"演唱者同她开玩笑说:"尔可改韵否?"琴操说能,立即把秦观词的"门"字韵改为"阳"字韵:"山抹微云,天连衰草,画角声断斜阳。暂停征棹,聊共引离觞。多少蓬莱旧侣,频回首,烟霭茫茫。孤村里,寒鸦万点,流水绕低墙。 魂伤,当此际,轻分罗带,暗解香囊。漫赢得、青楼薄幸名狂。此去何时见也?襟袖上,空有余香。伤心处,长城望断,灯火已昏黄。"琴操仅仅颠倒、改动数字,就换了秦观词的韵而不伤原意,表现出她才思的敏捷,"东坡闻而称赏之"。苏轼还曾和她参禅,当苏轼以"门前冷落车马稀,老大嫁作商人妇"相戏时,琴操大悟,就削发为尼了(吴曾《能改斋漫录》卷一六)。

苏轼在赴杭州任所的途中曾去拜见已经以太子少师致仕的欧阳修。苏轼曾陪欧阳修在颍州西湖宴饮,他描写年已六十五岁的欧阳修道:"谓公方壮须似雪,谓公已老光浮颊。揭来湖上饮美酒,醉后剧谈犹激烈。"欧阳修虽然银须似雪,但仍神采奕奕,谈风激烈。苏轼在酒席宴上"插花起舞为公寿";而"公言百岁如风狂"(《东坡集》卷二《陪欧阳公燕西湖》),对长寿也颇有信心。万没有料到,这就是他们最后一次见面,第二年欧阳修就病逝了。苏轼在《祭欧阳文忠公文》(《东坡集》卷三五)中说:"昔其未用也,天下以为病;而其既用也,则又以为迟;及其释位而去也,莫不冀其复用;至其请老而归也,莫不惆怅失望;而犹庶几于万一者,幸公之未衰。孰谓公无复有意于斯世也,奄一去而莫予遗!"对欧阳修之死,苏轼是"上以为天下恸":"今公之没也,赤子无所仰庇,朝廷无所稽疑";"下以哭其私":"昔我先君怀宝遁世,非公则莫能致;而不肖无状,因缘出入,受教于门下者,十有六年于兹。"确实是这样,没有欧阳修的奖誉推荐,苏轼父子以及王安石、曾巩等人的文才就不会那样快地被文坛公认。苏轼在《钱塘勤上人诗集叙》(《东坡集》卷二四)中说:"太子少师欧阳公好士,为天下第一。士有一言中于道,不远千里而求之,甚于士之求公。以故,尽致天下豪俊。"但是,"士之负公者,亦时有",而欧阳修并没有因此而放松奖拔后进。当他退隐于颍州,苏轼去看他,他"犹论士之贤者,唯恐其不闻于世也"。欧阳修"不喜佛老",但"佛者惠勤从公游三十年,公常称之为聪明才智有学问者,尤长于诗"。苏轼赴杭州通判任，欧阳修就要他去访问惠勤。苏轼到官三日，就访惠勤于孤山。当欧阳修病逝后，苏轼因公务在身，不能赴丧，曾与惠勤共哭于惠勤僧舍。

苏轼在杭州通判任上的两年多中，水旱蝗灾一直比较严重。杭州所属各地，山泽各半，连下十天雨就会闹水灾，接连一个月不下雨又会闹旱灾。经常是"止雨之祷，未能逾月，又以旱告矣"（《东坡集》卷三四《祈雨吴山祝文》）。他在《雨中游天竺灵感观音院》（《东坡集》卷三）中写道：

> 蚕欲老，麦半黄，前山后山雨浪浪。
>
> 农夫辍耒女废筐，白衣仙人在高堂。

这里的白衣仙人，表面看是指观音菩萨，实际是指那些高高在上的统治者，他们对夏收季节造成男耕女织荒废的水涝毫不关心。

除水涝外，蝗灾也很严重。蝗虫自西北飞来，声乱浙江之涛，上遮日月，下掩草木，遇其所过，一片荒芜。"宦游逢此岁年恶，飞蝗来时半天黑。"（《东坡集》卷六《戏毛国华长官》）但当时的一些地方官吏，为了取悦朝廷，竟隐瞒灾情。苏轼在《捕蝗至浮云岭，山行疲苦，有怀子由弟》（《东坡集》卷六）一诗中写道：

> 西来烟阵塞空虚，洒遍秋田雨不如。
>
> 新法清平那有此？老身穷苦自招渠。
>
> 无人可诉乌衔肉，忆弟难凭犬附书。
>
> 自笑迂疏皆此类，区区犹欲理蝗余。

一二句写蝗虫落地，比雨点还密。三四句是牢骚话，"新法清平那有此"，是讽刺当时一些官吏为了附和新法，否认蝗灾，所以他只好承认是自己招惹来的。可贵的是，他虽然感到"无人可诉"，但自己还是尽力治理蝗灾："区区犹欲理蝗余。"

在严重的自然灾害面前，赋税却很繁重。《吴中田妇叹》（《东坡集》卷四）为我们描绘了一幅悲惨的图画：严重的水患几乎弄得田妇颗粒无收："眼枯泪尽雨不尽，忍看黄穗卧青泥。"但由于"官今要钱不要米"，虽然歉收，米价却很贱，卖不出去："汗流肩赪（红）载入市，价贱乞与如糠粞（碎米）。"为了纳税，就只好卖牛拆屋，把赖以生存的最起码的生活资料和生产资料都变卖干净了："卖牛纳税拆屋炊，虑浅不及明年饥。"

劳役也很重。熙宁五年（1072）秋，盐官要在这一带开运盐河。苏轼认为开河有碍农业生产，但他的意见未被采纳，并派他去督役。苏轼在《汤村开运盐河，雨中督役》（《东坡集》卷四）一诗中，描绘了劳动人民在雨中服役有如猪鸭的惨状：

> 盐事星火急，谁能恤农耕？
> 薨薨晓鼓动，万指罗沟坑。
> 天雨助官政，泫然淋衣缨。
> 人如鸭与猪，投泥相溅惊。

繁重的赋税徭役必然引起人民的反抗。王安石的许多旨在缓和阶级矛盾的措施，由于封建官僚制度的腐败，在实际推行过程中，有时反而加重了人民的负担，加剧了阶级矛盾。当时各地都在推行青苗法、免役法、市易法，江浙一带还兼行水利法、盐法。因违反新法而被捕入狱的人很多，杭州因违反盐法而获罪的，一年就多达一万七千人。苏轼一到杭州，就忙于处理囚犯，不得休息："君不见钱塘游宦客，朝推囚，暮决狱，不因人唤何时休?"（《东坡集》卷三《和蔡准郎中见邀游西湖》）甚至在除夕之夜，他也在处理囚犯，不得还家。他在《熙宁中，轼通守此郡，除夜直都厅，囚系皆满，日暮不得返舍，因题一诗于壁，今二十年矣。衰病之余，复忝郡寄，再经除夜，庭事萧然，三圄皆空，盖同僚之力，非拙朽所致。因和前篇，呈公济、子侔二通守·前诗》（《东坡集》卷一八）中写道：

除日当早归，官事乃见留。

执笔对之泣，哀此系中囚。

小人营馑粮，堕网不知羞。

我亦恋薄禄，因循失归休。

不须论贤愚，均是为食谋。

谁能暂纵遣，闵然愧前修。

除夕夜，囚犯因营食堕入法网而不能回家团聚，自己也因恋薄禄而不能"早归"——"不须论贤愚，均是为食谋"。在这里，他竟把自己同囚犯相提并论，并因自己不能对囚犯"暂纵遣"，让其在节日与家人团聚而深感有愧于前贤（"前修"）。一位封建社会的官吏有这样的感情，应该说是难能可贵的。

苏辙说："公既补外，见事有不便于民者不敢言，亦不敢默视也。缘诗人之义，托事以讽，庶几有补于国。"（《亡兄子瞻端明墓志铭》）在这期间，苏轼确实写了不少讽刺新法的诗文。《戏子由》（《东坡集》卷三）就是一首讽刺新法的诗。诗的前半部分嘲笑苏辙家贫官卑，有才能而不得施展。"读书万卷不读律，致君尧舜知无术。"当时朝廷讲求法治，苏辙攻读诗书而不攻读律书，所以终无致君尧舜之术，也就得不到重用。"劝农冠盖闹如云，送老盐齑甘似蜜。门前万事不挂眼，头虽长低气不屈。"当时朝廷新设提举官，派到各地监督新法的执行，这些人冠盖如云，气势煊赫，弄得地方官吏很难办。苏辙当时是学官，安于贫寒生活，可免受这些劝农使者的骚扰。诗的后半部分是苏轼的自嘲："余杭别驾无功劳，画堂五丈容旌旄。"自己虽无功劳，倒能住高楼大厦，坐享厚禄。"平生所惭今不耻，坐对疲民更鞭箠。"当时受到惩处的盐犯，都是一些贫苦的"疲民"，鞭打他们是自己"平生所惭"的，但现在干这种事却司空见惯，习以为常，不以为耻了。"道逢阳虎呼与言，心知其非口诺唯。"阳虎，与孔子同时的人，这里用来指那些监督新法执行的使者，说自己明明不同意他们的做法，但却不敢得罪这些人，还只好口头上同他们唯唯诺诺。"居高志下真何益，气节消缩今无几。"这是感叹自己身居高位而无用，自己的气节已经消失殆尽了。

苏轼刚到杭州时，杭州的太守是沈立[1]。熙宁五年（1072）三月二十三日，他们在吉祥寺赏牡丹。牡丹的品种上百，观赏牡丹的达数万人，"饮酒乐甚，素不饮者皆醉。自舆台皂隶皆插花以从"。苏轼描写了这次赏花的盛况后说："此花见重于世三百余年，穷妖极丽，以擅天下之观美，而近岁犹复变态百出，务为新奇，以追逐时好者，不可胜记。此草木之智巧便佞者也。"（《东坡集》卷二四《牡丹记叙》）很明显，这也是在讥讽那些通过投机新法来往上爬的趋炎附势之徒。

这年秋天考进士，苏轼在杭州参加了监试。这时，陈襄[2]（述古）已接替沈立任杭州太守。十月在中和堂举行宴会，欢送所选的参加礼部进士试的人。陈襄作诗勉励他们要像松柏那样不以时迁，像高山那样万世不移。苏轼为陈襄的送进士诗作序。苏轼说，"求官"的目的在于"得"，否认这点是虚伪的。但"苟志于得，而不以其道，视时上下而变其学，曰'吾期得而已矣'，则凡可以得者无不为也，而可乎？"（《东坡集》卷二四《送杭州进士诗序》）苏轼希望这些人不要为了得到高官厚禄就放弃自己所学的道，去作趋附新法的人物。

接着苏轼被派往湖州去相度堤岸利害，熙宁六年（1073）又曾到润州、秀州等地，熙宁七年曾到富阳、新城等地。在这些地方他进一步接触了人民。《山村五绝》（《东坡集》卷四）也是一组讽刺新法的作品，但也反映了民间疾苦。其二云：

> 烟雨濛濛鸡犬声，有生何处不安生。
> 但教黄犊无人佩，布谷何劳也劝耕。

当时江浙一带盐法很严，贩卖私盐的人多带刀杖自卫，"吏卒不敢近"。

---

① 沈立字立之，历阳（今安徽和县）人，举进士，先后任益州判官，两浙转运使，知越州、杭州。藏书数万卷，著有《河防通议》《名山水记》等书。

② 陈襄（1017—1080）字述古，湖州侯官（今福建闽侯）人，举进士，先后知常州、陈州、杭州等地，反对王安石变法。

苏轼认为只要盐法宽平，像汉代的龚遂①那样，鼓励反抗的农民卖剑买牛，卖刀买犊，何劳劝农使者（布谷鸟又名催耕鸟，借指劝农使者）促耕？其三云：

> 老翁七十自腰镰，惭愧春山笋蕨甜。
>
> 岂是闻韶解忘味？尔来三月食无盐。

一些敢于反抗的人为了贩盐要以刀杖自卫，那些贫而懦弱，靠采笋蕨充饥的村民，就吃不上盐了。苏轼问道，孔夫子听到韶乐，倒可"三月不知肉味"；山村小民三月不知盐味，难道真能像孔夫子闻韶乐而不知肉味那般快乐吗？二、三两首都是讽刺盐法的。第四首是讥刺青苗法的：

> 杖藜裹饭去匆匆，过眼青钱转手空。
>
> 赢得儿童语音好，一年强半在城中。

意思是说当时发放的青苗钱，农家子弟在城中转一圈就花光了，只不过是学得城市口音而已。

苏轼还有一首《八月十五日看潮》（《东坡集》卷五），是讥刺农田水利法的：

> 吴儿生长狎涛渊，冒利轻生不自怜。
>
> 东海若知明主意，应教斥卤变桑田。

苏轼在诗后自注说："是时新有旨，禁弄潮。"诗的前两句是写弄潮之人冒利轻生，往往有溺死的。苏轼以后在乌台诗案中说，诗的后两句含有讽刺朝廷"水利之难成"的意思。苏轼一生都很注意兴修水利，但他认为当时的许多水利工程利少害多，常常持反对态度。他在被命往湖州相度堤岸时曾说：

---

① 龚遂，西汉山阳南平阳（今山东邹县）人。汉宣帝时为渤海太守，各地闹饥荒，农民反抗，他单车至郡，劝民农桑，境内大治。

"作堤捍水非吾事，闲送苕溪入太湖。"（《东坡集》卷四《赠莘老七绝》）

《和述古冬日牡丹》（《东坡集》卷五）是一首讽刺新法扰民的诗：

> 一朵妖红翠欲流，春光回照雪霜羞。
>
> 化工只欲呈新巧，不放闲花得少休。

苏轼后来在御史狱中承认，这里的"化工"是指当时的执政大臣，"闲花"喻老百姓。意思是说执政者争新斗巧，花样翻新，新法多如牛毛，"令小民不得暂闲"。

苏轼在杭州任上，王安石还在朝为相。这时，新法在实际推行过程中虽然存在种种问题、弊端，但总的来说成绩还是主要的。苏轼由于自来就与王安石政见不合，各有各的革新主张，认为变法不能解决当时的危机，因此，他在地方任上，几乎只看到变法中存在的问题，看不到它的成绩。这不能不说是一种片面性。但就具体问题讲，苏轼这些诗也确实在一定程度上反映了民间疾苦。为了减轻人民的痛苦，他在力所能及的范围内，也做了一些工作，或组织捕蝗，或赈济饥民。正如他自己所说："政虽无术，心则在民。"（《东坡集》卷三四《谢雨祝文》）这里特别值得一提的是他和太守陈述古一起疏浚钱塘六井的政绩。杭州近海，"其水苦恶，惟负山凿井，乃得甘泉，而所及不广"。唐相李泌[①]曾在这里凿了六口井，引西湖水以足民用。其后白居易进一步治湖浚井，民赖以生。但在他通判杭州时，有的井早已不能用了。而六井不治理，老百姓的用水就不能解决。于是，陈述古和苏轼就组织杭州人民整治六井。第二年江浙一带大旱，饮水困难，老百姓"以罂缶（酒器）贮水相饷如酒醴"；而杭州人民不仅不缺饮水，还有水喂牛、洗澡。"方是时，汲者皆诵佛。"杭州人民对陈述古、苏轼是感激的。

这里专门谈谈苏轼兄弟的陈、杭唱和诗。苏轼兄弟的陈、杭唱和诗的

---

① 李泌（722—789）字长源，京兆（今陕西西安）人，官至宰相。代宗时为元载排斥，出为楚州、杭州刺史。

数量并不亚于岐梁唱和诗。这些诗除了抒发弟兄思念之情外，也表现了他们对新法的不满。在苏轼赴杭以前，苏辙写有一首《柳湖感物》（《栾城集》卷三），通过柳松对比，对变法派人物进行尖锐的讽刺。在苏辙的笔下，柳树根柢甚浅而枝叶徒茂："柳湖万柳作云屯，种时乱插不须根。根如卧蛇身合抱，仰视不见蜩蝉喧"；柳花的穷高极远更像那些趋炎附势之徒："开花三月乱飞雪，过墙度水无复还。穷高极远风力尽，弃坠泥土颜色昏"；柳花坠入水中化为浮萍也不改其随波逐流的本性："偶然直坠湖水中，化为浮萍轻且繁。随波上下去无定，物性不改天使然。"与"南山老松长百尺，根入石底蛟龙蟠"相比，柳的物性更加可憎。苏轼的次韵诗说："子今憔悴众所弃，驱马独出无往还。惟有柳湖万株柳，清阴与子供朝昏。胡为讥评不少借，生意凌挫难为繁。柳虽无言不解愠，世俗乍见应怃然。"柳既不解愠而关世俗何事？世俗为之怃然，正说明这里对柳的"讥评"正是对世俗的"讥评"。苏轼接着说，世人是只知爱柳而不会爱松的，因为柳树"四时盛衰各有态"，而"南山孤松积雪底，抱冻不死谁复贤！"（《东坡集》卷三《次韵子由柳湖感物》）

苏辙的《次韵子瞻见寄》（《栾城集》卷四）是答苏轼《戏子由》（《东坡集》卷三）的。诗的开头感叹自己归乡不得，矫时无力："我将西归老故丘，长江欲济无行舟。宦游已如马受轭，衰病拟学龟缩头。三年学舍百不与，糜费廪粟常惭羞。矫时自信力不足，从政敢谓学已优？"接着他讥刺新法说："自从四方多法律，深山更深逃无术。"苏轼原唱感叹："平生所惭今不耻，坐对疲民更鞭箠。"苏辙认为"烦刑弊法非公耻"，并称美苏轼能忧世而不歌功颂德："贾生作傅无封事，屈平忧世多《离骚》。"

苏辙的《和子瞻监试举人》（《栾城集》卷四）讽刺王安石对科举考试制度的改革，讥其以《字说》中的观点强解经书，并作为考试标准："缘饰小学家，睥睨（傲视）前王作。声形一分解，道义因附托……纵横施口鼻，烂漫涂丹垩。强辩忽横流，漂荡终安泊？"现在却要按这种观点取士，从者既得高爵，疑者也只好跟着瞎说："新科劝多士，从者尽高爵。徘徊始未信，衔诱终难却。"苏辙作为州学教授羞于按这种观点解经，他虽不敢针锋相对地反驳，但至少不肯轻信。"忆惟法初传，欲讲面先怍……敢言折锋芒，但自保城郭。"而有司却派他去考试洛阳举人，他见士子"新语竞投削"，不禁感慨道："谁能力春耕，忍饥待秋获！"竞奔"巧射"之士太多，能忍饥力耕，以待秋收的人太少了。

苏辙在《制置三司条例司论事状》（《栾城集》卷三五）中就主张要"因民之佚而用国之富以兴水利"，反对"因民之劳而用国之贫以兴水利"。他的《和子瞻开汤村运盐河雨中督役》（《栾城集》卷四）就为讥刺变法派不顾民劳，不顾影响农业生产而妄开运盐河而作。诗的开头感慨甚深："兴事常苦易，成事常苦难。不督雨中役，安知民力殚！"接着他就指斥变法派好大喜功，连以治水闻名于世的西门豹，他们都不放在眼里，更不顾人民的呻吟："年来上功勋，智者争雕钻。山河不自保，疏凿非一端。讥诃西门豹，仁智未得完。方以勇自许，未恤众口叹……谁谓邑中黔（黔首，老百姓），鞭箠亦不宽。"他对民间疾苦寄予了深切同情，他说天旱已使得民不聊生："东邻十日营一炊，西邻谁使救汝饥？"盐法严酷更令人惨不忍闻："海边唯有盐不旱，卖盐连坐收婴儿。"（《栾城集》卷五《次韵子瞻吴中田妇叹》）

陈、杭唱和诗两相比较，苏辙的讥时之作多因苏轼原唱而发，远没有苏轼多，这既与苏辙的性格有关，更与他们当时的不同职务有关。苏轼作为杭州通判，经常巡视所属各县，对新法执行过程中的弊端多有切身体会。苏辙是学官，关在"小如舟"的"宛丘学舍"中，社会接触面窄得多。

陈、杭唱和诗还有相当一部分是次韵苏轼的江浙山水记游诗。这些诗也如岐梁唱和诗一样，苏辙并未亲到其地，只能就苏轼原唱发挥想象而生议论。如《次韵子瞻游径山》（《栾城集》卷四），首写"去年渡江爱吴山，忽忘蜀道轻秦川"，也就是说吴山比秦蜀山川更美，而一到杭州，又觉得西湖山水最美："钱塘后到山最胜，下枕湖水相萦旋。坐疑吴会无复有，扁舟屡出凌涛渊。"今游径山，才知山外有山，还有更加美丽的地方："今秋复入径山寺，势压重岭皆摧颠。连峰沓嶂不知数，重重相抱如青莲。散为云雾翳星斗，聚作潭井藏蜿蜒。"这是否就到顶了呢？不见得："或言此处犹未好，海上人少无烦煎。天台雁荡最深秀，水惊石瘦尤清便。"最后苏辙总括说："青山独往无不可，论说好丑徒纷然。终当直去无远近，藤鞋竹杖聊穷年。"可惜苏辙不能"直去"，只能"论说好丑"。但全诗仍写得曲折多姿，并不觉得他在空发议论。

一〇 "寂寞山城人老也"

——改知密州

苏轼于熙宁四年（1071）通判杭州，七年（1074）改知密州（今山东诸城）。苏辙说："子瞻通守余杭，三年不得代，以辙之在济南，求为东州守。既请得高密，五月乃有移知密州之命。"（《超然台赋序》）苏轼实际离开杭州是在九月，沿途探亲访友，到达密州已是年终了。苏轼在《密州谢表》（《东坡集》卷二五）中说："携孥（妻子儿女的统称）上国，预忧桂玉之不克；请郡东方，实欲昆弟之相近。"后一句是真实的，他"请郡东方"，确实是为了"昆弟之相近"；前一句是言不由衷的，他之所以不愿"携孥上国"，主要并不是担心京城桂薪玉食，而是怕朝廷不能容身。

苏轼这时的心情非常矛盾。他在《沁园春·赴密州，早行，马上寄子由》（朱孝臧编年校注、龙榆生笺《东坡乐府笺》卷一。下引苏词均出此本，与他本文字有异者不作校改）中写道：

孤馆灯青，野店鸡号，旅枕梦残。渐月华收练，晨霜耿耿；云山摛（铺张）锦，朝露团团。世路无穷，劳生有限，似此区区长鲜欢。微吟罢，凭征鞍无语，往事千端。　　当时共客长安，似二陆①初来俱少年。有笔头千字，胸中万卷，致君尧舜，此事何难！用舍由时，行藏在我，袖手何妨闲处看？身长健，但优游卒岁，且斗尊前。

---

① 二陆指西晋文学家陆机（261—303）、陆云（262—303）兄弟。他们是吴县华亭（今上海松江）人。祖陆逊、父陆抗都是三国时吴国名将。吴亡，二人同路至洛阳，文才倾动一时，时称"二陆"。后因统治阶级内战，被谮同时遇害。

上阕写他在秋天的早晨离开旅舍，踏上征途的凄凉寂寞、郁郁寡欢的心情。下阕前半段是回忆他和苏辙当年赴京应试，就像晋代的陆机、陆云兄弟一样，才气横溢，雄心勃勃，一定要致君尧舜。但后来由于同神宗、王安石在政治上的分歧，只好遵循儒家"用之则行，舍之则藏"的处世哲学，远离京城，优游度日，诗酒自娱。他们兄弟的理想是"致君尧舜"，但现实却只能"闲处看"，"优游卒岁，且斗尊前"。这对于"奋励有当世志"的苏轼来说，是痛苦不堪的。

"奋厉有当世志"的苏轼，当然想回朝廷施展自己的抱负。但看到当时朝廷政争激烈，自己的意见得不到采纳，他又不愿回朝廷。这种矛盾心情，在他那篇著名的《水调歌头·丙辰中秋》（《东坡乐府笺》卷一）词中表达得特别清楚：

明月几时有？把酒问青天。不知天上宫阙，今夕是何年？我欲乘风归去，惟恐琼楼玉宇，高处不胜寒。起舞弄清影，何似在人间。　　转朱阁，低绮户，照无眠。不应有恨，何事长向别时圆？人有悲欢离合，月有阴晴圆缺，此事古难全。但愿人长久，千里共婵娟！

这首词写于熙宁九年（1076）。这时苏轼因为与王安石政见不合，离开朝廷，离别弟弟，已经整整五年。词的上阕表现了作者的忠君思想，下阕反映了弟兄的离合之情。这首词表明，他虽身在地方，却时时心在朝廷，关心着"天上宫阙"的情况。据说神宗读到"琼楼玉宇"二句感叹道："苏轼终是爱君。"（《坡仙集外纪》）他很想"乘风归去"，但又怕朝廷难处（"高处不胜寒"），因此还不如就在地方上好（"何似在人间"）。苏轼的担心并非过虑，就在苏轼知密州这一年，王安石因旧党的围攻和新党内部的相互倾轧而第一次罢相；写这首词后不到两个月，王安石又第二次罢相。吕惠卿是王安石一手提拔起来的，但他竟把王安石给他的私人信件也作为排斥打击王安石的炮弹。由此可见当时朝廷斗争的激烈。苏轼这首词也充满了理想同现实的矛盾。他本想"乘风归去"，却宦游在"寂寞山城"；本想经常同弟弟"寒灯相对"，却长期不得一见。人生不如意的事太多了，苏轼只好无可奈何地自我安慰道："人有悲欢离合，月有阴晴圆缺，此事古难全。"这首充满哲理，寄慨万端的词，充分反映了作者长期郁结的有志难酬的苦闷。

苏轼从杭州到密州，生活发生了很大的变化。他在《蝶恋花·密州上元》（《东坡乐府笺》卷一）一词中，生动描述了这种生活环境的不同：

> 灯火钱塘三五夜，明月如霜，照见人如画。帐底吹笙香吐麝，更无一点尘随马。　　寂寞山城人老也，击鼓吹箫，却入农桑社。火冷灯稀霜露下，昏昏雪意云垂野。

杭州的上元节（正月十五日）是明月如霜，美人如画，笙管悠扬，罗帐芬芳。密州的上元节却是山城寂寞，灯火稀冷，暗云垂野，一派荒凉萧条的景象。加之连年饥馑，生活艰难，身为太守的苏轼，偶尔也得以野菜充饥。他在《后杞菊赋》（《东坡集》卷一九）中说，他做官十九年，家中越来越贫困，衣食之俸，不如往昔。移守密州，估计可以一饱。结果却"斋厨索然"，生活更加困难。他经常与通守（官名，位次于知州）刘廷式一起沿着古城废圃寻找杞菊充饥。他自我嘲笑道："吁嗟先生，谁使汝坐堂上，称太守？前宾客之造请，后掾属之奔走。朝衙达午，夕坐过酉。曾杯酒之不设，揽草木以诳口。对案颦蹙（皱眉蹙额），举箸嗫呕。"

苏轼在密州，生活虽比杭州艰苦得多，但他仍生活得愉快。经过一段时间的治理，他开始有精力修整园圃、庭宇，先后在这里修葺和新建了超然台、雩泉、盖公堂等。超然台是原有的，"台高而安，深而明，夏凉而冬温，雨雪之朝，风月之夜，余未尝不在，客未尝不从"（《东坡集》卷三二《超然台记》）。名字是他的弟弟苏辙新取的，意思是说苏轼之所以能"无所往而不乐"，就在于他能"超然"物外，"游于物之外"：

> 山居者知山，林居者知林，耕者知原，渔者知泽，安于其所而已，其乐不相及也，而台则尽之。天下之士，奔走于是非之场，浮沉于荣辱之海，嚣

然尽力而忘返，亦莫自知也，而达者哀之。二者非以其超然不累于物故耶？《老子》曰："虽有荣观，燕处超然。"尝试以超然命之，可乎？

台超然，可尽万物之观；达者超然，可摆脱是非荣辱。苏辙以此为主旨写成了《超然台赋》（《栾城集》卷一七）："诚达观之无不可兮，又何有于忧患！……惟所往而乐易兮，此其所以为超然者耶！"是的，一个人能以"达观""超然"的态度对待外物，就能解除忧患，无往不乐。苏轼的思想一向比较开朗，他确实没有因政治上的不顺意和生活上的艰难而不乐。他在《超然台记》（《东坡集》卷三六）中说："余自钱塘，移守胶西，释舟楫之安，而服车马之劳；去雕墙之美，而庇采椽之居；背湖山之观，而行桑麻之野。始至之日，岁比不登（连年歉收），盗贼满野，狱讼充斥，而斋厨索然，日食杞菊，人固疑余之不乐也。处之期年，而貌加丰，发之白者日以反黑。余既乐其风俗之淳，而其吏民亦安予之拙也。"

苏轼还在潍水之上新建快哉亭，苏辙在《寄题密州新作快哉亭》（《栾城集》卷六）诗中写道："车骑崩腾送客来，奔河断岸首频回。凿成户牖功无几，放出江湖眼一开。景物为公争自致，登临约我共追陪。自矜新作《超然赋》，更拟兰台诵《快哉》！"从这首诗可知，苏轼曾约弟弟共游超然台和快哉亭，但苏辙未能成行。

雩泉在密州城南二十里的常山，是新凿的。这里沿海多风，沟渠不能储水，经常出现旱灾。老百姓到这里求雨，有求必应，常常有德于民，所以叫常山。熙宁八年（1075）苏轼来这里求雨，发现有一泉。他就在泉上凿石为井，筑亭其上。因古代把求雨叫雩，所以取名为雩泉。苏轼说："今民吁嗟其所不获，而呻吟其所疾痛亦多矣。吏有能闻而哀之，答其所求如常山雩泉之可信而恃者乎？轼以是愧于神。"（《东坡集》卷三二《雩泉记》）由此可见，苏轼筑雩泉是为了"勉吏"，特别是为了自勉：要关心民间疾苦。

盖公，是秦末汉初人，提倡黄老之术，主张治理国家贵清静无为。苏轼因为反对王安石"立法更制"，因此对盖公"贵清静而民自定"的思想特别推崇。他说："吾为胶西守，知盖公之为邦人也，求其坟墓子孙而不可得，慨然怀之，师其言，想见其为人，庶几复见如公者。"为了表示对盖公的仰慕，他专门修了盖公堂，"时从宾客僚吏游息其间而不敢居，以待如（盖）公者"（《东坡集》卷三二《盖公堂记》）。苏轼希望出现"贵清静而民自定"的盖公式人物，来代替那些"立法更制"的人物。

苏轼知密州时，曾向神宗上了《论河北京东盗贼状》（《东坡奏议集》卷二。本节引文，凡未注明出处的均见此文）。这篇《状》可说是苏轼在密州期间的施政纲领，他在密州任上的所作所为基本上是按《状》中的主张进行的。他指出，这里地处京东，是腹心根本之地，这里与中原的离合，常常关系到国家的安危："王者得之以为王，霸者得之以为霸，猾贼得之以乱天下。""京东之贫富，系河北之休戚；河北之治乱，系天下之安危。"但是，这样一个重要的地方，情况却很不妙。近年以来，"蝗旱相仍，盗贼渐炽"。熙宁七年自秋至冬，方圆几千里之内，都没有下雨，麦子没有种下去。他估计第二年"春夏之际，寇攘为患"，将"甚于今日"；情况已经到了"公私匮乏，民不堪命"的地步。苏轼在《密州祭常山文》（《东坡集》卷三四）中更详尽更具体地谈到了当时的灾情。他说："比年以来，蝗旱相属。中民以上，举无岁蓄。量日计口，敛不待熟。秋田未终（未收割），引领新谷……自秋不雨，霜露杀菽。黄糜黑黍，不满囷篚。麦田未耕，狼顾相目。道之云远，饥肠谁续？"又说："旱蝗之为虐也，三年于兹矣。东南至于江海，西北被于河汉，饥馑疾疫，靡有遗矣。"

面对"蝗旱相仍，盗贼渐炽"的严重状况，统治者准备怎么办呢？"今流离饥馑，议者不过欲散卖常平之粟，劝诱蓄积之家；盗贼纵横，议者不过欲增开告赏之门，申严缉捕之法。"苏轼认为，这些措施不能解决问题，"皆未见其益也"。

面对人民的反抗，苏轼是赞成加强镇压的。他说："自古立法制刑，皆以盗贼为急。盗窃不已，必为强劫；强劫不已，必至战攻，或为豪杰之资，而致（陈）涉[①]（吴）广[②]之渐。"因此，他认为对"乐祸不悛"的"凶残之党"，"则须敕法以峻刑，诛一以警百"。他反对对盗贼减刑免死，因为盗贼自

---

① 陈胜（？—前208）字涉，阳城（今安徽省界首市境内）人，雇农出身，秦末农民起义领袖。
② 吴广（？—前208），阳夏（今河南太康）人，秦末农民起义的另一领袖。

知不死，就不怕犯法；而人们忧其复来，就不敢报告和捕盗；结果就会造成盗贼公行。为了加强对人民反抗的镇压，他还主张对捕盗之人实行重赏。原来朝廷规定，抓住一个死刑强盗，赏"五十千"；抓住一个应流放的强盗，赏"二十五千"。这时朝廷有旨，灾伤之岁赏钱减半。苏轼在《上文侍中论强盗赏钱书》（《东坡集》卷二九）中说："凡获一贼，告与捕者，率常不下四五人，不胜，则为盗贼所害；幸而胜，则凡为盗者举仇之。其难如此，而使四五人者，分十二千五百，以捐其躯命，可乎？"他认为正因为是灾伤之岁，更应加紧对盗贼的镇压："今岁之民，上户皆缺食，冬春之交，恐必有流亡之忧。若又纵盗而不捕，则郡县之忧，非不肖所能任也。"他又说，密州"风俗武悍，特好强劫，加以比岁荐饥，椎剽之奸，殆无虚日。自轼至此，明立购赏，随获随给，人用竞劝（争着努力捕盗），盗亦敛迹"。苏轼在《与王庆源书》（《东坡续集》卷五）中也说："始至，值岁饥人豪，剽劫无虚日。凡督捕奸凶五七十人，近始肃然。"这一切都说明，苏轼为了巩固北宋王朝的统治，是不惜镇压人民的反抗的。

但是，苏轼也清醒地认识到，光靠武力镇压，不能解决问题。要平息人民的叛乱，还必须让人民能生活下去。他说："上不尽利，则民有以为生；苟有以为生，亦何苦而为盗？"这时，中民以下，全都缺食，犯法而为盗是死，畏法而不盗则饥；饿死与杀头都是死，而且饿死是更迫近的事，因此，"相率而为盗，正理之常，虽日杀百人，势必不止"。苏轼明确指出："贫民有衣食之路，富民无盗贼之忧。"这些话表明，苏轼从根本上说，是在为"上"，为"富民"的长远利益着想；但为了统治阶级的长治久安，就不能"绝民衣食之路"，就必须让老百姓"有以为生"。正是从这样的认识出发，苏轼在密州期间，一面对人民的反抗实行坚决镇压，一面又在他力所能及的范围内，为减轻人民的痛苦做了一些工作。"磨刀入谷追穷寇，洒泪循城拾弃孩"（《东坡集》卷七《次韵刘贡父、李公择见寄》），这两句诗表现了苏轼对人民态度的两重性。"追穷寇"是实写，已如上述；"拾弃孩"也是实有其事的。后来他在《与朱鄂州书》（《东坡集》卷三〇）中说："轼向在密州，遇饥年，民多弃子。因盘量劝诱米，得出剩数百石，别储之，专以收养弃儿。"

　　为了让老百姓能活下去，苏轼主张要及时救灾，要适当减轻赋税。他认为若不及时救灾，发放救灾物资，老百姓必然去逃荒。平常逃荒，还有去处；现在方圆几千里都受灾，麦子种不下去，往哪里逃荒呢？"但恐良民举为盗矣"。苏轼在《上韩丞相论灾伤手实书》（《东坡集》卷一九）中说，当时一些地方官吏，为了讨好朝廷，都说"蝗不为灾"；甚至说蝗虫还可"为民除草"。苏轼反问道，要是蝗虫果然能为民除草，老百姓就会祷告上天，希望多来点蝗虫，怎么会消灭蝗虫呢？他说："轼近在钱塘，见飞蝗自西北来，声乱浙江之涛，上翳日月，下掩草木，遇其所落，弥望萧然。此京东余波及淮浙者耳，而京东独言蝗不为灾，将以谁欺乎？"苏轼坚持如实报告灾情，并要求减免赋税。他经常为不能减轻灾伤而深感内疚："民病何时休？吏职不可越！"（《东坡集》卷七《和赵郎中捕蝗见寄次韵》）"秋禾不满眼，宿麦种亦稀。永愧此邦人，芒刺在肤肌。平生五千卷，一字不救饥！"（《东坡集》卷八《和孔郎中荆林马上见寄》）苏轼的《次韵章传道喜雨》（《东坡集》卷七）尤其值得一读。诗的开头描写了旱蝗灾害，特别是蝗灾的严重，蝗子聚集多于泥土，蝗虫飞来，"布阵横空"，像烧杀掳掠的项羽①一样厉害。在当时的条件下，面对这样严重的灾害，"农夫"无力抵御，只好"拱手但垂泣"。可贵的是，苏轼反对"坐观不救"，他主张或用火烧（"秉畀炎火"），或用泥埋（"荷锄散掘"），以米奖励捕蝗的人（"得米济饥还小补"）。作者"摩抚疮痏"，为民除害的诚心似乎感动了"常山山神"，久旱之后忽然大雨倾盆，真是有如天降甘露。童谣说："天将大雨，商羊鼓舞。"商羊是传说的一种鸟，能预报天雨，它屈其一脚起舞，就将下雨。苏轼以轻松的笔调写道："山中归时风色变，中路已觉商羊舞。夜窗骚骚闹松竹，朝畦泫泫流膏乳。"——欣喜之情，溢于言表！更令苏轼高兴的是，他听见老农说，旱蝗相连，随着旱象的解除，蝗灾也就会减轻，丰收也就在望了："从来蝗旱必相资，此事吾闻老农语。庶将积润扫遗孽，收拾丰岁还明主。"通篇表现了苏轼急农夫之所急，喜农夫之所喜的感情。

---

　　① 项羽（前232—前202），下相（今江苏宿迁西）人，楚国贵族出身，秦末农民起义军领袖。后在楚汉战争中为刘邦击败，在乌江（今安徽和县东北）自杀。

苏轼认为，老百姓生活艰难，不仅是旱、蝗等自然灾害造成的，而且也是推行新法造成的。他说："民非独病旱蝗也，方田、均税之患，行道之人举知之。"（《东坡集》卷二九《上韩丞相论灾伤手实书》）他估计青苗、免役、市易、保甲等法是当时的执政大臣必定要实行的，很难使他们放弃这些变法；但手实法、盐法，还可争一下。手实法规定老百姓自报财产，以定户等；为防止有人少报，又奖赏告其不实的人；还规定不按时施行的，以违制论。苏轼认为手实法是奖励告密。过去治理天下的人，厌恶告密的人败坏社会风气；现在却悬赏奖励告密。加之手实法并不是朝廷制定的，而是司农寺制定的，因此，苏轼拒绝执行。他说："违制之坐，若自朝廷，谁敢不从？今出于司农，是擅造律也。"（苏辙《亡兄子瞻端明墓志铭》）他在《上文侍中论强盗赏钱书》（《东坡集》卷二九）中也说：司农寺所行文书，施于郡县，很多都出于司农寺官吏一时之意，但却像皇帝诏书一样地施行。他质问道："岂有增损旧律令，冲改新制书，而天子不知，三公不与，有司得专之者？"这类擅自制定律令的情况还多。当时军器监要老百姓交牛皮，为了防止有牛皮不交，也悬赏鼓励告密。苏轼说，老百姓家死牛比死儿女还要伤心，老弱妇幼之家报官稍迟了一点，就鞭打他们，还要罚款"数十千"，并把这些罚款用来奖赏告密者。苏轼愤慨地说："为牛皮而已，何至是乎？"（《东坡集》卷二九《上韩丞相论灾伤手实书》）

司农寺推行手实法的目的是要老百姓自报财产，以便评定户等，"均出役钱"。苏轼说，免役法的"利病"，从长远看，"轼所不敢言"；但朝廷必欲推行免役法，可采用简单易行、为害不大的办法。他反对用手实法来定役钱，主张用"五等古法"来定役钱。一二三等是大户，应负担主要役钱，把应出钱数派给他们，由他们去分摊；四五等户又各分为上中下三等，五等下户最穷，"不当出分文"；其他的四五等户也较贫困，"须令出钱至（最）少"。免役法还规定额外征收二分利息，叫宽剩钱。苏轼主张用宽剩钱"买民田以募役人"，就像唐代的长征卒，"民出谷帛以养兵，兵出性命以卫农，天下便之"。现在也是民出钱以免役，就可尽力于农事。他在密州实行的结果，"民甚便之"。苏轼在《上神宗皇帝书》中对免役法是坚决反对的。但在密州任上，他的态度已经有了变化，有条件地执行，即按他自己的办法执行。这正是他后来反对司马光废除免役法的思想基础。

当时盐税激增，河北、京东两路的盐税原为三十三万二千余贯，熙宁六年增至四十九万九千余贯，净增四分之一。贫民贩盐，本钱很少，偷税则罚款很重，纳税又无利可图，耕田"又值凶岁"。老百姓"若不为盗，惟有忍饥"。尤其荒唐的是，增加的盐税作为捉贼赏钱就几乎支光了，并没有增加朝廷收益。密州在熙宁六年所收盐税比祖额增加了两万贯，支付捉贼赏钱就花了一万一千余贯，而"未获贼人尚多"。因此苏轼主张贩盐在三百斤以下的，一律不收税。

当时，除京东、河北两路外，全国各地对盐已实行官榷，不允许百姓私自煮盐、贩盐。苏轼到密州后，新党章惇主张河北、京东的食盐也要实行官榷。苏轼说，他在杭州每每提笔判决盐犯，未尝不流眼泪。来到京东，见官不卖盐，狱中没有盐囚，路上没有因煮盐、贩盐而被流放的人，曾感到高兴。现在京东、河北也要官榷食盐，"不觉慨然太息"。苏轼指出，这里沿海皆盐，要老百姓舍而不煮，煮而不卖是不可能的。他说："东北之人，悍于淮浙远甚。平居榷剽之奸，常甲于他路。一旦榷盐，则其祸未易以一二数也。"（《东坡集》卷二九《上文侍中论榷盐书》）苏轼的意见未被采纳，京东仍实行了官榷食盐。后来苏轼知登州，再次要求"先罢登、莱两州榷盐"（《东坡奏议集》卷二《乞罢登莱榷盐状》）。

苏轼在密州同在杭州一样，对"事不便于民者"，继续"托事以讽"。《寄刘孝叔》（《东坡集》卷七）就是一首这样的作品：

君王有意诛骄虏，椎破铜山铸铜虎。

联翩三十七将军，走马西来各开府。

南山伐木作车轴，东海取鼍漫战鼓。

汗流奔走谁敢后，恐乏军兴污资斧。

保甲连村团未遍，方田讼牒纷如雨。

尔来手实降新书，抉剔根株穷脉缕。

诏书恻怛信深厚，吏能浅薄空劳苦。

苏轼对"诛骄虏"本来是赞成的，但他反对为此而加重老百姓的负担，反对朝廷遣使到各地，置三十七将军，开矿、伐木、取鼍（扬子鳄，皮可张鼓），闹得鸡犬不宁。当时保甲法、方田均税法、手实法等一个接一个地颁布，事目烦多，吏不能晓，"诏书恻怛"同"吏能浅薄"形成鲜明对比，宋神宗、王安石的主观愿望同客观效果非常矛盾。在这首诗里，苏轼对新法作了比较集中的批评。

苏轼对当时的用人制度也是很不满的。他说："半年不雨坐龙慵，共怨天公不怨龙。今朝一雨聊自赎，龙神社鬼各言功。无功日盗太仓粟，嗟我与龙同此责。"（《东坡集》卷八《和李邦直沂山祷雨有应》）——这是一首讽刺执政大臣的诗，意思是说，天不下雨本来是由于龙的懒惰，但人们却怨老天爷而不怨龙，就像执政大臣不称职，老百姓不怨大臣而怨皇上一样。这里以"龙神社鬼"喻指执政大臣，自己也与他们一样无功受禄，应先行自劾。苏轼在密州还写有两首咏史诗，一为《王莽》："汉家殊未识经纶，入手功名事事新。百尺穿成连夜井，千金购得解飞人。"一为《董卓》："公业平时劝用儒，诸公何事起相图？只言天下无健者，岂信车中有布乎？"据前人解释说，这两首诗都"具有深意"。前首的"入手功名事事新"即暗指王安石变法；百尺穿井，本指王莽时有人上书说，穿井得白石，石上书有王莽当为皇帝的话，这里暗指王安石急于推行水利法；千金购飞人，本指王莽招募有奇技的人攻匈奴，有人应募自称能一日飞千里，这里暗指王安石用兵西夏，急不择人。后一首的大意是，郑公业①等曾劝董卓用儒士，董卓派他们到各地做官，他们却起兵反对董卓。董卓自以为天下没有可与他为敌的人，哪晓得在他身边就有最后杀掉他的吕布。这里的吕布暗指当初拥护王安石后来却出卖王安石的吕惠卿和曾布②等人。苏轼以王莽、董卓比王安石，确实有些不伦不类。王莽、董卓都是专搞阴谋的野心家，都想篡权自立为帝，造成社会大动乱。而王安石的所作所为完全是为了巩固北宋王朝的统治，他是爱国忧民的政治家，不

---

① 郑太，字公业，东汉末河南开封人。初，反对何进召董卓诛除宦官；董卓作乱后，劝董卓以袁绍为渤海太守，并阴结袁绍，谋灭董卓。事泄，逃归袁绍，病卒。

② 曾布（1036—1107）字子宣，江西南丰人。初为王安石所用，后见神宗对新法动摇，便反对市易法。哲宗时反对章惇、吕惠卿。徽宗时，为蔡京排挤，贬死润州。

管他主张的变法产生了多大的副作用，对社会所造成的后果也远没有王莽、董卓严重。但是，苏轼嘲笑王安石不善用人，用了吕惠卿、曾布这样一些野心家，仅就这一点讲，也还是有他对的一面。

综合上述，可以看出，苏轼在密州期间对新法分别采取了三种不同态度。一是硬顶，对他认为有害无利的新法，如手实法，他就敢于拒不执行。后来朝廷也认为手实法不便，很快就废除了。二是"因法以便民"，按他自己的办法执行，如免役法。三是"托事以讽"。"功利争先变法初，典型独守老成余"（《东坡集》卷一五《次韵子由送蒋夔赴代州学官》），他仍坚持自己的一套政治主张。他说他"奉行新政，多不如法，勘劾相寻，日俟汰遣耳"。当时他还没有被汰遣，但在王安石罢相后三年，即元丰二年（1079），当统治阶级内部围绕变法所进行的一场不同政见之争逐渐演变成排斥和打击异己的无原则斗争的时候，苏轼就因这些诗文而被捕入狱，贬官黄州。王安石变法在当时条件下有一定进步意义，苏轼因与王安石"议论素异"，因此他几乎只看到变法中存在的弊端，这不能不说是一种片面性，甚至可说带有偏见。但王安石变法毕竟是地主阶级的改良，带有很大的局限性；而且要依靠那些如狼似虎的封建官僚来推行新法，也必然要出现许多事与愿违的现象。因此，苏轼那些"托事以讽"的诗文，也使我们从一个侧面看到了王安石变法实际推行过程中存在的一些问题。

辽和西夏的侵扰一直是北宋王朝的心腹之患。苏轼一贯反对对辽和西夏的妥协投降，反对"岁以金缯数十百万以资强虏"（《东坡应诏集》卷一《进策·策略二》）；主张抗击辽和西夏的侵扰，表示自己要"与虏试周旋"（《东坡集》卷一《和子由苦寒见寄》）。

熙宁八年（1075）七月，辽主胁迫宋王朝"割地以畀辽"，"凡东西失地七百里"（《历代通鉴辑览》卷七七）。就在这年冬天，苏轼写了著名的《江城子·密州出猎》（《东坡乐府笺》卷一），抒发了他渴望驰骋疆场，为国立功的豪情：

老夫聊发少年狂。左牵黄，右擎苍。锦帽貂裘，千骑卷平冈。为报倾城随太守，亲射虎，看孙郎①。　　酒酣胸胆尚开张。鬓微霜，又何妨！持节云中，何日遣冯唐②? 会挽雕弓如满月，西北望，射天狼③!

词的上阕描写了自己威武雄壮，风驰电掣般的出猎盛况。下阕说自己虽已"鬓微霜"（苏轼时年四十），但还无妨于自己手挽雕弓，驰骋疆场，为收复失地效劳。他渴望神宗像汉文帝派遣冯唐"持节云中"，重新起用魏尚那样，给自己以抗敌立功的机会。这次"密州出猎"，苏轼还写了一首七律《祭常山回小猎》（《东坡集》卷七），表现了同样的爱国豪情：

> 青盖前头点皂旗，黄茅冈下出长围。
> 弄风骄马跑空立，趁兔苍鹰掠地飞。
> 回望白云生翠巘，归来红叶满征衣。
> 圣朝若用西凉簿，白羽犹能效一挥。

西凉簿指晋朝西凉主簿谢艾，他善用兵。挥白羽指晋人顾云，他与陈敏上万人作战，一挥白羽，陈众即溃。这里苏轼自比谢艾、顾云，认为自己还能为收复失地效劳。而骄马腾空，苍鹰掠地，白云叠岩，红叶满衣，生动表现了他驰骋纵横的英雄气概。苏轼在密州期间的大量诗、词、文、赋都表明他确实是一位关心时政、关心民间疾苦、富有爱国精神的人。

---

① 孙郎指孙权。孙权（182—252）字仲谋，吴郡富春（今浙江富阳）人，三国时吴国的建立者，220—252年在位。他曾骑马射虎于凌廷。这里苏轼以孙权自喻。

② 冯唐，西汉安陵（今陕西咸阳西北）人。汉文帝时，魏尚为云中守，因报功数字不合被捕，冯唐为之辩解，文帝便派冯唐赦免魏尚，仍让他做云中守。

③ 天狼，星名，主侵掠。这里以天狼喻西夏。

一一 "我当奋锸先黥髡"

——徐州防洪

熙宁九年（1076）十二月苏轼罢密州任，改知河中府（山西永济西）。途经澶（河南濮阳附近）濮（山东鄄城北）间，苏辙从京师来接他。抵陈桥驿（河南开封北），告下，改知徐州。苏轼就暂时寓居范镇的东园。四月，与苏辙一起过南都（河南商丘）访张方平，并同赴徐州。苏辙在徐州住了一百余日。几年来，他们第一次在一起同度中秋，同赏月华，苏轼在《阳关曲·中秋词》（《东坡乐府笺》卷一）中写道：

> 暮云收尽溢清寒，银汉无声转玉盘。
>
> 此生此夜不长好，明月明年何处看？

中秋之后，苏辙须离去，作《水调歌头》（《栾城集·拾遗》）告别。上阕写他们相别七年之后欢聚徐州的情景："离别一何久？七度过中秋。去年东武（密州）今夕，明月不胜愁（指苏轼《水调歌头·丙辰中秋》）。岂意彭城（徐州）山下，同泛清河古汴，船上载凉州。鼓吹助清兴，鸿雁起汀洲。"下阕写岁华易逝，又临离别，同归故乡的愿望很难如愿以偿："素娥（明月）无赖西去，曾不为人留。今夜清樽对客，明夜孤帆水驿，依旧照离忧。但恐同王粲[①]，相对永登楼。"苏轼觉得弟弟讲得太伤感了，在和词中安慰弟弟道："一旦功成名遂，准拟东还海上，扶病入西州。"并想象弟兄双双相亲相爱同返故里的情景："故乡归去千里，佳处辄迟留。我醉歌时君和，醉倒须君扶我，惟

---

① 王粲（177—217）字仲宣，山阳高平（今山东微山两城）人，建安七子之一。因西京骚乱，避乱荆州依刘表，不得重用，登当阳城楼，作《登楼赋》，抒发思乡之情。

酒可忘忧。"(《东坡乐府笺》卷一《水调歌头》)苏轼这一功成名遂之后弟兄同归故里的愿望,一生都未实现。

苏辙刚刚离开徐州,徐州就遇上特大洪水,黄河泛滥。这年七月十七日,黄河在澶州曹村埽决口,淹了四十五县,坏田三十万顷。八月二十一日,洪水到徐州城下。苏辙说:"我昔去彭城,明日洪流至。不见五斗泥,但见二竿水"(《栾城集》卷九《和子瞻自徐州移湖》);"尔来巨野溢,流潦压城垒。池塘漫不知,亭榭日倾弛。官吏困堤障,麻鞋污泥滓"(《栾城集》卷七《寄孔武仲》);"巨野一汗漫,河齐相腾蹙。流沙翳桑土,蛟蜃处人屋。农亩分沉埋,城门遭板筑"(《栾城集》卷七《寄济南守李公择》);"黄河东注竭昆仑,巨野横流入州县。民事萧条委浊流,扁舟出入随奔电"(《栾城集》卷七《送转运判官李公恕还朝》)。从苏辙这些诗可看出灾情的严重:黄河横溢,冲压城垒,城门紧闭,亭榭倾斜,池塘淹没,农田翳蔽,到处是一派荒凉萧条景象。

在这次防洪救灾过程中,苏轼表现出高度的组织才能。在洪水到达徐州前,他就组织徐州人民准备工具,积蓄土石,修补堤坝,事先采取了防治措施。当洪水汇于徐州城下时,水深达两丈八尺,水高于城中平地有达一丈零九寸的。城墙有倒塌的危险,城中富民争先恐后地出城避水。苏轼认为,富民一出,民心动摇,他与谁去守城?他表示,只要他在,决不让洪水坏城。他把富民赶进城中,亲自到军营动员军队防洪。他说:"河将害城,事急矣,虽禁军宜为我尽力!"禁军看到太守都不辞辛劳,自然也积极参加筑堤,使洪水只能到堤而不能进城,民心也就逐渐安定了。接着又是两天暴雨,河水猛涨,苏轼就住在城墙上,"过家不入",指挥军民分头堵水。当时徐州城外,洪水茫茫无际,房屋冲走了,"老弱蔽川而下,壮者狂走,无所得食,槁死于丘陵、树木之上"(苏辙《黄楼赋序》)。苏轼派习水的人用船载着粮食,到处进行抢救,使许多人得以脱险。在这些日子里,苏轼真是忧心如焚,他在《与范子丰书》(《东坡续集》卷五)中说:"决口未塞,河水日增,劳苦纷纷,何时定乎?"后来他采纳了和尚应言的意见,开凿清冷口,把积水引入黄河故道,才解除了威胁。十月十三日,整天狂风怒号,风止,他得到积水已入黄河故道的消息，"闻之喜甚"，并作了一首《河复》（《东坡集》卷八）诗来表达这种高兴心情："吾君仁圣如帝尧，百神受职河神骄。帝遣风师下约束，北流夜起澶州桥。"

水退后，苏轼回到城中，只见瓦上尽是"沙痕"。为庆祝徐州得以保全，自己也免为鱼鳖，于是饮酒赋诗道：

> 岁寒霜重水归壑，但见屋瓦留沙痕。
>
> 入城相对如梦寐，我亦仅免为鱼鼋。
>
> 旋呼歌舞杂诙笑，不惜饮醨空瓶盆。
>
> 念君官舍冰雪冷，新诗美酒聊相温。

（《东坡集》卷八《答吕梁仲屯田》）

但苏轼并未沉浸在诗酒之乐中，为了防止来年洪水再至，他又投入了另一场紧张的增筑徐州城堤的工作中。他说："明年劳苦应更甚，我当畚锸先黥髡。"（同上）黥，墨刑，用刀刺肉涂墨；髡，剃去头发的刑罚；黥髡，指奴仆、有罪受刑之人。也就是说为了防止来年洪水再至，他将手执畚箕铁锹，身先仆隶，带头参加筑堤。当时朝廷正忙于堵塞澶州的决口，无暇顾及徐州。苏轼认为澶州的决口若能堵住，徐州自然无恙。但能否堵住，还很难说。苏轼决心不让徐州重受其害，于是请求朝廷允许他调集来年役夫增筑徐州城堤。但他的请求迟迟未得到答复。他说："彭城最处下游，水患甲于东北。奏乞钱与夫为夏秋之备，数章皆不报。"（《东坡续集》卷五《与欧阳仲纯书》）"某始到彭城，幸其无事；而河水一至，遂有为鱼之忧。近日虽已减耗，而来岁之患方未可知。法令周密，公私匮乏，举动尤难。"（《东坡续集》卷一一《与范景山书》）直至第二年二月，朝廷才同意苏轼的请求，赐两千四百一十万钱，用四千二十三人，又发常平钱六百三十万，米一千八百余斛，募三千二十人，改筑外城，建四木岸。功成，为纪念徐州防洪胜利，苏轼在徐州东门建楼，以黄土刷墙，名曰黄楼："黄楼高十丈，下建五丈旗。楚山以为城，泗水以为池。"（《东坡集》卷一〇《太虚以黄楼赋见寄，作诗为谢》）元丰元年（1078）

重阳节，苏轼在黄楼大宴宾客，有三十多位名士参与盛会。苏轼回忆道："去年重阳不可说，南城夜半千沤发。水穿城下作雷鸣，泥满城头飞雨滑。黄花白酒无人问，日暮归来洗靴袜。"今年的重阳就大不相同了："岂知还复有今年，把盏对花容一呷。莫嫌酒薄红粉陋，终胜泥中千柄锸。"惯于安乐的人是不懂得乐之为乐的，要饱经忧患的人才知道乐之为乐。苏轼经过上年重阳节的紧张抢险，因此分外感到眼前平安宴饮之快乐："烟消日出见渔村，远水鳞鳞山齾齾。诗人猛士杂龙虎，楚舞吴歌乱鹅鸭。"（《东坡集》卷一〇《九日黄楼作》）

继熙宁十年（1077）秋的严重水灾之后，元丰元年春又发生大旱。苏轼在《徐州祈雨青词》（《东坡集》卷三四）中说：

河失故道，遗患及于东方；徐居下流，受害甲于他郡。田庐漂荡，父子流离。饥寒顿仆于沟坑，盗贼充盈于狴狱（牢狱）。人穷计迫，理极词危。望二麦之一登，救饥民于垂死。而天未悔祸，岁仍大荒。水未落而旱已成，冬无雪而春不雨。烟尘蓬勃，草木焦枯。今者麦已过期，获不偿种；禾未入土，忧及明年。

在徐州城东有一石潭，据老百姓说，这个石潭与泗水相通，清浊相应。元丰元年春旱时，苏轼曾来这里祷雨，有《起伏龙行》诗记其事。后来，春旱有所缓和。夏初苏轼又去石门谢雨，沿途所见已是一派丰收景象："惭愧今年二麦丰，千歧细浪舞晴空。化工余力染夭红。"（《东坡乐府笺》卷一《浣溪沙·徐州藏春阁园中》）他的《浣溪沙·徐门石潭谢雨》（《东坡乐府笺》卷一）是一组描写初夏农村的朴实风光，充满农村生活气息和情趣的优美诗章。"旋抹红妆看使君，三三五五棘篱门。相排踏破茜罗裙。"——这是一群农村少女看热闹的景象。"老幼扶携收麦社，乌鸢翔舞赛神村。道逢醉叟卧黄昏。"——这是庆丰收的赛神景象。"麻叶层层苘叶光，谁家煮茧一村香"；"簌簌衣巾落枣花，村南村北响缲车。"——这是煮茧缲丝的景象。"日暖桑麻光似泼，风来蒿艾气如熏。使君元是此中人。"——苏轼对这种田园生活是很向往的。

苏轼在徐州还为人民做了另一件好事，那就是采煤。徐州过去没有发现煤，柴贵得出奇，有时一床被子还换不到半捆湿柴："君不见前年雨雪行人断，城中居民风裂骭（小腿骨）。湿薪半束抱衾裯，日暮敲门无处换。"苏轼于元丰元年十二月，派人在徐州西南的白土镇找到了煤："岂料山中有遗宝，磊落如墼万车炭。流膏迸液无人知，阵阵腥风自吹散。"煤的数量既丰，质量又好，老百姓非常高兴："根苗一发浩无际，万人鼓舞千人看。投泥泼水愈光明，烁玉流金自精悍。"这不仅解决了民用燃料，有利于保护森林，而且也解决了冶铁燃料，有利于制作犀利的武器，抗击辽和西夏的侵扰："南山栗林渐可息，北山顽矿何劳锻。为君铸作百炼刀，要斩长鲸为万段。"（《东坡集》卷一〇《石炭》）

元丰元年十月，苏轼在徐州曾向神宗上书，提出治理徐州的种种措施。他首先强调徐州在战略上的重要地位："徐州为南北之襟要，而京东诸郡安危所寄也。"就地势看，这里三面环山，只有西面是数百里平川；徐州城三面阻水，只有南面可通车马，而有戏马台扼其口。这样的地势，若囤积三年粮食于城中，虽用十万人也不易取。就经济看，这里土地肥沃，民皆善冶炼，共有三十六冶，冶户都是些巨富。就民风看，这里的人都身材高大，胆力过人，"喜为剽掠，小不适意，则有飞扬跋扈之心，非止为盗而已"。实际是这里的人富有斗争性、反抗性。自古以来，这一带出了很多英雄豪杰，刘邦、项羽、刘裕①、朱全忠②等，"皆在今徐州数百里间耳。其人以此自负，凶桀之气，积以成俗"。就朝廷的防守力量讲，利国监"兵卫寡弱，有同儿戏"。苏轼认为，如果有剧贼十来人在这里振臂一呼，吏卒都会吓得弃城逃命。起事之人散其金帛招兵买马，数千之众可一日得。利国监一失，徐州就有"不守之忧"；徐州一失，"京东之安危未可知也"。为了对付人民的反抗，巩固北宋王朝的统治，苏轼提出了许多具体措施：第一，他主张废除不许铁入河北的禁

---

① 刘裕（356—422）字德舆，小字寄奴，彭城（今江苏徐州）人，南朝宋的建立者。

② 朱全忠即朱温（852—912），宋州砀山（今属安徽）人，五代梁王朝的建立者。曾参与黄巢起义，叛变降唐，后又代唐自立为帝。

令。苏轼认为利国监的铁皆"为国兴利"，"自铁不北行，冶户皆有失业之忧"。因此他主张"除近日之禁，使铁得北行"。当时每个冶户有百余人采矿伐炭。苏轼主张每个冶户出十来人组成自卫武装，授以刀槊，教以击刺，"以待大盗"。第二，苏轼主张加强徐州兵力，"移南京新招骑射两指挥于徐"。因为徐州城大而兵少，出了事很难守住。他还主张招石工采精石加固徐州城墙，使其"数年之后，举为金汤之固"。前一措施是为了守卫利国监，后一措施是为了守卫徐州。因为他认为："利国监不可窥，则徐无事；徐无事，则京东无虞（贻误）矣。"第三，苏轼还主张严明军政。当时京东之盗，多出于逃军。这是因为军政不修，士卒赌博饮酒，无所不为，穷得无法，就逃去为盗。苏轼认为："军政修而逃者衰，亦去盗之一端也。"因此，苏轼主张严军政，禁酒博，改善士卒生活，加强军事训练，做到"士皆饱暖，练熟技精"。第四，苏轼还认为盗贼滋炽的原因之一是"守臣权太轻"。他主张"慎择守臣"，并"稍重其权"，允许他们"法外处置强盗"，给一笔钱给他们"布设耳目，畜养爪牙"，以侦察和镇压人民的反抗，"此又治盗之一术也"。第五，苏轼认为，过去以诗赋取士，现在以经术取士，名虽不同，但都是以文辞取士。京东、京西、河北、河东、陕西五路，自古都是豪杰众多的地方，这里的人"沉鸷勇悍，可任以事"；但要他们治声律，讲经义，"与吴楚闽蜀之人争得失于毫厘之间"，那么，这里的人就只好不做官了。苏轼主张为这五路之士"别开仕进之门"，"察其尤异者，擢用数人，则豪杰英伟之士，渐出于此途；而奸滑之党，可得而笼取也"（《东坡奏议集》卷二《徐州上皇帝书》）。

苏轼不仅主张加强对人民反抗的镇压，而且在徐州也实际组织了这种镇压。当时，沂州（今山东临沂）有何九郎想劫利国监，还有阚温、秦平等"滑贼"往来沂、兖间。沂州程棐"家富，有胆识"，苏轼就派他"缉捕凶逆贼人"。元丰二年三月苏轼移湖州，他还要程棐不要因他离开徐州而停止捕贼。七月，程棐派人到湖州告诉苏轼，他已"捕获妖贼郭先生等"。苏轼正准备为程请赏，自己就被捕下狱了。后来他贬官黄州，还专门写信给参知政事章惇，要他劝奖程棐。

苏轼主张并实际组织了对人民反抗的镇压，但是，他在徐州毕竟为人民做了一些好事，特别是防洪，不仅受到神宗的通令嘉奖，赞他"亲率官吏，驱督兵夫，救护城壁。一城生齿，并仓库庐舍，得免漂没之害"（《东坡续集》卷一二《奖谕敕记》）；而且更重要的是赢得了徐州人民的爱戴。元丰二年三月，当他从徐州迁知湖州（今浙江吴兴）时，送行父老都感激地说："前年无使君，鱼鳖化儿童。"（《东坡集》卷一〇《罢徐州往南京，马上走笔寄子由》）这话或许过分夸大了苏轼在徐州防洪中的作用，但苏轼的组织和领导，对保全徐州确实是起了巨大的作用。一个人只要为人民做了一点好事，人民是不会忘记他的。

一二 "柏台霜气夜凄凄"

——乌台诗案

元丰二年（1079）二月苏轼罢徐州任，改知湖州。他在赴湖州任以前，先到南都商丘看望苏辙。苏辙感慨现在的商丘再不是古代的商丘了，城郭荒芜，文化衰落，无法使苏轼尽兴："梁园久芜没，何以奉君游？故城已耕稼，台观皆荒丘。池塘尘漠漠，雁鹜空迟留。俗衰宾客尽，不见枚与邹。轻舟舍我南，吴越多清流。"（《栾城集》卷九《和子瞻自徐移湖将过宋都，途中见寄五首》）苏轼在南都住了半个月离去，他沿途看到吴越山水的佳丽，深以子由簿书繁冗，不能同行为恨："回首濉阳（即商丘）幕，簿书高没人。何时桐柏水（即淮水），一洗庾公尘。此去渐佳境，独游长惨神。待君诗百首，来写浙西春。"（《东坡集》卷一〇《过淮三首赠景山兼寄子由》）

苏轼于元丰二年四月到达湖州。湖州也是风景优美的鱼米之乡。苏轼在做杭州通判时就曾到湖州"相度堤岸"，对湖州非常向往。他写道："余杭自是山水窟，久闻吴兴（即湖州）更清绝。"哪些方面"更清绝"呢？这就是"湖中橘林新著霜，溪上苕花正浮雪。顾渚芽茶白于齿，梅溪木瓜红胜颊。吴儿鲙缕薄欲飞，未去先说馋涎垂。"（《东坡集》卷四《将至湖州，戏赠莘老》）现在他来这里做知州，一到任就经常出游，欣赏湖州山水名胜古迹。或"遍游诸寺"："肩舆任所适，遇胜辄留连。焚香引幽步，酌茗开净筵"（《东坡集》卷一一《端午遍游诸寺得禅字》）；或泛舟清江："嫋嫋风蒲乱，猗猗水荇长。小舟浮鸭绿，大杓泻鹅黄"（《东坡集》卷一一《乘舟过贾收水阁》）；或登山望远："清溪到山尽，飞路盘空小。红亭与白塔，隐见乔木杪"（《东坡集》卷一一《与客游道场山何山得鸟字》）；或沿城赏花："环城三十里，处处皆佳绝。蒲莲浩如海，时见舟一叶"（《东坡集》卷一一《与王郎昆仲及儿子迈绕城观荷花》)。

湖州虽是鱼米之乡，但由于最近几年来这一带自然灾害严重，连年大饥疫，死人很多。特别是杭州地区，熙宁八年一次大饥疫中，死了五十余万人，弄得城郭萧条，土地荒芜。苏轼写道："来往三吴一梦间，故人半作冢累然。"（《东坡集》卷一一《仆去杭五年，吴中仍岁大饥疫，故人往往逝去……》）死这样多的人，一方面固然是自然灾害造成的，但同时也与"政拙"有关："政拙年年祈水旱，民劳处处避嘲讴。河吞巨野那容塞，盗入蒙山不易搜。"意思是说，他连迁数州，各地的水旱、徭役都很严重，民受其害，自己也无脸见人，所以"避嘲讴"。这里的"政拙"，表面看似乎是讲自己，实际是指变法，因此他接着说："仕道固应惭孔孟，扶颠未可责由求。"（《东坡集》卷一一《次韵周开祖长官见寄》）前句是说，孔子、孟子主张能够施展自己的抱负才做官，"不能者止"；而自己做官不能行道，因此有惭于孔、孟。"求、由"指孔子的学生，鲁国季孙肥的家臣冉有、季路。孔子曾教训他们说："危而不持，颠而不扶，则将焉用彼相矣！"（《论语·季氏》）这里以"求、由"喻当时的执政大臣，意思是说不能寄希望于他们来扶危济困。这些话表现了苏轼对新政的不满。

苏轼一面为不能实现自己的政治主张而牢骚满腹，一面仍像在杭州、密州、徐州一样积极救灾，决心"要与遗民度厄年"。但是，"厄年"还未度过，苏轼的厄运就临头了。他于四月二十九日到达湖州，仅仅三个月，七月二十八日就突然被朝廷派人逮捕了。

当时朝廷的政争非常激烈。熙宁七年（1074）王安石由于遭到顽固派的攻击第一次罢相，以观文殿学士的头衔知江宁府（今江苏南京）。在王安石辞职前，吕惠卿曾指使人给神宗写信，要求挽留王安石；王安石也向神宗建议，由韩绛代替自己的宰相职务，吕惠卿做参知政事。但是，吕惠卿是一个野心家和阴谋家，他靠王安石取得了副相地位，仍不满足，为了做宰相，一面排斥韩绛，一面攻击王安石，防止他再度为相。韩绛察觉了吕惠卿的意图，估计自己斗不过他，就密请神宗复用王安石。熙宁八年二月，王安石再度为相，吕惠卿贬知陈州。吕惠卿在陈州上书，攻击王安石尽弃所学，崇尚纵横之术，欺上要君，并揭发王安石在给他的私信中有"无使上知"的话。由于保守派的攻击和变法派内部的相互倾轧，王安石于熙宁九年十月再度罢相，从此退居金陵，直至老死，再未还朝。

王安石罢相后，围绕变法在统治阶级内部所进行的一场严肃的政治斗争，逐渐演变成排斥异己的斗争。在王安石变法期间，一些元老重臣因政见分歧，纷纷离开朝廷，王安石不得不重用一些表示支持新法的"新进勇锐之人"。苏轼在《湖州谢上表》（《东坡集》卷二五）中发了两句牢骚，说神宗"知其愚不适时，难以追陪新进；察其老不生事，或能牧养小民"。"新进""生事"等语刺痛了这些人，他们就群起攻击陷害苏轼，连章弹劾。御史中丞李定①说苏轼有四条"可废之罪"：一是"怙终不悔，其恶已著"；二是"傲悖之语，日闻中外"；三是"言伪而辨"，"行伪而坚"；四是"陛下修明政事，怨己不用"，认为苏轼"讪上骂下，法所不宥"。监察御史里行舒亶②攻击苏轼包藏祸心，怨望皇上，讪谤谩骂，无人臣之节：陛下发钱以业民，苏轼就说"赢得儿童好语音，一年强半在城中"；陛下明法以课试群吏，他就说"读书万卷不读律，致君尧舜终无术"；陛下严盐禁，他就说"岂是闻韶解忘味，尔来三月食无盐"。监察御史里行何正臣③弹劾苏轼愚弄朝廷，妄自尊大，谤讪讥骂，无所不为；有水旱之灾，盗贼之变，苏轼就归罪新法，喜动于色，惟恐不甚；现更明上章疏，肆为诋消，无所忌惮；他要求对苏轼要"大明诛赏，以示天下"。最初神宗不愿追究，但在御史众口一词的围攻下，神宗只好命令御史台派人把苏轼拘捕入京审问。可是，当时朝臣中想公开陷害苏轼的人毕竟为数不多，故李定感叹"人才难得"，想找一个逮捕苏轼的人都少有如意的，最后是太常博士皇甫遵自告奋勇，求旨去拘捕苏轼。他在离京前，要求途中把苏轼寄监。神宗不允，说："只是根究吟诗事，不消如此。"皇甫遵领旨后，同

---

① 李定字资深，扬州人，少学于王安石，以拥护新法，由秀州判官升为监察御史里行，御史中丞。劾苏轼怨谤君父，交通戚里。哲宗立，谪居滁州。

② 舒亶字信道，明州慈溪（今属浙江慈溪）人，试礼部第一。先后弹劾郑侠、苏轼、张商英，气焰熏灼。

③ 何正臣字君羡，临江新淦（今江西清江东北）人，进士及第。元丰初为御史里行，劾苏轼。官至刑部侍郎。

其子立即离京，奔赴湖州。

驸马都尉王诜[①]是苏轼的好友。他得知拘捕苏轼的消息后，立即派人驰告南京（河南商丘）的苏辙，要他火速派人告诉湖州的苏轼。皇甫遵日夜兼程，其行如飞，苏辙派出的人赶不上。幸好皇甫遵到了润州，其子生病，求医诊治，耽搁了时间，结果在皇甫遵到达之前，苏轼已得知消息。皇甫遵到达湖州后，直接奔赴湖州公堂，左顾右盼，样子十分傲慢凶恶。苏轼问权知州事祖无颇，无颇说，事已至此，无可奈何，只有出见。苏轼来至公堂，皇甫遵视若无人，沉默不语，气氛十分紧张。苏轼只好先说，自己既然激怒朝廷，今日必是赐死。死固不敢辞，请允许回后堂与家人诀别。这时，皇甫遵才从牙缝里挤出几个字来："不至如此！"无颇试探地问："太常博士必有文书。"皇甫遵厉声问他是什么人，当无颇说他是权知州事后，皇甫遵才交出文书，只不过是一般拘捕文书，大家这才松了一口气。

皇甫遵要苏轼立即起程，苏轼与家人告别，妻子王氏哭得死去活来。苏轼倒很镇定，对妻子讲起故事来。他说，宋真宗时有一位隐者叫杨朴，能作诗。真宗召见他，问他能否作诗。杨说不能。真宗问："临行有人作诗送行否？"杨说只有老妻作了一绝，内容是：

且休落魄贪杯酒，更莫猖狂爱吟诗。

今日捉将官里去，这回断送老头皮。

真宗听后大笑，就把杨朴放回去了。苏轼也因作诗"今日捉将官里去"了，看见妻子哭得这样伤心，就风趣地说，你难道不能像杨处士妻那样作一首诗为我送行吗？这句话把王氏也逗笑了。

王氏派长子苏迈同苏轼入京，以便沿途照顾苏轼。狱卒立即押苏轼出城上船，湖州父老看见顷刻之间便把他们敬仰的太守像捉鸡鸭一样捉走了，无不泪下如雨。苏轼被捕后，御史台又抄了苏轼的家，搜查苏轼所作诗文。这

---

① 王诜，官左卫将军，娶英宗第二女魏国大长公主。因不矜细行，尝贬官。元丰三年，公主病笃，神宗命还诜官。公主薨，再谪均州。

时家中只剩下妇幼，一个个吓得要死。抄家后，王氏说，苏轼一生好作诗，诗有何用？一气之下，把家中残存的苏轼诗文一把火烧掉了。

苏轼在途中和狱中都曾准备自杀。船行至太湖芦香亭停宿，当晚月色如昼，碧波无际。苏轼望着清冷的银月和茫茫的碧波沉思道，自己被捕入京，必然下狱，审讯中难免牵连他人。若能两眼一闭，投身湖中，顷刻之间岂不烦恼尽消，万事大吉？但自己一死，弟弟苏辙必不愿独生，岂不害了老弟？想到这里，他又失去了举身赴清湖的勇气了。到京城后，苏轼关在御史狱，时被提审。最初苏轼还想不要连累他人，"虚称更无往复"。但他同朝廷内外大臣的往来诗文已被抄获，在强大的压力下，只好承认"与人有诗赋往还"。结果，因"曾与苏轼交往，以文字讥讽政事"的罪名而受牵连的朝廷内外大臣竟多达数十人。苏轼自料必死，在狱中就把日常服用的青金丹藏下一些，以备一旦定了死罪，好超量服用自尽。苏轼在途中曾与苏迈相约，平时送食只送菜肉，若有不测则送鱼。一次苏迈因事他往，托一亲友送食，而又忘记交代。这位亲戚恰好弄得一条鱼，煮熟送去。苏轼得鱼大惊，写了两首诀别诗托狱卒设法转给苏辙。狱卒对苏轼说："学士必不至此！"苏轼说，假使万一免死，自然天从人愿；如不能免，而此诗不能到达弟弟手里，真是死不瞑目。苏轼后来回忆狱中的情况说："去年御史府，举动触四壁。幽幽百尺井，仰天无一席。隔墙闻歌呼，自恨计之失。留诗不忍写，苦泪渍纸笔。"（《东坡集》卷一二《晓至巴河口迎子由》）前四句写狱房之小；次二句写狱中之苦，一个没有失去过自由的人是不懂得自由之可贵的，一墙之隔，两个世界，墙外可放声歌呼，他在墙内却没有一点自由；最后两句提到的"留诗"，就是指诀别诗《狱中寄子由》（《东坡续集》卷二），诗中确实充满了凄苦的泪水：

圣主如天万物春，小臣愚暗自忘身。

百年未满先偿债，十口无家更累人。

是处青山可埋骨，他年夜雨独伤神。

与君世世为兄弟，更结人间未了因。

苏轼兄弟的感情很深厚，在苏轼初从政时就同弟弟相约说："寒灯相对记畴昔，夜雨何时听萧瑟。君知此意不可忘，慎勿苦爱高官职。"（《东坡集》卷一《郑州别后马上寄子由》）前年在徐州相别时也相约说："一旦功成名遂，准拟东还海上，扶病入西州。"但现在功未成，名未遂，却"百年未满先偿债"了，留给弟弟的是"十口无家更累人"，"他年夜雨独伤神"。苏轼意犹未尽，又写了第二首：

> 柏台霜气夜凄凄，风动琅珰月向低。
> 梦绕云山心似鹿，魂惊汤火命如鸡。
> 眼中犀角真吾子①，身后牛衣愧老妻②。
> 百岁神游定何处，桐乡知葬浙江西。

柏台即御史台，前四句写出了御史狱的凄凉和自己心情的激荡。犀角，形容其子额骨丰盈；牛衣，乱麻编织的衣服，指未给妻子留下什么遗产。苏轼自注说："狱中闻湖杭民为余作解厄斋经月，所以有此句也。"苏轼很喜爱浙中山水，入狱后又听说当地人民在为他祈祷，因此他要苏辙把他葬在"浙江西"。

乌台诗案是北宋一场有名的文字狱。作为苏轼主要罪证的《钱塘集》虽然今已失传，但宋人朋九万《东坡乌台诗案》、周紫芝《诗谳》和清人张鉴秋《眉山诗案广证》等所录的被指控为攻击新法的诗文，多数都保留在《东坡集》中，至今仍有案可稽。被指控为攻击新法的诗文有以下四种情况：一是确实是讥刺新法的，如前面已经讲到的《戏子由》《寄刘孝叔》等就属这种情况。二是讥刺时政，但不属讥刺新法。苏轼在杭州、密州的诗篇有不少是反映盐法给人民带来的痛苦的，如《山村五首》等。但食盐官营是宋朝自建国以来所采取的措施之一，王安石变法期间只不过是加强了盐禁而已。苏轼对

---

① 犀角，额骨。旧时星相家认为，龙犀日角皆富贵相。吾子，对对方的爱称，这里指苏辙。
② 牛衣，乱麻编织之衣。汉人王章求学于长安，疾病无被，卧牛衣中。及为京兆，欲上封事。其妻阻止道："人当知足，独不念牛衣中涕泣状耶?"（《汉书·王章传》）

盐禁的讥刺，不能说成就是对新法的讥刺。三是某些反映水旱之灾、民间疾苦的诗篇也被指控为攻击新法。第四，有的纯粹是捕风捉影，深文周纳，最突出的例子就是把苏轼的《王复秀才所居双桧》(《东坡集》卷四) 指控为对神宗"不臣"：

凛然相对敢相欺，直干凌空未要奇。

根到九泉无曲处，世间惟有蛰龙知。

这首诗描写了两株桧树"凛然相对"，"直干凌空"，根到九泉，亦无曲处的雄姿，至多不过是苏轼借此抒自己挺拔不屈的性情而已。副相王珪却根据后两句说："陛下飞龙在天，而轼求之地下之蛰龙，其不臣如此！"神宗也感到这样解释太牵强附会了，说"诗人之论，安可如此论？彼自吟桧，何预朕事？"章惇虽然在政治上是支持王安石变法的，但也反对这样陷害苏轼，从旁解围说："龙者，非独人君，人臣亦可以言龙也。"神宗接着说："自古称龙者多矣，如荀氏八龙 (东汉荀淑有八子，均有才名，时人谓之荀氏八龙)，孔明卧龙，岂人君耶？"苏轼在狱中，狱吏曾问他这两句诗有无讽刺，苏轼巧妙地回答说，王安石诗有"天下苍生待晓雾，不知龙向此中蟠"，他所说的龙就是王安石所说的龙。那些自称维护王安石变法的人，却忘记了王安石在诗中也讲过龙。章惇对王珪这样歪曲苏轼的诗意很不满，退朝后质问王珪是不是想使苏轼家破人亡。王珪说："此舒亶言也。"章惇也不客气，讥讽道，舒亶的口水难道也可吃吗？在陷害苏轼的人中，王珪确实算不得急先锋。急先锋是李定、舒亶等人，王珪只不过是拾人余唾而已。王珪是一个专看皇帝脸色行事的人，他上朝是为了"取圣旨"，皇帝表态后他说声"领圣旨"，退朝后就对僚属说"已得圣旨"，时人讥他为"三旨宰相"。这次他把神宗的脸色看错了。他看见神宗同意御史台逮捕苏轼，误认为神宗要杀苏轼，于是就跟着煽风点火，落井下石，对苏轼大搞捕风捉影，栽赃陷害。

朝臣对乌台诗案的态度是很复杂的，李定、舒亶等人必欲置苏轼于死地；王珪等乘人之危，推波助澜；有的人避之唯恐不及，生怕连累自己；但敢于起来营救苏轼的人也不少。苏轼的前辈张方平，这时退隐南京，愤然上书营救苏轼。南京官吏不敢转呈，他就派儿子张恕上京到闻鼓院投书。张恕徘徊不敢投，以后苏轼出狱，读到张方平疏奏的副本，大惊失色。苏辙也看了这封上疏，感慨道，难怪吾兄吐舌，苏轼不死，正得张恕之力。苏轼有何罪？只不过声名太高，与朝廷争胜。张方平却说苏轼是"天下之奇才"，这只会更加激怒神宗。有人问当时救苏轼，该怎样向神宗进言。苏辙认为应说本朝未曾杀过士大夫，现在杀了苏轼，后人就会说杀士大夫从神宗开始。神宗好名而畏议论，这样才能救苏轼。

当时朝廷许多内外大臣也确实是这样劝谏神宗的。章惇说，仁宗得轼以为一代之宝，现在反把他投入监狱，恐后世说陛下"听谀言而恶讦直"。宰相吴充①甚至说，曹操那样猜忌，还能容忍祢衡；陛下以尧舜为榜样，还不能容一苏轼？王安石当时已退居金陵，也上书说："安有圣世而杀才士乎？"王安石是神宗器重的人物，虽已退隐，但这话仍很起作用。据说，这场公案就"以公（王安石）一言而决"。王安石的弟弟王安礼②也对神宗说，自古大度之君，不以言罪人；若对苏轼行法，恐后世谓陛下不能容才。为了营救苏轼，正在病中的曹太后③也出面干预，她对神宗说，过去仁宗以制科得苏轼兄弟，高兴地说，他为子孙得两宰相。现在苏轼因诗入狱，会不会是仇人对他的中伤呢？

以上情况说明，当时营救苏轼的人，既有执政大臣，也有退居老臣；既有政治主张与苏轼一致的人，也有政治主张与苏轼对立的人。最感人的还是他的弟弟苏辙。苏辙《为兄轼下狱上书》（《栾城集》卷三五）一开头就以呼天抢地的语气写道："困急而呼天，疾痛而呼父母者，人之至情也。臣虽草芥之微，而有危迫之恳，惟天地父母哀而怜之！"苏辙既动之以手足之情："臣

---

① 吴充（1021—1080）字冲卿，建州浦城（今属福建）人。其子安持为王安石之婿，但他不完全赞成王安石的主张，多次对神宗说"政事不便"。神宗见他中立不与，王安石罢相，即以他为同中书门下平章事。因被王珪、蔡确排斥，郁郁而死。

② 王安礼（1043—1095）字和甫，王安石之弟，但与王安石政见不合。

③ 曹太后，仁宗之后，真定（今河北正定）人，枢密使周武惠王曹彬孙女。反对王安石变法，曾对神宗说："祖宗法度不宜轻改。"

早失怙恃，惟兄轼一人相须为命。今者窃闻其得罪，逮捕赴狱，举家惊号，忧在不测……不胜手足之情，故为冒死一言。"又明之以罪有可恕："轼居家在官，无大过恶。惟是赋性愚直，好谈古今得失"；"通判杭州及知密州日，每遇物托兴，作为歌诗，语或轻发"；但"向者曾经臣僚缴进，陛下置而不问，轼感荷恩贷，自此深自悔咎，不敢复有所为。"最后又以古喻今，望神宗效汉文帝，"免（轼）下狱死"："昔汉淳于公得罪，其女子缇萦请没为官婢，以赎其父，汉文因之遂罢肉刑。今臣蝼蚁之诚，虽万万不及缇萦，而陛下聪明仁圣过于汉文远甚。臣欲乞纳在身官以赎兄轼。"这样一篇哀婉动人的上书，朝廷竟置之不理。

苏辙的《登南城有感示文务光、王遹（子敏）秀才》（《栾城集》卷九），显然是"有感"于苏轼被捕而作："幽忧随秋至，秋去忧未已。南城试登望，百草枯且死。落叶投入怀，惊鸿四面起。"苏轼是七月二十八日被捕的，故云"幽忧随秋入"；十二月二十九日才获释，故云"秋去忧未已"。百草凋零，落叶满怀，惊鸿四起的一派荒凉秋景正烘托出他的"幽忧"之情。接着他又写道："所思不可见，欲往将安至？斯人定谁识，顾有二三子。清风皎冰玉，沧浪自湔洗。"这里"所思"的"斯人"正是苏轼，他冰清玉洁，很少有人了解他。这与《为兄轼下狱上书》所说的"轼居家在官，无大过恶"的观点是一致的，他相信苏轼是无罪的。而皎若冰玉的苏轼却受到这样不公正的待遇，银铛入狱："网罗一张设，投足遂无寄。"《次韵子瞻系御史狱，赋狱中榆槐竹柏》（《栾城集》卷九）也是一组为苏轼鸣不平的诗篇，其中咏榆写道：

秋风一何厉，吹尽山中绿。

可怜凌云条，化为樵夫束。

凛然造物意，岂复私一木？

置身有得地，不问直与曲。

青松未必贵，枯榆还自足。

纷纷落叶下，萧条愧华屋。

在凌厉的秋风中，万物凋零，所谓贵和贱、荣和辱，完全是"地势使之然"（左思《咏史》），是"不问直与曲"的。官场是这样的不公平，何不回归故乡？他在咏竹时说：

故园今何有，犹有百竿竹。

春雷起新萌，不放牛羊触。

虽无朱栏拥，不见红尘辱。

清风时一过，交戛响鸣玉。

渊明避纷乱，归嗅东篱菊。

嗟我独何为，弃此北窗绿。

处贱不辱这一充满哲理的结论，就是他从乌台诗案中得出的痛苦教训。其他如"丈夫贵自遂，老大饶惊惧"（《栾城集》卷九《次韵答陈之方秘丞》）；"飞霙迫残腊，愁思渡今年"；"雪霜何与我，忧思自伤神。忠信亦何罪，才名空误身"（《栾城集》卷九《腊雪五首》）等等，都是为苏轼入狱而发。

由于上下内外的多方营救，加上神宗本来也很赏识苏轼的才华，才于同年十二月二十九日结案：苏轼责授检校尚书、水部员外郎、充黄州团练副使，本州安置，不得签书公事。苏辙、王诜也同受贬斥，司马光等数十人因与苏轼关系密切各罚铜二十斤。这就是北宋有名的乌台诗案。

一三 "逐客不妨员外置"

——贬官黄州

苏轼自元丰二年十二月被贬为黄州团练副使，是他政治上的失意时期，但也是他文学上的丰收季节。他在诗、词、赋、散文等方面的许多名篇都是在贬官黄州期间写成的。苏辙说，在这之前，他们两兄弟的文章还可相"上下"；"既而谪居于黄，杜门深居，驰骋翰墨，其文一变，如川之方至，而辙瞠然不能及也"（《亡兄子瞻端明墓志铭》）。

苏轼在赴黄州途中经过陈州（今河南淮阳），苏辙专门赶来看他。苏轼在《子由自南都来陈，三日而别》（《东坡集》卷一一）中写道："夫子自逐客，尚能哀楚囚。奔驰二百里，径来宽我忧。"苏辙因上疏营救苏轼，被贬为筠州监酒，所以苏轼称他为"逐客"；"楚囚"是自指。又说："别来未一年，落尽骄气浮"；"平时种种心，次第去莫留。"乌台诗案给苏轼的打击很大，不但打掉了平时的"骄气"，而且各种雄心壮志也消磨殆尽了："便为齐安（即黄州）民，何必归故丘。"平时总想"一旦功成名遂，准拟东还海上，扶病入西州"，结果不仅未能"功成名遂"，反而成了罪人，连"扶病入西州"也无望了，只好作"齐安民"了。

经过一个月的行程，苏轼于元丰三年（1080）二月一日到达黄州。他在《初到黄州》（《东坡集》卷一一）中自我嘲笑说：

自笑平生为口忙，老来事业转荒唐。

长江绕郭知鱼美，好竹连山觉笋香。

逐客不妨员外置，诗人例作水曹郎。

只惭无补丝毫事，尚费官家压酒囊。

自己为了敷口，一生忙忙碌碌，越来越荒唐可笑，结果竟"责授检校尚书、水部员外郎、充黄州团练副使，本州安置，不得签书公事"；但也正好因祸得福，从此有时间欣赏长江的"鱼美"和山中的"笋香"了。这是一首自我解嘲，自我安慰，充满牢骚的诗篇。

苏轼最初住在黄州城东南的定惠院，众人有些回避他，他也回避众人，整天闭门谢客，过着孤独寂寞的生活，饮酒浇愁："幽人无事不出门，偶逐东风转良夜……清诗独吟还自和，白酒已尽谁能借？不辞青春忽忽过，但恐欢意年年谢……饮中真味老更浓，醉里狂言醒可怕。但当谢客对妻子，倒冠落佩从嘲骂。"（《东坡集》卷一一《定惠院寓居，月夜偶出》）

在定惠院的东面，杂花满山，其中有一株名贵的海棠花，但当地人并不知道她的名贵。苏轼深有感慨地写道：

> 江城地瘴蕃草木，只有名花苦幽独。
> 嫣然一笑竹篱间，桃李漫山总粗俗。
> 也知造物有深意，故遣佳人在深谷。
> 自然富贵出天姿，不待金盘荐华屋。

显然这株海棠正是苏轼对自己的写照。他正像"幽独"的海棠一样处于"粗俗"的桃李之中。她天姿自然，不准备追求华屋金盘。苏轼在黄州无事可干，过着闲适生活：

> 先生食饱无一事，散步逍遥自扪腹。
> 不问人家与僧舍，拄杖敲门看修竹。

突然看到这样一株美丽的海棠，因此感慨万千地问道：

> 忽逢绝艳照衰朽，叹息无言揩病目。
> 陋邦何处得此花，无乃好事移西蜀？

海棠盛产于故乡四川，这里怎么会有？大概是好事的人从西蜀移来的吧。但他接着又推翻了自己的猜测，千里迢迢，无法移栽，定是鸿鹄衔来的种子：

> 寸根千里不易致，衔子飞来定鸿鹄。
>
> 天涯流落俱可念，为饮一樽歌此曲。

"天涯"一句出自白居易的"同是天涯沦落人"，自己的命运正好与海棠相似，点出了全诗的主题。宋人魏庆之《诗人玉屑》（卷一七）说："东坡作此诗，词格超逸，不复蹈袭前人。"又说："（苏轼）平生喜为人写（此诗），盖人间刊石者，自有五六本云。轼平生得意诗也。"

苏轼在定惠院没住多久，就迁居到黄州城南长江边上的临皋亭："幸兹废弃余，疲马解鞍驮。全家占江驿，绝境天为破。"（《东坡集》卷一二《迁居临皋亭》）他在这里建有南堂，可俯瞰长江千帆往来："江上西山半隐堤，此邦台馆一时西。南堂独有西南向，卧看千帆落浅溪。"（《东坡集》卷一三《南堂五首》）

后来老友马正卿又为他请得城东过去的营防废地数十亩，让他开垦耕种。这就是著名的东坡。这里长满了荒草，堆满了瓦砾；加之又是大旱之年，"垦辟之劳，精力殆尽"。他在《东坡八首》（《东坡集》卷一二）中描写垦荒之苦说：

> 废垒无人顾，颓垣满蓬蒿。
>
> 谁能捐筋力，岁晚不偿劳。
>
> 独有孤旅人，天穷无所逃。
>
> 端来拾瓦砾，岁旱土不膏。
>
> 崎岖草棘中，欲刮一寸毛。
>
> 喟然释耒叹，我廪何时高？

这样一块"蓬蒿"满垣的"废垒"，谁也不肯来花力气，只有他这孤旅之人，为生活所迫，才肯开垦这块"荆棘"丛生、"瓦砾"遍地的荒土；他一边垦荒，一边感叹，不知何时才能长出粮食，装满他的仓廪？苏轼主要是组织垦荒，实际垦荒的自然主要是"家僮"：

> 家僮烧枯草，走报暗井出。
> 一饱未敢期，瓢饮已可必。

杂草烧掉，被草遮住的"暗井"露出来了，粮食能否丰收虽不敢肯定，但至少有泉水可饮了。指点苏轼垦荒的是"农夫"：

> 投种未逾月，覆块已苍苍。
> 农夫告我言，勿使苗叶昌。
> 君欲富饼饵，要须纵牛羊。
> 再拜谢苦言，得饱不敢忘。

这里的庄稼种法同他的故乡不同，麦苗刚出，要任牛羊践踏，开春后，麦苗重新发出，才能获得丰收。

苏轼过去基本上处于顺境之中。即使因政见不合，离开了朝廷，但是，在杭州是任通判，是地方副长官；在密州、徐州、湖州都是知州，是地方长官。他从来还没有尝过"躬耕"的滋味。"躬耕"之劳，使他懂得了粮食之可贵，加强了同人民的联系。他在开垦东坡时深有体会地说："我久食官仓，红腐等泥土。"现在经过"种稻清明前"，"分秧及夏初"，"秋来霜穗重"，"新春便入甑"的劳动全过程，就知道粮食来之不易了。

苏轼开垦这些荒地，首先是为了种粮食，夏季种稻，冬季种麦；同时他还栽了很多桑树、竹子："江南有蜀士，桑果已允乞。好竹不难栽，但恐鞭横逸"；"嗟我五亩园，桑麦苦蒙翳。不令寸地闲，更乞茶子艺。饥寒未知免，已作太饱计。"（《东坡集》卷一三《问大冶长老乞桃花茶栽东坡》）他甚至还托四川故人曹元修为他寄元修菜种子："我老忘家舍，楚音变儿童。此物独妩

123

媚，终年系余胸。君归致其子，囊盛勿函封……悬知东坡下，堉卤化千钟。长使齐安人，指此（元修菜）说两翁（指自己与曹元修）。"（《东坡集》卷一三《元修菜》）

东坡开垦出来后，苏轼又在这里修房子。因为是在大雪中修的，就在壁上绘雪景，并命名为雪堂，他还亲自写了"东坡雪堂"四字作为匾额。雪堂西面是北山之微泉，南面是四望亭之后丘，堂前有井，有柳树，堂后种有松、桑、桃、桔、枣和元修菜等。这些东西既可供苏轼生活之需，又点缀了雪堂风光。苏轼把他的东坡雪堂比为陶渊明的斜川，他在《江城子》（《东坡乐府笺》卷二）中写道：

梦中了了醉中醒。只渊明，是前生。走遍人间，依旧却躬耕。昨夜东坡春雨足，乌鹊喜，报新晴。　　雪堂西畔暗泉鸣。北山倾，小溪横。南望亭丘，孤秀耸曾城。都是斜川当日境，吾老矣，寄余龄。

一般人都是梦中颠倒，醉中昏迷。苏轼认为只有他和陶渊明能做到梦中清楚，醉中清醒。其实，陶渊明和苏轼有很大不同，在这方面陶渊明比苏轼清醒得多。正如后来苏辙所说："渊明不肯为五斗米，一束带见乡里小人；而子瞻出仕三十余年，为狱吏所折困，终不能悛，以陷大难。乃欲以桑榆之末景，自托于渊明，其谁肯信之？"信还是可信的，严酷的现实使苏轼想学陶渊明归隐田园；但他毕竟有浓厚的忠君思想，是营营仕途中人，故总是学不到。苏轼是承认这点的，他说他"半生出仕，以犯世患，此所以深服渊明，欲以晚节师范其万一也。"（《栾城后集》卷二一《子瞻和陶渊明诗集引》）

苏轼贬官黄州期间还经常出游。他经常去的地方一是岐亭（今湖北麻城市西南），二是武昌。元丰三年正月，苏轼在赴黄州途中来到岐亭北面二十五里的一座山上，发现有人以"白马青盖"来迎接他，原来是他的老友陈慥。陈慥字季常，陈公弼之子。陈公弼是眉州青神（今四川青神）人，与苏轼之父苏洵为友。苏轼为凤翔府签判，与陈慥结为密友。苏轼这次在他家里住了五天，陈慥热情地招待他："知我犯寒来，呼酒意颇急。拊掌动邻里，绕村捉鹅鸭。"(《东坡集》卷一四《岐亭五首》)其后,苏轼在黄州期间,曾三次去岐亭访问陈慥,陈慥曾七次来黄州访问苏轼,过从甚密。苏轼在《陈季常见过三首》(《东坡集》卷一二)中写道:

> 送君四十里,只使一帆风。
>
> 江边千树柳,落我酒杯中。
>
> 此行非远别,此乐固无穷。
>
> 但愿长如此,来往一生同。

结果并未能"长如此",元丰七年(1084)四月,苏轼从黄州移汝州,他们就不得不分别了。其他人送苏轼,送到慈湖就回去了;陈慥却一直送苏轼到九江。"行将出苦语,不用儿女泣。吾非固多矣,君岂无一失?各念别时言,闭户谢众客。"(《岐亭五首》)临别时,两位老朋友相互叮咛:要以言为戒,要闭门谢客,以免大祸再次临头。

苏轼是作为"罪人"安置在黄州的。黄州太守徐君猷对苏轼很好,任他自由往来于附近各地,并经常与他一起宴游,但他仍负有看管苏轼的责任。一次,苏轼在东坡雪堂夜饮大醉,返回临皋亭时已是深夜,家僮已鼻息如雷,敲门无人应,他就高声唱道:

夜饮东坡醒复醉,归来仿佛三更。家僮鼻息已雷鸣。敲门都不应,倚杖听江声。　　长恨此身非我有,何时忘却营营?夜阑风静縠纹平。小舟从此逝,江海寄余生。

(《东坡乐府笺》卷二《临江仙·夜归临皋》)

上阕写他的醉态,下阕是发感慨,他渴望摆脱这种整天"营营"(忙忙碌碌)的生活,去过"江海寄余生"的闲适生活。据《避暑录》说,第二天盛传苏轼昨夜作此词,挂冠于江上,乘小舟长啸而去。郡守徐君猷得悉,大吃一惊,"以为州失罪人",非同小可,赶忙来到苏轼住地临皋亭。结果苏轼鼾声如雷，酒醉未醒。这件轶事不管是否真实，但却说明了作为"罪人"的苏轼，其行动自由显然是受到限制的。因此，他虽然想在寒溪西山买田筑屋，但冷静一想，还是只好放弃了。

元丰五年（1082）三月七日，苏轼曾到黄州东南三十里的沙湖，接着又到了蕲水（今湖北蕲春）。在赴沙湖途中遇雨，同行的人狼狈不堪，苏轼却从容不迫。他在《定风波·沙湖道中遇雨》（《东坡乐府笺》卷二）中写道：

莫听穿林打叶声，何妨吟啸且徐行。竹杖芒鞋轻胜马，谁怕？一蓑烟雨任平生。　　料峭春风吹酒醒，微冷，山头斜照却相迎。回首向来萧瑟处，归去，也无风雨也无晴。

面对"穿林打叶"的"风雨"，苏轼一面"吟啸"，一面"徐行"，从容不迫，无所畏惧。"飘风不终朝，骤雨不终日"，在苏轼看来，"风雨"终将过去，"斜照"必然相迎。接着他来到蕲水清泉寺，寺临兰溪。中国的大小河流一般都向东流，兰溪却向西流。苏轼写道：

山下兰芽短浸溪，松间沙路净无泥。萧萧暮雨子规啼。　　谁道人生无再少，门前流水尚能西。休将白发唱黄鸡。

（《东坡乐府笺》卷二《浣溪沙·游蕲水清泉寺》）

这首词同样表现了他虽处困境，但仍对前途充满信心。溪水尚能西流，难道人生就不能再少？何必自伤发白，悲叹衰老呢？苏轼在蕲水，晚上经过一家酒店，开怀畅饮，喝得大醉。这天晚上，晴空如洗，万里无云，月色如银，照着微波荡漾的溪流，空中呈现出一种迷迷茫茫的夜景。苏轼乘醉来到一溪桥上，酒意正浓，于是解鞍下马，曲臂作枕，躺在桥边的草坪上稍事休息。及至醒来，天已大亮，只见乱山簇拥，流水潺潺，有如仙境而非人世。苏轼挥笔直书，在桥柱上写下了一首《西江月》（《东坡乐府笺》卷二）：

照野潋潋浅浪，横空隐隐层霄。障泥未解玉骢骄，我欲醉眠芳草。　　可惜一溪风月，莫教踏碎琼瑶。解鞍欹枕绿杨桥，杜宇一声春晓。

同年七月、十月，苏轼曾两次游黄州附近的赤壁，写下了千古名篇前后《赤壁赋》和《念奴娇·赤壁怀古》。赤壁之战的赤壁，本来在湖北蒲圻县西北，长江南岸。黄州稍西的山脚突入江中，石色如丹，名赤鼻矶，后人误认为这里就是赤壁之战的赤壁："故垒西边，人道是、三国周郎赤壁。""人道是"三字表明，苏轼知道这里不是赤壁之战的赤壁。但苏轼不是写史，他只不过是借赤壁抒发感慨。因此，他将错就错，在词和赋中都谈及赤壁之战的英雄人物。《念奴娇·赤壁怀古》（《东坡乐府笺》卷二）是一篇气壮山河，寄慨万端的作品，词的上阕主要是写赤壁，引出怀古；下阕主要写怀古，归到伤今。全词是：

大江东去，浪淘尽、千古风流人物。故垒西边，人道是、三国周郎赤壁。乱石崩云，惊涛裂岸，卷起千堆雪。江山如画，一时多少豪杰。　　遥想公瑾当年，小乔①初嫁了，雄姿英发。羽扇纶巾，谈笑间、强虏灰飞烟灭。故国神游，多情应笑我，早生华发。人间如梦，一尊还酹江月。

作者面对滚滚东流的长江，慨叹"千古风流人物"的一去不返，起笔突兀，雄视千古。接着，作者寥寥数笔，为我们勾画出了传说中的古战场的雄奇景色："乱石崩云，惊涛裂岸，卷起千堆雪。"读起来，如临绝壁，如闻涛声，如见雪浪。面对祖国壮丽的河山，作者发出了"江山如画"的由衷赞美。正是在这里，当年鏖兵赤壁，群英聚会，一时集中了"多少豪杰"！特别是其中的周瑜，年少英俊，雄姿勃勃，谈笑风生（"英发"），手挥羽扇，头戴纶巾，面对强敌，潇洒自得，从容不迫，"谈笑间"，就使"舳舻千里，旌旗蔽空"的曹军"灰飞烟灭"。通篇充满了作者的美妙理想同可悲现实的矛盾。作

---

① 小乔，周瑜之妻。汉太尉乔玄有二女，皆国色。长女大乔，孙策之妻。

者本希望像"千古风流人物"和三国时的"多少豪杰"那样建立功名，特别希望像"公瑾当年"那样少年得志，功成名就。但是，可悲的现实却是"早生华发"，一事无成，反落得贬官黄州。于是，他不禁发出了"人间如梦"的哀叹。全词状景写人，怀古伤今，慷慨激昂，苍凉悲壮，气势磅礴，一泻千里，足以代表苏轼豪放词的特色，被人誉为"千古绝唱"。

在这次赤壁之游中，苏轼还写下了脍炙人口的《赤壁赋》。当时，苏轼在政治上的处境极为不利，心情非常苦闷。他力图用老庄的听任自然、随缘自适、超然达观的处世哲学来解脱自己的痛苦。赋的开头描写了月夜泛舟大江的美好景色和饮酒赋诗的舒畅心情："清风徐来，水波不兴"；"月出于东山之上，徘徊于斗牛之间。白露横江，水光接天。"短短几句，作者就为我们烘托出一幅月白风清、天水相连的秋夜景色。"纵一苇之所如（人），凌万顷之茫然。浩浩乎，如冯（凭）虚御风，而不知其所往；飘飘乎，如遗世独立，羽化而登仙。"这里写的是泛舟，听任苇叶似的小舟掠过茫茫无际的江面，浩浩荡荡啊，好像驾着风凌空飞去；飘飘然啊，好像脱离人世，成为仙人而飞升仙境了。这里，既抒发了月夜泛舟的舒畅心情，又给人以渺渺茫茫的虚幻感觉，为后面的议论做好了铺垫。

接着，作者通过客人"如怨如慕""如泣如诉"的洞箫声，很自然地引出了主客间关于人生意义的一场辩论。主客的对话，实际上都是作者的独白，是他陷于深沉苦闷而又力求摆脱的矛盾心情的表露。作者通过客人之口说，当年的曹操"破荆州，下江陵，顺流而东也，舳舻千里，旌旗蔽空，酾酒临江，横槊赋诗，固一世之雄也，而今安在哉！"浪淘尽千古风流人物，像这样不可一世的曹操，都被时间的流水洗尽了旧迹，何况自己已经"渔樵于江渚之上，侣鱼虾而友麋鹿"，还能在历史上留下什么陈迹呢？"寄蜉蝣于天地，渺沧海之一粟。哀吾生之须臾，羡长江之无穷。"——人生太渺小了，太短促了！这是"奋厉有当世志"的苏轼，在贬官黄州时深感壮志难酬而发出的沉痛哀叹。

但是，作者不愿沉浸在这悲观颓丧的思想中，而又找不到出路，于是只好搬出老庄的处世哲学来自我安慰说：

客亦知乎水与月乎？逝者如斯（指水）而未尝往也；盈虚者如彼（指月）而卒莫消长也，盖将自其变者而观之，则天地曾不能以一瞬；自其不变者而观之，则物与我皆无尽也，而又何羡乎？且夫天地之间，物各有主，苟非吾之所有，虽一毫而莫取。惟江上之清风，与山间之明月，耳得之而为声，目遇之而成色，取之无禁，用之不竭。是造物者之无尽藏也，而吾与子之所共适。

这段主客对话，我们都可以从《庄子》中找到它的原版。要会想：从变的一面看，人生固然短促，渺小；但从不变的一面看，"则物与我皆无尽也"。高官厚禄既"非吾之所有"，就只好"莫取"了；但"江上之清风，与山间之明月"是"取之无禁，用之不竭"的，可以尽情享受而又与世无争。这是一种无可奈何的自我安慰。但苏轼在极端失意时能处以达观，能看到人生"无尽"的一面，仍有其积极意义。

文章从泛舟大江有羽化登仙之乐，转入"侣鱼虾而友麋鹿"的现实苦闷，最后又以"清风""明月"之乐作自我安慰，写得波澜起伏，曲折多姿。对江上秋夜美景，小舟自由荡漾和箫声如泣如诉的描写，形象生动，文笔精炼。主客对话，说理谈玄，谈笑风生。最后以主客狂饮，酣睡达旦作结，戛然而止，余味无穷。"举杯浇愁愁更愁"，结尾处的"喜而笑"，实际上掩藏着难以排遣的苦闷。

同年十月十五日，苏轼同客人从黄州城东的东坡返回城南的临皋亭，经过黄泥坂，边走边唱和。只见月白风清，人影在地。为了不辜负这一良夜，于是携酒食，重游赤壁。初冬的赤壁比起三个月前的赤壁来，又是一番景色，已由雄壮的"乱石崩云，惊涛裂岸，卷起千堆雪"，变成了清丽的"江流有声，断岸千尺，山高月小，水落石出"。苏轼不禁感慨道："曾日月之几何，而江山不可复识矣！"苏轼同客人撩起衣服爬山，登上险峻的山岩，分开丛生的野草，蹲在状如虎豹的大石上，站在盘曲如虬龙的古木之巅，攀登鹘鸟巢居的岩洞，俯视水神河伯之幽宫。突然听见一声长啸，"草木震动，山鸣谷应，风起水涌"。苏轼"悄然而悲，肃然而恐"，不敢久留，下得山来，登上小舟，任小舟在江中自由飘荡。突然有一只翅如车轮，羽毛雪白，尾巴漆黑的鹤，横江飞来，掠过小舟，长鸣一声，向西飞去。苏轼的《后赤壁赋》记叙了这次夜游赤壁的经过，给人一种清冷的感觉，表现了作者贬官黄州期间孤寂悲凉的心情。

也难怪苏轼心境悲凉，在贬官黄州期间，他的处境发生了很大变化："我生无田食破砚，尔来砚枯磨不出。"（《东坡集》卷一三《次韵孔毅甫久旱已而甚雨》）他自来是靠读书做官为生的，现在"廪入既绝，人口不少"，过着"先生年来穷到骨，向人乞米何曾得"（《东坡集》卷一三《蜜酒歌》）的生活。但苏轼并没有为"廪入既绝"，"穷到骨"所吓倒，他决心过"痛自节俭"的生活。他说他"行年五十，始知作活（料理生活），大要是悭尔；而文以美名，谓之俭素"。苏轼颇能随缘自适，他自我安慰道："口体之欲，何穷之有？每加节俭，亦是惜福延年之道。"（《东坡续集》卷五《与李公择书》）如何"痛自节俭"呢？他给自己定了一条规矩，每天的用费不得超过一百五十钱。每月初，取四千五百钱分为三十串，挂在屋梁上，每天用叉挑取一串，就把叉藏起来。这一百五十钱若未用完，就另外放在一个竹筒中，以待宾客往来之需。苏轼后来在东坡开垦了数十亩荒地，但因连年遇旱，因此仍时时为生活着急："今年旱势复如此，岁晚何以黔我突？"突，灶突，即烟囱。"何以黔我突"即我怎么开得起火呢？他决心通过自己的努力来维持生活："去年东坡拾瓦砾，自种黄桑三百尺。今年刈草盖雪堂，日炙风吹面如墨。平生懒惰今始悔，老大劝农天所直。"他决心不向人乞讨："我虽穷苦不如人，要亦自是民之一。形容虽似丧家狗，未肯弭耳争投骨"；"腐儒粗粝支百年，力耕不受众目怜。"（《东坡集》卷一三《次韵孔毅甫久旱已而甚雨》）

苏轼在贬官黄州期间也尝尽了世态炎凉的滋味："我谪黄冈四五年，孤舟出没烟波里。故人不复通问讯，疾病饥寒疑死矣。"（《东坡集》卷一四《送沈逵赴广南》）但也不是所有的人都这样势利。王子立、王子敏兄弟，当苏轼"得罪于吴兴，亲戚故人皆惊散"的时候，他们不但没有"惊散"，反而送苏轼出郊，安慰苏轼，并把苏轼家属安置到南都。扬州知州鲜于侁以前曾举荐过苏轼，这次苏轼在湖州被捕，押送进京的途中经过扬州，鲜于侁想见苏轼，御史台的官吏不允，并要他烧掉同苏轼的往来书信，否则会受连累。鲜于侁回答说："欺君负友，吾不忍为。以忠义分遣，则所愿也。"（《通鉴辑览》卷七八）苏轼贬官黄州后，钱塘主簿陈师仲曾因乌台诗案"偶有关及者"而受牵连。但他仍"不以前事介意"，主动多次给苏轼写信，在他所作诗文中"十常有四五"提及苏轼兄弟。苏轼深有感慨地说："自得罪后，虽平生厚善有不敢通问者；足下独犯众人之所忌，何哉？……何相爱之深也！"（《东坡集》卷三〇《答陈师仲主簿书》）还有马正卿，追随苏轼二十年，苏轼贬官黄州，他也来黄州，并参与东坡垦荒。苏轼在《东坡八首》中写道："马生本穷士，从我二十年。日夜望我贵，求分买山钱。我今反累生，借耕辍兹田。刮毛龟背上，何时得成毡？可怜马生痴，至今夸我贤。众笑终不悔，施一当获千。"另有潘生、郭生、古生三人也参与了东坡垦荒："我穷交旧绝，三子独见存。从我于东坡，劳饷同一飧。"就在苏轼贬官黄州期间，开始形成了所谓"苏门四学士"。他在《答李昭玘书》（《东坡集》卷三〇）中说，他一生处世穷困，到处碰壁，无一遂心之事。惟独文人学士多获所欲，如黄庭坚、晁补之、秦观、张耒等，"皆世未之知而轼独先知之。今足下又不见鄙，欲相从游，岂造物者专欲以此乐见厚也耶？"除李昭玘外，追慕苏轼的人还很多。元丰五年十二月二十九日，苏轼生日，他在赤壁矶上设宴，踞高峰，俯鹊巢，饮酒作乐，庆祝生日。忽然听见笛声起于江上。懂音乐的人都对苏轼说，笛声有新意，绝非俗人。苏轼派人请来，原来是进士李委。他听说今天是苏轼生日，特作新曲《鹤南飞》以表祝贺。苏轼又请他奏了数曲。奏后，李委对苏轼说："吾无求于公，得一绝句足矣。"苏轼高兴地为他题了一绝，即《李委吹笛》（《东坡续集》卷二）。从这里不难看出，即使在贬官黄州期间，仰慕苏轼的仍不乏其人。

这里特别值得一提的是李端叔，他在众人诽谤苏轼的时候，仍对苏轼称颂备至。苏轼的《答李端叔书》（《东坡集》卷三〇）写得曲折动人。信末说："此书虽非文，然信笔书意，不觉累幅。""信笔书意"四字可说是这封信最突出的特点。首先，通篇"信笔"抒发了一种自怨自艾、后悔莫及的感情。他怨自己"贪得不已"，得陇望蜀，中了进士，又举制科；又怨自己缺乏"自知"之明（"人苦不自知"），因为自己考取的是直言极谏科，于是就"诵说古今，考论是非"，"妄论利害，撽说得失"，"谠谠至今，坐此得罪。"作者笑自己具有制科人好发议论的习气，有如"候虫时鸟，自鸣自已"；笑秦观、黄庭坚对自己"独喜见誉，如人嗜昌歜（菖蒲，楚文王所嗜）羊枣（曾皙所嗜），未易诘其所以"；又笑李端叔称说自己的都是自己过去的毛病，如"木有瘿（赘瘤）、石有晕（色彩模糊的部分）、犀有通（犀角有纹），以取妍于人，皆物之病也"。这三个诙谐幽默的比喻，充满了自怨自艾的感情。苏轼还"信笔"抒发了对封建社会人情冷暖、世态炎凉的感慨。有的对他落井下石，乘机"推骂"；有的生怕牵连自己，避之唯恐不及："平生亲友，无一字见及；有书与之，亦不答。"就在这样冷酷的社会里，李端叔却一再致书苏轼，"称说"和"推与"苏轼，苏轼的感激之情是可想而知的。尽管苏轼说，李端叔对他的"称说"是"闻其声不考其情，取其华而遗其实"，所"称说"的"皆故我，非今我"，但这都不过是含蓄的牢骚而已。苏轼在信中还"信笔"抒发了忧谗畏讥、借酒浇愁的感情。他说他"得罪以来，深自闭塞"，为什么要"深自闭塞"？又说此信"不须示人，必喻此意"。为什么"必喻"不须示人之意？无非是害怕大祸再次临头，害怕那些"好事君子"抓住信中的片言只语，捕风捉影，栽赃陷害。苏轼说他经常"偏舟草履，放浪山水间，与渔樵杂处，往往为醉"。表面看笔调轻松，实际上包含着难言的辛酸，特别是像他这样一位"奋励有当世志"的人，"放浪山水"完全是不得已的。

为了防止言多必失，苏轼尽量不与人往来："黄（州）当江路，过往不绝，语言之间，人情难测，不若称病不见为良计。"（《东坡续集》卷四《与滕达道书》）为了防止再次因文字得罪，他尽力不作诗文："某自窜逐以来，不复作诗与文字……其中虽无所云，而好事者巧以酝酿，便生出无穷事也。"（《东坡续集》卷四《答濠州陈章朝请》）苏轼不仅自己以言为戒，而且告诫老友也要以言为戒。他在《与滕达道书》中说：

某欲见面一言者，盖谓吾侪新法之初，辄守偏见，至有异同之论。虽此心耿耿，归于忧国，而所言差谬，少有中理者。今圣德日新，众化大成，回视向之所执，益觉疏矣。若变志易守，以求进取，固所不敢；若谠谠不已，则忧患愈深。

这封信总的精神无非是告诫老友滕达道进京不要再争论新法的是非，大意是说：我们错了（"吾侪新法之初，辄守偏见……所言差谬，少有中理者"），他们对了（"今圣德日新，众化大成"），不要再"谠谠不已"了，否则会"忧患愈深"。有人说，这是苏轼的"忏悔书"。其实这封信的重点并不是什么忏悔，而是劝老友以言为戒，那些貌似"忏悔"（实为牢骚）的话，都是为论证"若谠谠不已，则忧患愈深"服务的。

苏轼在黄州既无公务，又不敢多作诗文，不敢多与人交往，为了打发时间，他只好努力研读经书："某闲废，无所用心，专治经书，一二年间，欲了却《论语》《书》《易》。"（《东坡续集》卷四《与滕达道书》）苏洵曾作《易传》，未成而卒，临终前要苏轼为他完成。但他多年来忙于政务，无暇著书。贬官黄州期间，他不仅完成了《易传》，还自著了《论语说》。书成后，他给文彦博写信说，自己一生穷苦多难，不知能活多久，害怕自己一旦死后，这些书不得传；想写几本留人间，但考虑到自己刚因文字得罪，人们未必敢收藏。于是他决定把《论语说》五卷抄送文彦博，即使没有什么价值，也可看出他"穷不忘道，老而能学"（《东坡集》卷二九《黄州上文潞公书》）。

苏轼在贬官黄州期间，虽然用各种办法来逃避现实，但是他仍然不能完全克制自己，仍然不时要发泄自己的愤懑。他少有壮志，才气横溢，却遭到贬斥，而那些酒囊饭袋，却能扶摇直上，安于朝廷。在黄州，朝云生一子，他在《洗儿戏作》（《苏轼诗集》卷四七）诗中愤慨地写道：

> 人皆养子望聪明，我被聪明误一生。
> 惟愿孩儿愚且鲁，无灾无难到公卿。

骂得何等痛快！寥寥四句，充满了作者的满腔悲愤，揭露了封建官僚制度的黑暗，像他这样"有笔头千字，胸中万卷"的"聪明"人，往往一生穷愁潦倒，坎坷不平，有的甚至丢掉脑袋；而那些愚鲁之辈，倒能无灾无难，青云直上。《宋史·苏轼传》说他的"嬉笑怒骂之词，皆可书而诵之"，这首《洗儿戏作》就属这种"嬉笑怒骂"之词。苏轼这类作品的现实意义就在于它反映了封建社会怀才不遇的知识分子的共同愤懑情绪，有助于我们从一个侧面认识封建社会的黑暗。

苏轼在黄州仍时时关心着国家大事和民间疾苦，仍然为巩固北宋王朝的统治而操心。他在徐州时曾组织沂州葛墟村的程棐捕捉想劫利国监的何九郎。苏轼移知湖州后，程棐捕获了"妖贼郭先生等"。他正要向朝廷奏陈，自己就被捕了。贬官黄州后，他还特意写信给章惇说，徐沂间人鸷勇者多，"若不收拾驱使令捕贼，即作贼耳"。他主张"因事劝奖，使皆歆艳捕告之利，惩创为盗之祸，庶几少变其俗"。他还特别告知章惇，"徐州南北襟要，自昔用武之地"；而利国监"兵卫微寡"，要章惇注意这个问题（《东坡集》卷二九《与章子厚书》）。

苏轼在徐州时，见各地盗贼为患严重，人多"凶侠不逊"，加之连年饥馑，"恐其忧不止于窃攘剽杀"，曾把这些事写成文，准备报告朝廷。因移知湖州，未来得及报告。他在湖州被捕后，他的妻子烧掉了他平时所作的诗文；而这封上书因用来糊了笼篚，"独得不烧"。来到黄州，"笼破见之"。苏轼又把它抄录下来寄给文彦博，并对文说："犹欲公知之，此则宿昔之心扫除未尽者也。"（《东坡集》卷二九《黄州上文潞公书》）

为了巩固宋王朝的统治，苏轼不但关心捕盗，也很关心安边。他在贬官黄州期间，仍时时想为抗击辽和西夏的侵扰立功："臂弓腰箭何时去，直上阴山取可汗。"（《东坡集》卷一三《谢陈季常惠一揩巾》）他在《与滕达道书》（《东坡续集》卷四）中问："西事得其详乎？虽废弃，未忘国家虑也。"所谓"西事"，是指四川泸州一带少数民族的叛乱。自熙宁六年以来，四川东南部的少数民族不断叛乱。元丰三年泸州知州乔叙去平定乞弟之乱，结果全军覆没。接着又派韩存宝去镇压乞弟。韩存宝不敢与乞弟作战，并以金帛贿赂乞弟，要乞弟送一封空降书，就上表称说已平定乞弟之乱。朝廷察知韩存宝的欺骗行为，逮捕并杀了韩存宝。苏轼在《答李琮书》（《东坡集》卷三〇）中提出了讨平乞弟的方略。他主张罢兵，精选一转运使及泸州知州，给他们两年期限，由他们经划处置，允许他们法外行事；多给他们一些钱物，就地采购军粮，减轻运粮费用，并派辩士说服其他少数民族首领，"更番出兵，以蹂践乞弟族帐"，使其"春不得耕，秋不得获"，"戕杀其丁壮，且使终年释末而操兵，不及二年，其族帐必杀乞弟以降"。若仍未降，则从江安、纳溪、合江三路进军，均"以诸夷为先锋"。苏轼主张的核心就是利用各少数民族统治阶级内部的矛盾，联合各少数民族共同讨伐乞弟之乱。他说："今欲讨乞弟，必先有以怀结近界诸夷，得其心腹而后可。"为了维护国家的统一，对少数民族一些首领发动的叛乱，苏轼是主张镇压的。但他深深懂得"出入山谷，耐辛苦瘴毒，见利则云合，败则鸟兽散，此本蛮夷之所长，而中原之所无奈何也"，因此，他认为单靠武力镇压是不能解决问题的，必须通过"怀结（怀柔团聚）近界诸夷"的办法，才能收到事半功倍的效果。他在信末对李琮说："此非公职事，然孜孜寻访如此，以见忠臣体国，知无不为之义也。轼其可以罪废不当言而止乎？虽然，亦不可使不知我者见，以为诟病也。"他这种"不当言"而言，正表明了他对巩固宋王朝统治是很关心的。

苏轼在贬官黄州期间，由于所处的地位陡然下降，常常"幅巾芒屦，与田父野老相从溪谷间"，因此对民间疾苦有了更真切的了解。他在赴黄州途中经过蔡州时写道：

> 下马作雪诗，满地鞭箠痕。
>
> 伫立望原野，悲歌为黎元。
>
> （《东坡集》卷一一《蔡州道上遇雪》）

途经岐亭时，在陈季常家里看到一幅《朱陈村嫁娶图》。朱陈村在徐州古丰县，这个村子只有朱陈两姓，世世互为婚姻。苏轼曾知徐州，这不禁使他想起了他所见到的徐州情况：

> 我是朱陈旧使君，劝农曾入杏花村。
>
> 而今风物那堪画，县吏催钱夜打门。
>
> （《东坡集》卷一一《陈季常所蓄朱陈村嫁娶图》）

苏轼因写诗反映民间疾苦而被捕被贬，但刚刚出狱，他仍敢写诗反映民间疾苦，仍敢"悲歌为黎元"，这种精神确实是十分可贵的。"县吏催钱夜打门"的情况，在黄州也屡见不鲜，他曾发出"水中照见催租瘢"（《东坡集》卷一二《五禽言》）的感叹。特别是在《鱼蛮子》（《东坡集》卷一三）一诗中，苏轼详尽描述了渔民的悲惨境遇：

> 江淮水为田，舟楫为室居。
>
> 鱼虾以为粮，不耕自有余。
>
> 异哉鱼蛮子，本非左衽徒。
>
> 连排入江住，竹瓦三尺庐。
>
> 于焉长子孙，戚施且侏儒。
>
> 擘水取鲂鲤，易如拾诸途。
>
> 破釜不着盐，雪鳞芼菁蔬。
>
> 一饱便甘寝，何异獭与狙？
>
> 人间行路难，踏地出赋租。
>
> 不如鱼蛮子，驾浪浮空虚。
>
> 空虚未可知，会当算舟车。
>
> 蛮子叩头泣，勿语桑大夫。

鱼蛮子以水为田，以舟为食，以鱼为粮。他们并不是"蛮子"（"本非左衽徒"。衽，衣襟。我国古代一些少数民族的服装，前襟向左掩，叫左衽），住在江上，长得丑陋而矮小（"戚施且侏儒"。戚施，即蟾蜍，四脚踞地，无颈，不能仰视，因此常用来比喻貌丑背驼之人）。他们颇能耐劳，擘水取鱼，易如反掌。他们家无完物，连锅都是破的，连吃的盐都没有，完全靠鱼和蔬菜为生，过着"何异獭与狙"的非人生活。但比起那些受尽"赋租"之苦的农民来，他们的生活似乎已经算在天堂了。"人间行路难，踏地出赋租"，而鱼蛮子竟能逃脱"赋租"，这还不是地狱中的"天堂"吗？鱼蛮子担心这种"天堂"生活的失去，怕渔舟也要征赋（"虚空未可知，会当算舟车"），因此，才反复哀求不要把他们的境况告诉那些逐利大臣（桑大夫，汉武帝时领大司农，实行盐铁官营）。这是一幅多么悲惨的图画！

由于赋税繁重，加之连年灾害，老百姓养不起儿女，武昌一带的老百姓经常杀婴，超过二男一女的就溺死。尤其不愿多养女，以致弄得民间女子少而鳏夫多。父母也不忍溺其亲生儿女，往往含泪闭目背面把婴儿按入盆中，只听见哇哇啼叫，挣扎很久才死去。根据当时法律，溺婴要判两年徒刑。但为生活所迫，严刑峻法同样不能制止杀婴。苏轼专门写信给鄂州（今湖北武昌）知州朱寿昌说："闻之辛酸，为之不食。"他希望朱寿昌一面"正告以法律，谕以祸福，约以必行"；一面对那些"若实贫甚，不能举子者，薄有以赈之"。他还以自己在密州用剩余的劝诱米来"收养弃儿"之事相告，说明此事不难，"在公如反手耳"（《东坡集》卷三〇《与朱鄂州书》）。

苏轼对发展农业生产一向比较注意。他在杭州、密州、徐州任上都比较注意兴修水利，消灭蝗灾。他在贬官黄州期间，常到武昌游玩，发现武昌农夫骑着秧马插秧。秧马是一种半机械化的"农器"。秧马的腹如小舟，是用榆树做的，很滑；背像反盖着的瓦，用楸桐做的，较轻，人就骑在上面；首尾两端都翘着，秧苗就挂在马首上。骑着这样的秧马插秧，可以大大提高劳动效率，减轻劳动强度："日行千畦，较之伛偻而作者，劳佚相绝也。"以后苏轼读到一本《禾谱》，觉得这本书"文既温雅，事亦详实"；但也有不足之处，"惜其有所缺，不谱农器也"，他于是专门写了一首《秧马歌》（《东坡续集》卷四），"附于《禾谱》之末"，来推广这种农具。诗的开头首先描写了未用秧马时的辛苦："腰如箜篌首啄鸡，筋烦骨殆声酸嘶。"插秧时，像弹箜篌（古代拨弦乐器）一样地弯曲着腰，像鸡啄食一样地埋着头，累得筋疲力尽，骨头都像要散了，声音也嘶哑了。接着他描写了秧马插秧的轻快：

> 我有桐马手自提，头尻轩昂腹胁低。
> 背如覆瓦去角圭，以我两足为四蹄。
> 耸踊滑汰如凫鹥，纤纤束藁亦可赍。
> 何用繁缨与月题，揭从畦东走畦西。

山城欲闭闻鼓鼙，忽作的卢跃檀溪。

归来挂壁从高栖，了无刍秣饥不啼。

　　这种秧马有很多优点：一是轻，手都提得起；二是滑，就像鸥鸟翱翔一般轻快；三是不用马腹带（"繁缨"）、马络头（"月题"），也不吃草料，回家后把它高高地挂在墙上，不饥不啼；四是功效高，城中报告天黑的鼓鼙声起，骑着它插秧就像刘玄德骑着的卢马跃过檀溪一般快。有人说，苏轼思想保守，请看，他对能实际提高生产的农具改革是多么感兴趣！

一四 "从公已觉十年迟"

——乞居常州

宋神宗很欣赏苏轼的才华，在苏轼贬官黄州期间，神宗曾多次准备起用苏轼。他对宰相王珪等说："国史至重，可命苏轼成之。"但王珪面有难色，神宗只好叫曾巩修国史。元丰七年（1084），神宗下手诏说："苏轼黜居思咎，阅岁滋深。人才实难，不忍终弃。"于是把苏轼从黄州团练副使改为离京城较近的汝州（今属河南）团练副使。

苏轼在黄州一住五年，"楚音变儿童"，孩子都学会了黄州话。他与当地父老处得不错，他们都劝他长住东坡。他所经营的东坡已初具规模，现在要离开，不能不有些留恋。他于四月离黄州时作《满庭芳》（《东坡乐府笺》卷二）一词告别东坡邻里说：

归去来兮，吾归何处？万里家在岷峨。百年强半，来日苦无多。坐见黄州再闰，儿童尽楚语吴歌。山中友，鸡豚社酒，相劝老东坡。　　云何，当此去，人生底事，来往如梭？待闲看秋风，洛水清波。好在堂前细柳，应念我、莫剪柔柯。仍传语，江南父老，时与晒渔蓑。

苏轼离开黄州以后很久，对黄州父老仍怀着感激之情。元祐四年（1089）他出知杭州时在《次韵毛滂法曹感雨》（《东坡集》卷一八）诗中还说：

我顷在东坡，秋菊为夕餐。
永愧此邦人，布襦为我完。

苏轼在赴汝州途中，先到筠州去看他的弟弟苏辙，在筠州过的端午节：

> 一与子由别，却数七端午。
>
> 身随彩丝系，心与昌歇苦。
>
> 今年匹马来，佳节日夜数。
>
> 儿童喜我至，典衣具鸡黍。

（《东坡集》卷一三《端午游真如，迟、适、远从，子由在酒局》）

接着，苏轼来到九江，游历了庐山。庐山山谷奇秀，风景优美，目不暇接，不可胜记。苏轼在这里写下了《初入庐山》《题西林壁》（《东坡集》卷一三）等诗篇。他在《初入庐山》诗中写道：

> 青山若无素，偃蹇不相亲。
>
> 要识庐山面，他年是故人。

意思是如果平素同庐山素无往来，它就会非常高傲（"偃蹇"），不和你亲近；要认识庐山的本来面目，就必须过去是庐山的老朋友。这首诗强调了不和庐山接触，就不可能认识庐山。《题西林壁》写道：

> 横看成岭侧成峰，远近高低各不同。
>
> 不识庐山真面目，只缘身在此山中。

从表面看，这首诗的观点似乎与前一首的观点刚刚相反，身在庐山反而"不识庐山真面目"。其实，后一首的意思是说，事物是复杂的，具有多方面的特性。看庐山，横看和侧看，远看和近看，高处看和低处看，往往有不同景色。身在庐山，往往只见树木，不见森林，看不到庐山的全貌，或常在庐山，反而熟视无睹，感觉不到庐山之幽美，正如久居芳室而不闻其香一样。这两首诗是从不同角度讲的认识论，都以理趣见胜，从人们司空见惯的事物中揭示了一个颇富哲理的观点。

李白曾隐居庐山,写有《浔阳紫极宫感秋》诗。诗中有"四十九年非,一往不可复"之句。苏轼这次来九江,恰好也是四十九岁,他也发出了"世道如弈棋,变化不容复"(《东坡集》卷一三《和李太白》)的感叹。他在《李太白碑阴记》(《东坡集》卷三三)中为李白参加李璘①幕府辩解说:"太白之从永王李璘,当由迫胁。不然,璘之狂肆寝陋,虽庸人知其必败也。太白识郭子仪②之为人杰,而不能知璘之无成,此理之必不然者也。"他还说:"方高力士③用事,公卿大夫争事之,而太白使脱靴殿上,固已气盖天下矣。使之得志,必不肯附权幸以取容,其肯从君于昏乎?"说李白参加李璘幕府是出于"迫胁",倒也未必,正如郭沫若先生所说:"李白当时是兴高采烈的。"(《李白与杜甫》第63页)他参加李璘幕府是为了参与平定安史之乱,所谓"永王李璘之乱"是肃宗横加给李璘的罪名,李白也是无辜的受害者。但苏轼说李白"不肯附权幸以取容"却是对的,而且是在借李白以言己志,因为他也是"不肯附权幸以取容"的人。

六月,苏轼与长子苏迈游览了鄱阳湖口的石钟山,写下了著名的《石钟山记》。七月,苏轼到达金陵(今属江苏南京)。王安石自熙宁九年罢相后,一直闲居于此,到这时已整整八年。苏轼同王安石虽然政见不合,但私交并不算坏。王安石听说苏轼将过金陵,穿着野服,骑着毛驴,来到江边见苏轼。苏轼也穿着野服见王安石,并说,我苏轼今天是穿着野服见大丞相。王安石笑着回答说,礼仪难道是为我们这些人设的吗?两人见面非常随便,并相约同游蒋山。他们在一起诵诗说佛,相互唱和,愉快地度过了几天。苏轼《同王胜之游蒋山》诗中有"峰多巧障目,江远欲浮天"之句,王安石读后拊几赞叹道:"老夫平生所作诗,无此二句。"王安石在《和子瞻同王胜之游蒋山》

---

① 李璘是唐玄宗第十六子,封永王。安史之乱后,玄宗命太子李亨为天下兵马元帅,领朔方、河东、河北、平卢节度使,取长安、洛阳;命李璘充山南东道、岭南、黔中、江南西道节度使,以稳定长江流域。李亨即位后,兴兵讨伐李璘。李璘兵败被杀。

② 郭子仪(697—781),华州郑县(今陕西华县)人,唐代名将,在平定安史之乱和仆固怀恩之乱中起了很大作用。李白救郭子仪事,经后人考证,为伪托。

③ 高力士(684—762),高州良德(今广东高州东北)人,唐宦官,为玄宗信用,权势很大。安史之乱后,放逐巫州,后赦归,病死途中。

序中说："余爱其'峰多巧障目，江远欲浮天'之句，故次其韵。"他赞颂苏轼是"墨客真能赋，留诗野竹娟"（清蔡上翔《王荆公年谱考略》卷二三）。苏轼有《雪后书北台壁》诗，结句为"空吟冰柱忆刘叉"。刘叉，唐人，其诗敢于揭露统治者的荒淫。王安石和这首诗多达六篇，称赞苏轼"直须诗胆付刘叉"（《读眉山集次韵雪诗》）。据《西清诗话》说，王安石还曾称赞苏轼说："不知更几百年，方有如此人物。"从上述不难看出，王安石对苏轼的文才是十分钦佩的，而且对苏轼的直言敢谏也是赞赏的。

苏轼对王安石也是如此，他在《次荆公韵》（《东坡集》卷一四）中写道：

> 骑驴渺渺入荒陂，想见先生未病时。
> 劝我试求三亩宅，从公已觉十年迟。

"从公已觉十年迟"一语，表现了苏轼对王安石急流勇退是很仰慕的。有人把此句也作为苏轼对反对新法表示忏悔，这是不符合原意的，这样解释与上句不连贯。所谓"劝我试求三亩宅"，是说王安石曾劝他买田金陵，以便朝夕相见。苏轼也曾有此打算，他在仪征（今属江苏）致王安石的信中说：

> 某近者经由，屡获请见，存抚教诲，恩意甚厚……某始欲买田金陵，庶几得陪杖屦，老于钟山之下。既已不遂，今仪征一住又已二十日，日以求田为事，然成否未可知也。若幸而成，扁舟往来，见公不难矣。（《王荆公年谱考略》卷二三）

这些诗和信都表明苏轼打算随王安石一起隐居金陵。

苏轼同王安石这次会面除"诵诗说佛"以外，当然也难免涉及政治问题。邵伯温就有这方面的记载：

> 王介甫与子瞻初无隙，吕惠卿忌子瞻才高，辄间之……中丞李定，介甫客也。定不服母丧，子瞻以为不孝，恶之。定以为恨，劾子瞻作诗谤讪。子

瞻自知湖州下御史狱，欲杀之，神宗终不忍，贬散官，黄州安置。移汝州，过金陵，见介甫甚欢。子瞻曰："某欲有言于公。"介甫色动，意子瞻辩前日事也。子瞻曰："某所言者，天下事也。"介甫色定，曰："姑言之。"子瞻曰："大兵大狱，汉唐灭亡之兆。祖宗以仁厚治天下，正欲革此。今西方用兵，连年不解，东南数起大狱，公独无一言以救之乎？"介甫举手两指示子瞻曰："二事皆惠卿启之，某在外安敢言！"子瞻曰："固也，然在朝则言，在外则不言，事君之常理耳。上所以待公者非常礼，公所以事上者岂可以常礼乎？"介甫厉声曰："某须（应）说！"又曰："出在安石口，入在子瞻耳。"盖介甫尝为惠卿发其"无使上知"私书，尚畏惠卿，恐子瞻泄其言也。介甫与子瞻曰："人须是知行一不义，杀一不辜，得天下弗为，乃可。"子瞻戏曰："今之君子，争减半年磨勘（官员的考绩升迁），虽杀人亦为之！"介甫笑而不言。

（《邵氏闻见录》）

这段记载的某些描写（如说王安石"色动""色定""厉声"等）可能属小说家言，不无夸张想象，但内容本身是大体可信的。从这段记载，一方面可看出苏轼虽经诬枉，下狱贬官，但仍关心着"天下事"，并寄希望于王安石；另一方面也可看出，退休宰相王安石的处境也很困难，既怕苏轼等反变法派同他继续争辩，更怕那些靠新法起家的"门徒"再次打他的翻天印。

苏轼之所以在金陵一带"日以求田为事"，是因为他不愿去汝州。在离开黄州前，他在《与王文甫书》（《东坡续集》卷五）中就曾说："蒙恩量移汝州，比（近）欲乞依旧黄州住，细思罪大责轻，君恩至厚，不可不奔赴，数日念之，行计决矣。"可见他赴汝州是很勉强的。到了金陵后他的赴汝决心又动摇了。他一面北行，一面上书神宗，请求允许他在常州居住。他在《乞常州居住表》（《东坡集》卷二五）中说：

禄廪久空，衣食不继，累重道远，不免身行。自离黄州，风涛惊恐，举家重病，一子丧亡。今虽已至泗州，而资用罄竭，去汝尚远，难于陆行，无屋可居，无田可食，二十余口，不知所归。饥寒之忧，近在朝夕。与其强颜忍耻，干求于众人，不若归命投诚控告于君父。臣有薄田在常州宜兴县，粗给饘粥，欲望圣慈许于常州居住。

表中所说的"一子丧亡"，是指他的爱妾朝云所生的还未满周岁即夭折了的幼子苏遁（小名幹儿）。苏遁于头年九月二十七日生于黄州，七月二十八日病亡于金陵。苏轼对此是很伤心的，写了几首诗来哭他。第一首是：

> 吾年四十九，羁旅失幼子。
>
> 幼子真吾儿，眉角生已似。
>
> 未期观所好，蹁跹逐书史。
>
> 摇头却梨栗，似识非分耻。
>
> 吾老常鲜欢，赖此一笑喜。
>
> 忽然遭夺去，恶业我累尔。
>
> 衣薪那免俗，变灭须臾耳。
>
> 归来怀抱空，老泪如泻水。

这是写他自己的悲伤。第二首的前半部分是写遁儿之母朝云的悲伤，真是悲痛欲绝：

> 我泪犹可拭，日远当日忘。
>
> 母哭不可闻，欲与汝俱亡。
>
> 故衣尚悬架，涨乳已流床。
>
> 感此欲忘生，一卧终日僵。

（《东坡集》卷一四《哭幹儿》）

所谓"臣有薄田在常州宜兴县"，是指熙宁七年（1074）苏轼离杭州通判任时在常州宜兴买的田。熙宁八年（1075）章惇知湖州，《寄东坡诗》云"买田阳羡卜新居，我亦吴门葺旧庐"（方翁纲《苏诗补注》卷二）即指此。这次

144

苏轼又在这一带买田，并于元丰八年（1085）五月买得，准备从此归隐田园。《归宜兴，留题竹西寺》（《东坡集》卷一五）说："十年归梦寄西风，此去真为田舍翁。"从熙宁七年至元丰八年已整整十年了。

苏轼的《乞常州居住表》是在泗州写的。他在泗州会见了十七岁时在故乡四川眉山常相往来的刘仲达。故友重逢，于是同游泗州的南山，苏轼在《满庭芳》（《东坡乐府笺》卷二）中感慨道："三十三年，飘流江海，万里烟浪云帆。故人惊怪，憔悴老青衫。"一别已经三十三年，飘流万里，形容憔悴，衣衫敝旧，一开头就烘托出了自己的潦倒境遇。接着他回头问故人："我自疏狂异趣，君何事奔走尘凡？"自己在年终的时候，还乘着船在结冻的淮水上奔波："流年尽，穷途坐守，船尾冻相衔。"他们一起登南山，看见层楼翠壁，古寺空岩，故人问他"家何在"。"家何在"呢？——"逐客如僧岂有家！"（《东坡集》卷一四《泗州除夜》）这时苏轼正在赴汝途中，乞居常州还未得到答复，也就是还没有栖身之地。这不禁使他想起故乡，手种的松树恐怕早已成林了吧："家何在？因君问我，归梦绕松杉。"全词表现了一种郁郁不得志的情怀。

元丰八年（1085）正月四日苏轼离开泗州，沿淮河而上，继续赴汝州。苏轼的《乞常州居住表》，神宗处理得很及时，"朝入夕报可"。但"报可"的诏旨传下来，苏轼已到南都（今河南商丘）了："既至南都，蒙恩放归阳羡。"他于是掉转船头，返回常州。他对神宗充满感激之情地写道：

归去来兮，清溪无底，上有千仞嵯峨。画楼东畔，天远夕阳多。老去君恩未报，空回首、弹铗悲歌。船头转，长风万里，归马驻平坡。（《东坡乐府笺》卷二《满庭芳》）

苏轼本想功成名就之后归老故乡，现在他只得准备在常州躬耕陇亩，度过余生了："年来转觉此生浮，又作三吴浪漫游。"（《东坡集》卷一五《与孟震同游常州僧舍》）他以为从此可过"酒无多少醉为期，彼此不论钱数"，"轻舟短棹任横斜，醒后不知何处"（《东坡乐府笺》卷二《渔父》）的闲适生活，但这一愿望很快又破灭了。

元丰八年三月神宗病逝。神宗是一位励精图治的皇帝，为了改变宋王朝积贫积弱的局面，他对内支持王安石变法，对西夏加强防御。苏轼虽然同神宗意见不合，在神宗在位的十八年中，他只有三年的时间在神宗身边，其余的时间都在任地方官或在贬所，但他对神宗励精图治的精神还是一直肯定的。他在《答王定国书》（《东坡续集》卷六）中说："先帝升遐，天下所共哀慕，而不肖与公蒙恩尤厚……无状罪废，众欲置之死，而先帝独哀之。而今而后，谁复出我于沟壑者？归耕没齿而已矣。"苏轼担心再没有人把他起于沟壑，完全错了。神宗一死，国内政局发生了很大变化，继位的哲宗年仅十岁，而由高太后权同听政。高太后一直反对王安石变法，她掌权后立即起用司马光为相，起用因反对新法而被贬斥的人，苏轼也在其中。

神宗病逝后两个月，苏轼就被命知登州（今山东蓬莱）。这对苏轼来说多少有些出乎意外。他说："登虽小郡，地号极边，自惊缧绁之余，忽有民社之寄。""击鼓登闻（指他上表求常州居住），止求自便；买田阳羡，誓毕此生。岂期枯朽之中，有此遭逢之异？"自贬官黄州以来，苏轼一直被闲置。现在又恢复了知州职务，他自然是很感激的："先帝（神宗）全臣于众怒必死之中，陛下（哲宗）起臣于散官永弃之地。没身难报，碎首为期。"（《东坡集》卷二五《登州谢上表》）

苏轼在赴登州途中，经过海州（今江苏连云港）、密州。元丰七年朝廷命令京东淮南建高丽亭馆，修得非常壮美，强征民役，引起密、海二州骚动，老百姓纷纷逃亡。苏轼经过这里时，农村一派萧条荒凉景象，他感慨道："檐楹飞舞垣墙外，桑柘萧条斤斧余。"（《东坡集》卷一五《筑高丽亭馆一绝》）途经密州时，他又重游了十年前曾来祷雨的常山和经常来游的超然台，不胜今昔之感：

昔饮雩泉别常山，天寒岁在龙蛇间。

山中儿童拍手笑，问我西去何当还？

十年不赴竹马约，扁舟独与渔蓑闲。

重来父老喜我在，扶挈老幼相遮攀。

当时襁褓皆七尺，而我安得留朱颜？

（《东坡集》卷一五《再过超然台赠太守霍翔》）

登州近海，春夏之交常出现海市蜃楼。现已深秋初冬，苏轼深以"不见为恨"。他于是到海神广德王庙去祈祷，说也凑巧，第二天果然出现了海市："重楼翠阜出霜晓，异事惊倒百岁翁。"（《东坡集》卷一五《登州海市》）苏轼在登州的时间很短，但他对如何加强登州的防御仍十分关心。他在《登州召还议水军状》（《东坡集》卷五二）中指出，登州地近契丹，号为极边，辽国山川，隐约可见。宋王朝自建国以来，这里常驻重兵，教习水战，早晚传烽，以通警急。庆历二年以来，这里设四指挥，更成为京东一路的屏障。契丹知有防备，所以未曾有警。但后来有的人"见其久安，便谓无事"，经常调遣这里的兵力，四指挥轮番出差，无法教习水战，武艺堕废。因此，苏轼要求朝廷明确降旨，"四指挥兵士并不得差往别州屯驻"，以加强这一带的边防。为了缓和这一带的阶级矛盾，防止老百姓无以为生，大半去为盗贼，苏轼还主张"先罢登、莱两州盐榷"。他在《乞罢登莱榷盐状》（《东坡集》卷二六）中指出，官榷食盐有三害：灶户失业，渐渐逃亡；官盐价贵，老百姓买不起，"深山穷谷，遂至食淡"；商贾不来，积盐不散，一二年间，全为粪土，"坐弃官本"。官榷食盐本来是为了增加政府收入，抑制豪强。但在实际执行过程中，往往既未能增加政府收入，又加重了人民负担："官无一毫之利而民受三害。"

一五 "曾未周岁，而阅三官"
——入奉禁严

苏轼知登州仅五天，就被召还朝任礼部郎中，半月后，又升为起居舍人。起居舍人又称右史，是掌记言的官，是皇帝的近臣。苏轼在《辞免起居舍人状》（《东坡集》卷二五）中说："臣受材浅薄，临事迂疏。起于罪废之中，未有丝毫之效。骤升清职，必致烦言。""今者出于九死之地，始有再生之心，危急粗安，惊魂未返。若骤膺非分之宠，恐别生意外之忧。"但是，起居舍人之职不仅没有辞掉，而且仅仅过了三个月，又进一步升为中书舍人。中书舍人掌管起草诏令，参与国家机密，地位又在起居舍人之上。苏轼说："臣顷（前不久）自贬所，起知登州；到州五日，而召以省郎；到省半月，而擢为右史……出入禁阁，三月有余，考论事功，一毫无取。今又冒荣直授，躐众骤迁。非次之升，既难以处；不试而用，尤非所安。"（《东坡集》卷二五《辞免中书舍人状》）中书舍人之职也没有辞掉，不久又升为翰林学士。翰林学士专掌制诰（皇帝诏令），是皇帝最亲近的顾问兼秘书，经常住宿内廷，承命撰拟有关任命将相大臣，册立皇后、太子等事的文告，地位很高，有"内相"之称，往往是"将相之储"。苏轼在《辞免翰林学士状》（《东坡集》卷二五）中说："非高材、重德、雅望，不在此选。臣自量三者皆不迨人，骤当殊擢，实不自安。"翰林学士之职，自然也未辞掉，苏轼就这样"曾未周岁，而阅三官"（《东坡集》卷二五《谢宣诏入院状》）。在不到一年的时间里，就相继任礼部郎中、起居舍人、中书舍人、翰林学士的要职，确实堪称青云直上。因苏轼入翰林院，特赐给他衣一对，金腰带一条，金镀银鞍辔马一匹，"被三品之服章"（《东坡集》卷二五《谢对衣、金带及马表》）。当年苏洵的预言现在真的实现了。元祐二年（1087）苏轼又被擢为翰林学士兼侍读，侍读是皇帝的老师。一次，宣仁太后①召见苏轼，问他："卿前年为何官?"苏轼回答说："臣为常州团练副使。"又问："今为何官?""臣今待罪翰林学士。""何以遽至此?"苏轼说是太皇太后、皇帝陛下（哲宗）提拔的结果。宣仁太后说不是这样。苏轼问："岂大臣论荐乎?"宣仁太后也说不是。苏轼大惊道："臣虽无状，不敢自他途以进。"宣仁太后说："此先帝（神宗）意也。先帝每诵卿文章，必叹曰：'奇才! 奇才!'但未及用卿耳。"（《宋史·苏轼传》）这段对话表明，即使神宗不死，苏轼也将很快被起用。

神宗推行王安石变法，目的在于缓和当时日益尖锐的阶级矛盾和民族矛盾。但是，正如鲁迅所说的，一方面由于王安石变法本身的不彻底性，是一种"半当真半取笑的变法"（《准风月谈·晨凉漫记》）；另一方面由于保守派的反对，当时"虽然有几个革新的人们，如王安石等，行过新法，但不得大家的赞同，失败了。"（《集外拾遗·老调子已经唱完》）经过神宗将近二十年的统治，变法的目的并未达到。苏轼说，自"熙宁以来，行青苗、免役二法，至今二十余年，法日益敝，民日益贫，刑日益繁，盗日益炽，田日益贱，谷帛日益轻。"（《东坡奏议集》卷三《乞不给散青苗钱斛状》）并说："方今天下多事，饥馑盗贼，四夷之变，民劳官冗，将骄卒惰，财用匮乏之弊，不可胜数。"（《东坡奏议集》卷五《转对条上三事状》）这就是说，他在仁宗朝所说的"常患无吏""常患无兵""常患无财"的政治、军事、经济问题，可说一样都没有解决。苏轼在仁宗朝就认为："天下之所以不大治者，失在于任人，而非法制之罪也。"这时，他的观点仍未改变，他认为二十年来吏治越来越腐败，问题堆积如山。"冗官"之患愈演愈烈。当时，一次科场考试，正式录取和"特奏名"者竟达八九百人之多；一次郊礼，常常荫补官僚贵族子弟二三百人。苏轼说，近世以来取人之多，得官之易没有超过本朝的；本朝以来官冗之弊，没有超过今天的。他忧心忡忡地说："冗官之病有增而无损，财用之乏有损而无增，数年之后当有不胜其弊者。"（《东坡奏议集》卷五《转对条上三事状》）吏治腐败，冗员过多，造成经济上的入不敷出："吏部以有限之官，

---

① 宣仁太后即高太后（1038—1093），英宗之后，亳州蒙城（今属安徽）人。神宗去世，哲宗年幼，她以太皇太后名义听政，起用司马光为相，尽废新法。

待无穷之吏；户部以有限之财，禄无用之人；而所至州县，举罹（遭）其害。"（《东坡奏议集》卷四《论特奏名》）这样的问题在当时很难解决，人人能言其弊，而不能去其害。裁减冗官则"人情不悦"；不裁，又"积弊不去"。苏轼希望能做到国有去弊之实，人无失职之叹。但他自己也拿不出两全其美的办法来。

官冗和官贪是一对孪生兄弟。当时，一官之缺，常有四五人候补。他们争夺纷纷，廉耻丧尽。一旦得官，就大肆敲诈勒索，老百姓深受其害。苏轼在《述灾沴论赏罚及修河事札子》（《东坡奏议集》卷五）中揭露了很多骇人听闻的贪官污吏残害人民的事例：将官童政平定广东"妖贼岑探"，残杀平民数千，其害甚于岑探；温杲诱杀平民十九人，冤酷之状惨不忍闻；蔡州捕盗吏卒，杀平民一家五六人，都是无辜妇女，屠割其形体，冒充男子首级，用来请赏。

王安石变法没有达到预期的目的，本来就反对王安石变法的司马光，一上台就尽废新法，要一切"皆如旧制"。原来参与王安石变法的大臣，自然想维护神宗时的原状，但在元祐初年，他们纷纷被赶出朝廷；原来就反对王安石变法而被排挤出朝廷，现在又重新起用的大臣，一般都支持司马光尽废新法，完全恢复仁宗朝的状况。苏轼在神宗朝虽深受新党的排斥打击，但他对司马光等的所作所为不尽赞成，他想"兼行二帝忠厚（仁宗）励精（神宗）之政"（《东坡奏议集》卷三《辩试馆职策问札子》），做到"忠厚而不媮，励精而不刻"；"仁厚而事不废，核实而政不苛"（《东坡集》卷二二《试馆职策题三首》）。总之，他想采纳仁宗、神宗两朝的长处，而避免两朝的弊端。

苏轼对王安石变法，自始至终基本上持否定态度，但并没有全盘否定。在《上神宗皇帝书》中，他对新法作了全面批评，但对限制贵族特权，增强军事力量的一些措施仍作了肯定。在做杭州、密州、徐州等地的地方官时，他对自认为不便于民的新法曾"托事以讽"，有的还拒不执行；但同时也"顺法以便民"，在密州推行免役法，就曾用宽剩钱买民田以募役人，"民甚便之"。在贬官黄州间写的《与滕达道书》（《东坡续集》卷四），虽然主要是在告诫老友以言为戒，并不是什么"忏悔书"，但他毕竟承认了"吾侪（我辈）

新法之初，辄守偏见，至有异同之论。虽此心耿耿，归于忧国；而所言差谬，少有中理者"。正因为苏轼承认王安石变法也有一些合理方面，因此，他就不同意司马光尽废新法。苏轼同司马光的主要分歧表现在废除免役法，恢复差役法的问题上。他对司马光说："差役、免役各有利害。"免役法之害在于聚敛民财，弄得十室九空，钱聚于上，而下有钱荒之患；差役法之害在于老百姓经常为官府服劳役，不能专力于农，而贪官污吏得以乘机敲诈勒索。二者之害，大约相等，"今以彼易此，民未必乐"。苏轼认为："虽大圣大贤之法不免于有弊也。"他主张去其弊而不变其法，这样，"法相因则事易成，事有渐则民不惊"。他认为免役法在实际推行过程中有二弊，一是征收宽剩钱过多，二是移作他用，而不是用来雇役。他认为"尽去二弊而不变其法，则民悦而事易成"。由此可见，苏轼反对司马光尽废新法的理由几乎与过去反对王安石变法的理由完全相同：法不是万能的，"各有利害"，"虽大圣大贤之法不免于有弊"，关键在执法的人是否得当；反对骤变，主张"徐更议之"，认为"事有渐则民不惊"。表面看，苏轼从反对王安石变法到反对司马光尽废新法，似乎是一个"自我否定"，是一个一百八十度的大转弯。实际上都是从他的根本政治主张——主张变革，但反对变法；主张渐变，反对骤变；认为"失在于任人，而非法制之罪"这一老观点出发的。表面看，似乎苏轼动摇于以王安石为代表的变法派和以司马光为代表的守旧派之间，实际上正是他坚持自己的政治主张的表现。

但司马光对苏轼的意见"不大以为然"，苏轼又根据他在密州推行给田募役法的经验，要求在河北、河东、陕西三路实行给田募役法，司马光仍以为不可。后来朝廷又命苏轼参与详定役法，苏轼仍坚持自己的看法，认为衙前之役可雇不可差，先帝（神宗）的雇役法可守不可废，并在政事堂向司马光逐条陈述免役法不可废的理由。司马光怒形于色，苏轼也不让步，质问司马光道：难道今天做宰相就不允许我苏轼说完话吗？司马光这才笑了一笑，苏轼仍愤愤不平，回到家中还连声怒斥"司马牛！司马牛！"苏轼看出以司马光为首的一批人"专欲变熙宁之法，不复较量利害，参用所长"（《东坡奏议集》卷三《辩试官职策问札子》），他考虑到自己的意见不可能被采纳，于是一面要求解除他参与详定役法的差事，一面要求离开朝廷，出任地方官。但是，都没有得到应允。

司马光主张并实际废除那些已被实践证明弊多利少的新法本来是颇得民心的。据《宋史·司马光传》记载，神宗去世，司马光赴阙，所至，民遮道聚观，马至不得行，曰："公无归洛，留相天子，活百姓。"在他任相后，辽、夏统治者"敕其边吏曰：'中国相司马矣，毋轻生事，开边隙。'"在他去世后，"京师人罢市往吊，鬻衣以致奠，巷哭以过车。及葬，哭者如哭其私亲。岭南封州父老，亦相率具祭，都中及四方皆画像以祀，饮食必祝"。这些记载，恐怕不能说全是溢美之词。如果司马光废除新法完全是倒行逆施，完全违背民众利益，恐怕不能得到这样多民众的拥护。我们总不能说那些"遮道聚观""相率具祭"的民众都是大官僚、大地主吧！司马光的错误在于从一个极端走到了另一个极端，不分青红皂白地"尽废新法"，特别是免役法，而对司马光废除那些有弊无利的新法，苏轼还是支持的。因为他曾对司马光明确说："公所欲行者皆上顺天心，下合人望，无可疑者。惟役法一事，未可轻议。"（《东坡奏议集》卷三《辩试官职策问札子》）

因此，我们不可过分夸大苏轼同司马光的分歧，以致说苏轼在元丰末、元祐初改变了对新法的反对态度。以下事实说明，苏轼在反对司马光"尽废新法"时，对新法仍然是基本上持反对态度的。苏轼在熙宁初年是以反对王安石对科举的改革开始反对王安石变法的。元祐初年，他仍反对王安石对科举的改革。他说："文字之衰未有如今日者也，其源实出于王氏。王氏之文未必不善也，而患在好使人同。自孔子不能使人同，颜渊之仁，子路之勇，不能以相移；而王氏欲以其文同天下！地之美者同于生物，不同于所生；惟荒脊斥卤之地，弥望皆黄茅白苇，此则王氏之同也……议者欲稍复诗赋，立《春秋》学官，甚美。"（《东坡集》卷三〇《答张文潜书》）不久，司马光果然废除了专以经义论策取士的制度，恢复了诗赋明经各科。苏轼专门写了《复改科赋》歌颂道："新天子兮继体承乾，老相国兮更张孰先？悯科场之积弊，复诗赋以求贤。"（《东坡续集》卷三）苏轼还在为哲宗草拟的《吕惠卿责授节度副使敕》（《东坡外制集》卷上）中，指责吕惠卿"首建青苗，次行助役；

均输之政，自同商贾；手实之祸，下及鸡豚。苟可蠹国以害民，率皆攘臂而称首。"其中除手实法是在王安石第一次罢相期间推行的以外，其他如青苗法、助役法、均输法等都是在王安石执政期间推行的，对吕惠卿的这一指责，实际也是对王安石变法的指责。苏轼还说："熙宁以来，王安石用事，始求边功，构隙四夷……兵连祸结，死者数十万人。"（《东坡奏议集》卷三《缴词头状·沈起》）这段话表明，苏轼在元祐初年对王安石处理同少数民族关系的措施也是不满的。以上事实说明，尽管苏轼反对司马光废除免役法，但不能据此说他改变了对新法的反对态度。

神宗去世后一年，元祐元年（1086）四月王安石也去世了。苏轼为哲宗草拟的《王安石赠太傅敕》（《东坡外制集》卷上）对王安石的道德文章称颂备至，而对王安石一生的主要事业变法，仅用寥寥数语如"用能于期岁之间，靡然变天下之俗"，"属熙宁之有为，冠群贤而首用"一笔带过。而且基本上是客观记叙，算不上对变法的赞词。王安石在神宗朝两度为相，神宗的所作所为几乎与王安石分不开。但苏轼却主张以富弼配享神宗。后来，郓州（今山东东平）州学教授周種上疏，主张"以故相王安石配享神宗皇帝"，苏轼坚决反对。他指责王安石的党徒吕惠卿等"或首开边隙，使兵连祸结，或渔利榷财，为国敛怨；或倡起大狱，以倾陷善良。其为奸恶，未易悉数，而王安石实为之首。"他甚至说："昔王安石在仁宗、英宗朝，矫诈百端，妄窃大名，咸以为可用；惟韩琦独识其奸，终不肯进。使琦不去位，安石何由得志？"（《东坡奏议集》卷五《论周種擅议配享，自劾札子》）苏轼这些话表明，尽管苏轼同王安石的私交并不算坏，但在政治上他们始终是敌对的，即使在元祐初年苏轼也未改变反对王安石变法的态度。《东坡志林》卷二记载了这样一件事：儋耳（今海南省儋州市西北）进士黎子云说，城北十一里左右有一唐村，村中有一位老人名叫允从，年已七十，问黎子云道："宰相何苦以青苗钱困我？于官有益乎？"子云回答说，官府患民贫富不均，故以此法均之。允从笑道："贫富之不齐，自古已然，虽天公不能齐也，子欲齐之乎？民之有贫富，尤器用之有厚薄也。子欲磨其厚，等其薄，厚者未动而薄者先穴（穿孔）也。"苏轼听黎子云讲了老人允从这段话后感慨道："负薪谈论王道，正谓允从辈欤！"这事发生在元符三年（1100），即他去世前一年。这就是说，直至他去世前不久，苏轼也没有改变对新法的反对态度。因此，认为苏轼后来对早年反对新法表示"忏悔"，改变了对新法的反对态度，是不符合事实的。

苏轼在《辩试馆职策问札子》中历述了他在仁宗、神宗、哲宗三朝政治主张的不同重点。仁宗朝因循守旧，所以他着重"劝仁宗励精庶政，督察百姓，果断而行"；神宗颇有作为，励精图治，所以他着重"劝神宗忠恕仁厚，含垢纳污，屈己以裕人"；元祐初，"大率多行仁宗故事"，苏轼担心"百官有司矫枉过直，或至于媮（苟且）"，而神宗"励精核实之政渐至堕坏，深虑数年之后，驭吏之法渐宽，理财之政渐疏，备边之计渐弛，则意外之忧有不可胜言者"。因此，他又强调新法"不可尽废"，主张"参用所长"。

这就是说，历朝他都在唱反调，都针对当时存在的一些问题，提出了与当政者不同的意见。他为什么要这样做呢？他说："臣闻圣人之治天下也，宽猛相资，君臣之间，可否相济。若上之所可，不问其是非，下亦可之；上之所否，不问其曲直，下亦否之；则是晏子所谓以水济水，谁能食之?"不同的调料，才能做成可口的羹汤；不同的声调，才能构成悦耳的音乐；宽猛相资，可否相济，才能达到"圣人之治"。太单调，太划一，没有不同意见，人人都存"观望希合之心"，那是无补于政的。这就是苏轼在各朝都唱反调，从而在各朝都遭排斥打击的原因。当时的一些朝臣，特别是谏官，根本不懂得"宽猛相资""可否相济"的道理，他们只知道跟在别人后面摇旗呐喊："台谏所击，不过先朝（神宗朝）之人；所非，不过先朝之法。正是以水济水，臣甚忧之。"这些人，在神宗朝是附和王安石；在元祐初是附和司马光："昔之君子，惟荆（荆国公王安石）是师；今之君子，惟温（温国公司马光）是随。所随不同，其为随一也。老弟（自指）与温相知至深，始终无间，然多不随耳。"（《东坡续集》卷六《与杨元素书》）

在对待辽和西夏侵扰的态度上，苏轼是始终主张抵抗的。但根据仁宗、神宗、哲宗三朝的不同情况，他所强调的重点也不同。仁宗面对辽和西夏的侵扰软弱无能，妥协投降，苏轼在《进策》中提出了一系列抗击辽和西夏的措施。神宗"意在富强，即位以来，缮甲治兵，伺候邻国；群臣百僚，窥见此指，多言用兵"。苏轼针对这一情况，曾代张方平写了《谏用兵书》（《东坡奏议集》卷一五）。他说："军事一兴，横敛随作，民穷而无告，其势不为大盗，无以自全。边事方深，内忧复起，则胜、广（陈胜、吴广）之形将在于此。"元丰四年，西夏内乱，有人主张乘机向西夏进兵。苏轼认为，急用兵只能促其"合而为一，坚壁清野以抗王师"；缓用兵，并派辩士"离坏其党"，使其"内自相疑"，分崩离析。他主张对西夏应像曹操取袁绍那样，采取缓用兵"以乱其国"的办法（《东坡奏议集》卷一五《代滕甫论西夏书》）。但是，元祐初年，"备边之计渐弛"，苏轼又再次强调要掌握和战的主动权，批判"专以省事为安"的苟且偷安观点。他认为，神宗朝连年用兵，虽使"中国靡然"，但也使"夏人困折，几致于亡"。当时不但未能乘势制服夏人，反因厌兵，许其求和，并赐绢无数。结果夏人"利则进"，不利"复求和"，或和或战的主动权都在夏人手里。元祐初年，西夏再次进犯，因吐蕃宰相鬼章被俘，对其不利，再次求和。高太后无意用兵，又准备许和。苏轼说，像这样"欲和欲战，权皆在虏"，"虽偷一时之苟安，必起无穷之衅"。一方面他主张严禁边吏因胜利而轻率进兵，防止"将骄卒惰，以胜为灾"，主张对西夏应"叛则讨之，服则安之，自今以后，无取尺寸之地，无焚庐舍，无杀老弱，如此期年，诸羌可传檄而定"。另一方面他又主张"不急于和"，而应加强战备，"今虽小劳，后必坚定"。他批判了那种认为拒和就是生事的谬论，他说："为国不可生事，亦不可以畏事。畏事之弊与生事均。"对被俘的鬼章，他主张释放，以便联合吐蕃讨伐西夏，达到"以夷狄攻夷狄"的目的。（《东坡奏议集》卷四《因擒获鬼章论西羌夏人事宜札子》等文）

苏轼在元祐初年的上述政治主张，既得罪了新党，也得罪了旧党，结果引起了新旧两党对他的不满和攻击。

由于苏轼反对司马光废除免役法，恢复差役法，司马光已经准备把他赶出朝廷："君实（即司马光）始怒，有逐公意。"司马光死后，旧党的一些人继续攻击苏轼："因缘熙宁谤讪之说以病公，公自是不安于朝矣。"（《亡兄子瞻端明墓志铭》）

　　苏轼还受到程颐①及其门人的攻击。程颐是北宋著名的理学家，无论干什么事，都要搬出古礼来。苏轼认为他不近人情，常常讥诮他，因此二人结下了仇恨。苏轼说："臣又素疾程颐之奸，未尝假以色词，故颐之党人无不侧目。"（《东坡奏议集》卷九《杭州召还乞郡状》）当时朝廷形成了以苏轼为首，吕陶②等为辅的蜀党和以程颐为首，朱光庭③、贾易④等为辅的洛党，史称"洛蜀党争"。苏轼曾说："欲师仁祖之忠厚，而患百官有司不举其职，或至于媮；欲法神考之励精，而恐监司守令不识其意，流入于刻（刻薄）。"（《东坡集》卷二二《试馆职策问》）左司谏贾易、右正言朱光庭抓住这两句话，弹劾苏轼谤讪先朝。苏轼反驳说，所谓媮与刻，是专指现在的百官有司及监司牧守不了解师法先帝的本意，以致苟安或刻薄，并非指先帝苟安或刻薄，"文理甚明，灿若黑白"。高太后也说，仔细看苏轼的文意，是指今日百官、有司、监司、守令而言，并非讥讽祖宗。高太后说了话，这一公案本应了结，但对苏轼的攻击并没有停止。苏轼说，神宗朝李定、舒亶等诬他诽谤朝廷，还有近似的地方，即"以讽谏为诽谤"；现在则是"以白为黑，以西为东"，连"近似"都说不上了（《东坡奏议集》卷五《乞郡札子》）。

　　苏轼还受到已经失势，但势力仍不小的新党的攻击。由于苏轼任中书舍人时草拟贬斥吕惠卿的诏书，曾历数吕惠卿的过恶；弟弟苏辙为谏官，曾弹劾新党蔡确；特别是周穜上疏主张以王安石配享神宗，苏轼又上章弹劾，这一切引起了新党的不满。他们都"共出死力，构造言语"，攻击苏轼（《东坡奏议集》卷五《乞将台谏章疏降付有司根治札子》）。苏轼说，他在"二年之中，四遭口语"。他如果追随众人，又觉得"内愧本心，上负明主"；如果"不改其操，知无不言，则仇怨交攻，不死即废"（《东坡奏议集》卷五《乞郡札子》）。因此，他连上章疏，要求出任地方官。最后，于元祐四年（1089）以龙图阁学士出知杭州。

---

　　① 程颐（1033—1107）字正叔，程颢之弟，博野人，后迁河南伊川。曾任汝州团练推官、京西国子监教授、崇政殿说书等职。他们兄弟是洛学的创始者，是北宋道学的奠基者。

　　② 吕陶字元钧，成都人。十三岁所作之文就被人誉为"贾谊之文"。王安石变法时，陶应制科举对策，数举其过。元祐初，擢殿中侍御史，主张贬逐蔡确、章惇。

　　③ 朱光庭（1037－1094）字公掞，河南偃师人。官至右谏议大夫、给事中。

　　④ 贾易字明叔，无为（今安徽芜湖）人。元祐初为左司谏，因劾吕陶党附文彦博被贬。后为御史，屡劾苏轼。

一六 "不见跳珠十五年"
——再莅杭州

到处相逢是偶然，梦中相对各华颠。

还来一醉西湖雨，不见跳珠十五年。

（《东坡集》卷一八《与莫同年雨中饮湖上》）

苏轼自熙宁七年（1074）离开杭州，到元祐四年（1089）出知杭州，已经整整十五年了。杭州是苏轼热爱的地方，他离开杭州后，经常怀念着这一"山水窟"。现在旧地重游，他当然很高兴，确实是"江山故国，所至如归"（卷二三《杭州谢上表》）。

苏轼一到杭州就处理了一起聚众闹事的事件。近年以来，杭州民间以"轻疏糊药䌷绢"纳税。官吏要选收好绢，一些"奸猾人户"就进行煽动，不交好绢，等到上缴期限接近，官吏也只好收这种"轻疏糊药䌷绢"。年年如此，已经习以为常。苏轼来到这里，想革除此弊，不收这种坏绢。结果颜章、颜益煽动两百余人入州衙喧诉。苏轼一面以理相谕，一面逮捕了颜章、颜益。第二天，州民就不敢再交这种"轻疏糊药䌷绢"了，也不敢再进行喧闹了。苏轼察访得知，"颜章、颜益系第一等豪富颜巽之子"。颜巽过去曾充书手，因贪赃枉法，刺配本州牢城。后放回乡里，"父子奸凶，众所畏恶"。这次颜章、颜益"下狱之日，闾里称快"。苏轼对他们作了如下判决："颜章、颜益，家传凶狡，气盖闾里，故能奋臂一呼，从者数百，欲以动摇长吏，胁制监官。蠹害之深，难从常法。"决定"刺配本州牢城"，并"晓示乡村城郭人户，今后更不得制轻疏糊药䌷绢，以备纳官"。当然，广大"民户"以"轻疏糊药䌷绢"纳官，实质上是对朝廷残酷剥削压榨的一种反抗方式。颜章、颜益不管是否如苏轼所说是"第一等豪户",都不能改变问题的性质,这是苏轼对民户反抗的镇压。对二颜的刺配是手段,目的是为了强迫民户"更不得织轻疏糊药䌷绢,以备纳官"。

苏轼刚到杭州这一年遇到了严重的自然灾害,冬春水涝,早稻没有种下去;五六月间水退后种的晚稻又遭到旱灾,早晚两季都受损失,"民之艰食,无甚今岁"。这一带都是水乡,很少种麦,一直要到第二年秋天才有收成。而第二年的收成如何,现在又很难断定。因此,苏轼一到杭州就诚惶诚恐,"深恐明年春夏之交必有饥馑盗贼之忧"。熙宁八年,这里闹过一次灾荒,"人死大半,至今城市寂寥"。为防止这种惨祸的再现,防止饥民铤而走险,苏轼请求缓交本路上供米的一部分(《东坡奏议集》卷六《乞赈浙东七州状》)。

杭州官舍是五代末吴越王钱镠所修,规模宏大。其后百余年间未曾整修过。苏轼在通判杭州时,已见屋宇倾斜,日有覆压之惧。这次来杭,房屋倒塌,压死压伤多人。苏轼到任后就请求朝廷赐度牒(僧尼出家,官给文凭,可免赋役,叫作度牒。元丰年间规定,每道度牒百三十千钱)二百道来修葺杭州官舍。元祐五年(1090)春,苏轼看到灾情越来越严重,他就把修官舍的这笔钱,先用来买粮赈济饥民,"先济饥殍之民,后完久坏屋宇"(《东坡奏议集》卷六《乞降度牒召人入中斛斗出粜济饥等状》)。由于苏轼的反复请求,朝廷决定拨本路上供米二十万石赈饥,宽减元祐四年上供米三分之一,并赐度牒三百道以助赈饥。结果米价渐落,元祐五年春没有人饿死。

但是,一些地方官吏无意恤民,专事献媚,看到元祐五年春没有死人,就立即报告朝廷,声称本年丰收,别无流民,要求收回度牒钱粮。苏轼反驳道:"去岁灾伤之甚,行路备知,便使今年秋谷大稔,犹恐未补疮痍;而况春夏之交,稻秧未了,未委(不知道)逐路提转(提刑转运官)如何见得今年秋熟,便申丰稔?"(《东坡奏议集》卷七《奏户部拘收度牒状》)五六月间,浙西数郡果然大雨不止,太湖泛滥,庄稼淹没,六七月份米价再次上涨,"灾伤之势,恐甚于去年"。因为去年之灾,如人初病;今年之灾,如病再发。即使病情差不多,但因元气早伤,便难支持。加之这年春夏之交,风调雨顺,家家典卖负债以事田作,想夺一个大丰收。现在淫雨风涛,把将熟的农作物摧折殆尽，"民之穷苦，实倍去岁"。即使这样，一些地方官仍忌讳言灾。秀州嘉兴县的官吏，因不受灾伤词状，以致踩死四十余人。苏轼却接连多次向朝廷报告灾情，要求宽减本路上供米，并高价收购常平米，以备来年出粜救饥（《东坡奏议集》卷八《相度准备赈济状》一至四状）。饥荒与疾役往往并作，苏轼又派人作稀粥、药剂，带着医生分坊治病，救活了很多人。杭州是水陆交会的地方，疫疾死亡率比别处都高。苏轼捐了五十两黄金，加上公费，合起来办了一个病坊，叫作安乐坊，收纳贫困病人，为其治病。在苏轼知杭州的三年中，医好了千余病人。直至苏轼去世时，这个病坊都还在。

苏轼在总结这次救灾经验时说，凡事预则立，不预则败。熙宁八年遇灾，地方官吏不及时奏闻朝廷，不先作救灾准备，灾疫既成，朝廷才知道，命令以江西及本路上供米一百二十三万石救灾，结果已无济于事，杭州地区饿死五十余万人，苏州地区饿死三十余万人。这次水旱灾害不亚于熙宁八年，但由于仓廪有备，米价未暴涨，救济医治及时，人免流殍，而朝廷所费钱米只有熙宁八年的六分之一。这是"事先处置之力"（《东坡奏议集》卷七《奏浙西灾伤第一状》）。

苏轼还坚决主张减免民间积欠。王安石变法在实际推行过程中，一些旨在限制豪强兼并的措施，往往变成了榨取人民的桎梏，民间很多生财自养之道都收归朝廷了。许多人贫困破产，因各种原因，所欠官债甚多，无力偿还。哲宗继位后，为收买民心，曾先后下诏予以减免。但各级官吏，"以刻为忠"，制造各种借口不予减免。一些贪官污吏还利用积欠，对老百姓敲诈勒索，各地有所谓"黄纸放（皇帝命令减免）而白纸收（地方官吏照收不误）"之语。结果是"朝廷德泽，十不行一"。以盐铁积欠为例，杭州有四百四十五户下等贫困之人应予减免，但从元祐元年九月下诏以来，五年过去了，仅免了二十三户。苏轼认为应坚决减免，因为看起来钱粮数量虽大，但都是一纸空文，很难收得起来，只能使贪官污吏"缘而为奸，威福平民"。苏轼说："放之，则损虚名而收实惠；不放，则存虚数而受实祸，利害较然。"（《东坡奏议集》卷七《应诏论四事状》）

苏轼在杭州期间还做了另一件好事，就是兴修水利。一是疏浚茅山河、盐桥河。杭州城内有运河通过，每次江潮带来大量泥沙，使运河淤塞，舟行困难，每隔三五年不得不疏浚一次。苏轼来杭州，"访问民间疾苦"，父老都说，每次疏浚运河，不仅军民劳苦，而且贪官污吏乘机敲诈，声言要把污泥堆放某处，居民被迫行贿。贪官既得重贿，又去恐吓敲诈他处居民。每次疏浚完毕，房屋践踏得不成样子，园圃空地，污泥堆积成山。雨水冲刷，流入河中，隔时不久，又需疏浚。苏轼来到这里，疏浚茅山、盐桥二河各十余里，水皆深八尺以上。近三十年来，开河都没有这样深。以茅山一河专受江潮，以盐桥一河专受西湖之水。接着又修一闸，江潮到来闭闸，以防江潮进入城中运河；江潮退后开闸。这样，潮水不能进城，城中无潮水淤塞，免开掘骚扰之患。

二是疏浚西湖。唐代白居易曾疏浚西湖，引水灌田千余顷，以后每年疏浚。宋自开国以来，没有经常疏浚，湖水逐渐干涸，长满野草。苏轼前次通判杭州，西湖已经淤塞十之二三。这次出知杭州，相距不过十多年，西湖已淤塞过半："葑合平湖久芜漫，人经丰岁尚凋疏。"（《东坡集》卷一八《去杭州十五年复游西湖》）西湖的淤塞严重影响了这一带的农业生产。苏轼疏浚茅山、盐桥二河的行动，大大鼓舞了杭州人民。杭州父老一百一十五人相率到苏轼那里要求开浚西湖。他们说，西湖之利，上自运河，下及民田，关系这一带的民生，不仅仅关系游观之美。但近年以来，堙塞过半："水浅葑横，如云翳空，倏忽便满，更二十年，无西湖矣。"苏轼采纳了杭州父老的意见，上疏朝廷说："杭州之有西湖，如人之有眉目"，"使杭无西湖，如人去其眉目，岂复为人乎？"（《东坡奏议集》卷七《乞开西湖状》）苏轼向朝廷提出西湖有"五不可废"的理由，指出，西湖一废，数十里良田不得灌溉，运河航运将受影响，杭州人民的饮水用水也将发生困难。苏轼亲至湖上观察，考虑到西湖南北三十里，若把污泥置于岸上，费功费时。于是决定积淤泥于湖中，作为长堤，淤泥既可去，而又便于交通。据《杭州府志》（卷一七二）记载，筑新堤时，苏轼每天都要到湖上巡视。一天饿了，叫准备饭食。饭还未送到，"遂于堤上取筑堤人饭器，满盛陈仓米一器，尽之。其平生简率如此。"可见苏轼整治西湖是非常认真勤苦的，没有那种封建官僚的臭架子。西湖疏浚后，苏轼又组织在湖中种菱，以其收入作为以后开浚西湖的费用。堤上种植芙蓉、杨柳。杭州人民为了纪念苏轼，把这一长堤叫作苏公堤。苏轼认为，西湖的开浚，必将使杭州更加繁荣，他写道："古岸开青葑，新渠走碧流。会看光满万家楼。"（《东坡乐府笺》卷二《南歌子·古岸开青葑》）

三是疏浚钱塘六井。杭州平地，过去是由江海长期沉积形成的，故除山泉外，平地的水都很咸苦。唐代李泌引西湖水作六井，解决了居民饮水问题。白居易除治理西湖外，也曾浚井。宋仁宗嘉祐年间，沈遘①作知州，又开一大井，人称沈公井。十多年前，苏轼通判杭州，六井和沈公井都坏了，他曾协助知州陈述古疏浚六井。但由于当时是用竹管引水，容易废坏。这次来到杭州，沈公井终岁枯涸，离水远的居民常常要以八九钱才能买一斛水。苏轼亲自去寻访前次参与治井、现已年过七十的老僧子珪。子珪提出以瓦筒引水，筒外再盛以石槽，"底盖坚厚，锢捍周密，水既足用，永无坏理"。并把六井之水引至以前不能到达的地方，使得"西湖甘水，殆遍一城"（《东坡奏议集》卷八《乞子珪师号状》）。六井部分遗址，至今犹存。

此外，钱塘江中有一浮山，与渔浦诸山相望，犬牙交错。江潮东来，势如雷霆，与山石相激，每年吞没不少公私船只。苏轼曾向朝廷建议，在浙江上游的石门，凿一运河，以避浮山之险。他在《相视新河次张秉道韵》（《东坡集》卷一八）中写道：

我凿西湖还旧观，一眼已尽西南碧。
又将回夺浮山险，千艘夜下无南北。

为开石门河，苏轼"躬往按视"。福建两浙老百姓听说苏轼想开石门河，都"万口一声，以为莫大无穷之利"（《东坡奏议集》卷九《乞相度开石门河状》）。但是，由于苏轼在朝廷的政敌竭力阻挠，结果苏轼的计划未能实现。苏轼感慨道："石门之役万全耳，首鼠不为吾已隘。"（《相视新河次张秉道

---

① 沈遘字文通，进士及第，先后通判江宁，知越州、杭州、开封等地，明于吏治，令行禁止。

韵》）

苏轼还曾同对水利颇有研究的宜兴进士单锷商讨吴中水利，提出了根治太湖、淞江水患的计划。他回朝后还专门写了《进单锷〈吴中水利书〉状》。这些计划虽然均未能实行，但仅就已经实施的几项水利措施看，已为杭州人民造福不浅。

《宋史·苏轼传》说："轼二十年间，再莅杭，有德于民，家有画像，饮食必祝，又作生祠以报。"后人为了纪念苏轼，在孤山之麓建有四贤祠，祭祀唐李泌、白居易和宋林逋①、苏轼四人；还专门建有苏文忠公祠祭祀苏轼。至今在杭州人民中都还流传有苏轼的不少佳话。据《春渚纪闻》载，东坡知杭州时，有人向苏轼控告一制扇者借钱不还。苏轼询问借钱者为何不还，借者说："某家以制扇为业。适今春以来，所制不售，非固负之也。"苏轼就叫他把扇拿来，帮他卖。扇子拿来后，苏轼就在他的扇子上题字作画，顷刻而就。负债者拿着苏轼题了字、作了画的扇子，还未走出府门，就被人以高价抢购一空，不但还了债，而且还有结余。这个故事既说明人们对苏轼书画的喜好，又说明苏轼对民间疾苦的关心。今天灵隐寺大雄宝殿上有一副对联，上联是"古迹重湖山，历数名贤，最难忘白傅（白居易）留寺，苏公判牍"。画扇判案以及在冷泉亭处理分争辩讼等，就是"苏公判牍"的内容。据传，苏轼组织杭州人民开浚西湖，杭州人民了为感谢他，都抬猪担酒来给他拜年。苏轼收下了很多猪肉，叫人切成方块，烧得红酥酥的，分给参加疏浚西湖的民工，大家都把它叫"东坡肉"。杭州有一饭馆仿制这种"东坡肉"卖，赚了很多钱，别的馆子也卖起来，结果东坡肉成了杭州的名菜。这些传说都在一定程度上反映了杭州人民对苏轼的爱戴。

---

① 林逋（967—1028），钱塘（今浙江杭州）人，一生不肯做官，隐居西湖孤山，没有妻子，梅花、仙鹤做伴，称为"梅妻鹤子"。后人称他"和靖先生"。

一七 "坐席未暖，召节已行"

——知颍州、扬州

元祐六年（1091）三月苏轼被召入京，重任翰林学士。他多次上疏辞免，理由是身体不好，"两目昏暗，左臂不仁（麻木）"；在杭州两年，连被灾伤，一事无补；其弟苏辙已任尚书右丞，"兄居禁林，弟为执政，在公朝既合回避，于私门实惧满盈"。苏轼辞免翰林学士的根本原因，还是由于"翰墨之林，号称内相"；"清要之地，众所奔趋"。前次任翰林学士就曾遭到新旧两党的围攻，这次再任翰林学士也"必难久处"（《东坡后集》卷一二《辞任翰林学士承旨状》）。但苏轼先后多次上章，均未获允许。

苏轼再任翰林学士后，果然不出所料，再次遭到程颐门人的攻击。攻击苏轼的内容有三。一是苏轼在杭州任上曾法外刺配颜章、颜益。在贾易的要求下，朝廷已经释放了颜益，他还要释放颜章，想借此打击苏轼。苏轼说，法外刺配二颜，本来是为了除去积弊，"陛下亦已赦臣，而言者不赦，论奏不已，其意岂为颜章等哉！以此知党人之意，未尝一日不在倾臣，洗垢求瑕，止（只）得此事。"二是由于江浙一带连年天灾，苏轼在杭州曾连章请求赈济，回到朝廷后，他还继续上疏要求赈济。这也成了苏轼的罪名，说他"眩惑朝廷"。苏轼指出，贾易等"但务快其私忿，苟可以倾臣，即不顾一方生灵坠在沟壑"。三是元丰八年（1085）苏轼请求常州居住，并在常州买田置屋。五月，苏轼得到买田成功的消息，非常高兴，于是写了三首《归宜兴，留题竹西寺》（《东坡集》卷一五），并书于僧舍的墙壁上。其中第三首是：

> 此生已觉都无事，今岁仍逢大有年。
>
> 山寺归来闻好语，野花啼鸟亦欣然。

诗中的"闻好语"，本来是指买田成功的消息，但贾易等竟诬苏轼是为得到神宗去世的消息而高兴，"有欣喜先帝（神宗）上仙之意"。在乌台诗案中，新党舒亶抓住"世间惟有蛰龙知"一句，诬陷苏轼对神宗"不臣如此"。现在的顽固派又抓住"山寺归来闻好语"一句，诬陷苏轼"闻讳而喜"。他们在政治上虽然分属两派，但在陷害苏轼的手段和目的上却如出一辙，都想置苏轼于死地。神宗是三月去世的，这首诗写于五月，离神宗去世已经两月，绝不可能五月苏轼才得知神宗去世的消息，"事理明白，无人不知"；而且"臣若稍有不善之意，岂敢复书壁上，以示人乎？"（《东坡奏议集》卷九《辩题诗札子》）

由于贾易等不断攻击，苏轼只好再次请求离开朝廷。他说："臣若贪得患失，随世俯仰，改其常度，则陛下亦安所用？若守其初心，始终不变，则群小侧目，必无安理。虽蒙二圣（指高太后、哲宗）深知，亦恐终不胜众。所以反复计虑，莫若求去。"（《东坡奏议集》卷九《杭州召还乞郡状》）结果苏轼回朝不到半年，又于元祐六年八月出知颍州。

颍州即现在的安徽阜阳。欧阳修曾知颍州，晚年辞官后又家居于此。苏轼来到这里，经常与欧阳修（已死）之子欧阳叔弼和其他友人一起饮酒赋诗，同泛颍水。他在《泛颍》（《东坡后集》卷一）诗中写道：

我性喜临水，得颍意甚奇。
到官十日来，九日河之湄。
吏民笑相语，使君老而痴。
使君实不痴，流水有令姿。
绕郡十余里，不驶亦不迟。
上流直而清，下流曲而漪。
画船俯明镜，笑问汝为谁？
忽然生鳞甲，乱我须与眉。
散为百东坡，顷刻复在兹。

你看，苏轼的兴致多高！到官十日，他有九天都去颍水泛舟。颍水清澈，有如明镜，清晰地照见他的须眉；忽然水波荡漾，他的须眉皆乱，水中出现很多他的影子，确实有趣极了。

杭州有西湖，颍州也有西湖，皆为游赏之胜地。苏轼连守二郡，为政务简，往往在游山玩水中便能了却公事。秦观曾作诗献苏轼说："十里荷花菡萏初，吾公身在有西湖。欲将公事湖中了，见说官闲事亦无。"（元陈秀明《东坡诗话录》卷下）苏轼在杭州曾疏浚西湖，在颍州也曾疏浚西湖，奏请朝廷把整治黄河的役夫留下一万人来治理颍州境内沟渠，并以余力疏浚逐渐干涸的颍州西湖。他在《轼在颍州与赵德麟①同治西湖，未成，改扬州，三月十六日湖成，德麟有诗见怀，次韵一首》（《东坡后集》卷二）中写道：

> 太山秋毫两无穷，巨细本出相形中。
>
> 大千起灭一尘里，未觉杭颍谁雌雄。

这是说杭州西湖与颍州西湖虽有大小之别，但以庄子大秋毫而小太山和佛教一滴水中有一个大千世界的观点来看，两个西湖就无雌雄之分了。接着他回忆起疏浚杭州西湖的盛况：

> 我在钱塘拓湖渌，大堤士女争昌丰。
>
> 六桥横绝天汉上，北山始与南屏通。
>
> 忽惊二十五万丈，老葑席卷苍云空。

最后他谈到同赵德麟共同疏浚颍州西湖：

> 揭来颍尾弄秋色，一水萦带昭灵宫。
>
> 坐思吴越不可到，借君月斧修朣胧。

---

① 赵德麟原名令畤，字景贶，德麟乃苏轼为之改字，宗室子。苏轼知颍州，他以承议郎签判颍州。博学能文，著有《侯鲭录》。

这些诗句表现了苏轼留恋杭州西湖，但也热爱颖州西湖，热爱祖国山山水水的深厚感情。他疏浚颖州西湖，也和疏浚杭州西湖一样，不仅仅是为了供观赏，而主要是为了发展农业生产，救济饥民：

> 使君不用山鞠穷，饥民自逃泥水中。
>
> 欲将百渎起凶岁，免使黿石愁扬雄。
>
> 西湖虽小亦西子，萦流作态清而丰。
>
> 千夫余力起三闸，焦陂下与长淮通。
>
> 十年憔悴尘土窟，清澜一洗啼痕空。
>
> （《东坡后集》卷二《再次韵德麟新开西湖》）

苏轼在各地对兴修水利都很积极，但是，他强调水利工程要对老百姓有实惠，对那些只能劳民不能惠民的工程，他是坚决反对的。开封一带水患很多，地方官吏不深究造成水患的原因，把陂泽之水引入惠民河，惠民河容不下，造成陈州（河南淮阳）一带水患严重。于是有人主张开凿邓艾沟，以与颖河通；并凿黄堆把陈州之水引入淮河。当时很多人都赞成这种意见。苏轼到颖州后，派人以水平测量，发现淮水水位很高，比新沟几乎要高一丈。若凿黄堆，淮水就会倒流，不但不能解除陈州的水患，还会给颖州造成严重水患。苏轼在《奏论八丈沟不可开状》（《东坡奏议集》卷一〇）中指出："若淮水不涨，则一颖河泄之足矣；若淮不免涨，则虽复旁开百沟，亦须下入于淮。淮水一涨，百沟皆壅，无益于事，而况一八丈沟乎？"他还指出，过去那些主张开沟的人，都不曾用水平测量地形高下，都在那里"臆度利害，口争胜负，久而不决"。那些主张开八丈沟的官员只不过是骑着高头大马看了一下，就准备动用十八万民工，三十七万贯石钱米开沟。苏轼来到颖州后，派人用水平"仔细打量"，每隔二十五步立一竹竿，每竿用水平测量高下，总共立了五千八百八十一根竹竿，然后地平高下，沟身深浅，淮河涨水高低，沟之下口有无壅遏，都弄得一清二楚。因此，他提出八丈沟不可开的理由，有充分根据，朝廷采纳了他的意见，避免了这一劳民伤财，有害无益的浩大工程。

苏轼出知颍州期间，这一带的自然灾害也很严重。农民以榆树叶、马齿苋度日，流民扶老携幼充斥颍州。人民生活无着，铤而走险的很多。安丰县（今安徽寿县西南）木场镇施助教家，霍邱县（今安徽县名）善乡镇谢解元家，六安县（今属安徽六安市）故镇魏家，都先后被饥民"打劫"。特别是在颍州境内，若干年来人民的反抗更加激烈。元祐二三年间，就有管三等聚众反抗；接着又有陈钦、邹立、尹荣、尹遇等聚众反抗，并与朝廷捕盗吏卒公开对垒。陈钦等后来被朝廷捉获，凌迟处斩；但尹遇未被捕获，继续组织陈兴、郑饶、李松等反抗。尹遇自称大大王，陈饮自称二大王，"兵仗弓弩并全，屡次与捕盗官吏斗敌"。特别是在寿州境内的施助教等家被劫后，尹遇等更准备与打劫施助教家的人应和。面对这种情况，苏轼又像在密州等地的所作所为一样，一面进行坚决镇压，一面做些救灾工作，希望缓和人民的反抗。苏轼派遣"素有才干"的汝阴县尉李直方追捕尹遇等人。李直方分派弓手捕捉陈兴，自己亲领弓手五人扮作"贩牛小客"捉杀尹遇。

在救灾工作方面，据赵德麟《侯鲭录》记载，一天，天色未明，苏轼召他议事。苏轼说，颍州久雪人饥，他一夜都未睡着，欲出百余千钱造饼，救民之饥，问还有什么好办法。后来决定以义仓之谷数千石，作院之炭数千秤，酒务之柴数十万秤，依原价卖给饥寒中人，解决他们的"食与火"问题。同时，苏轼还上书朝廷，准备赈济淮浙饥民。他说，淮南自秋至冬，雨雪不足，麦子有收无收，还很难断定。麦若无收，必有大饥。浙西灾情也重，流民势必北来，颍州将首被其害。他说："淮浙累岁灾伤，来年春夏必有流民。而颍州正当南北孔道，万一扶老携幼，纷集境内，理难斥遣。若饥毙道路，臭秽熏蒸，饥民同被灾疫之害。弱者既转沟壑，则强者必聚为盗寇。"（《东坡奏议集》卷一〇《乞赐度牒，粜斛斗，准备赈济淮浙流民状》）因此，他要求朝廷特赐度牒一百道，用这笔钱购买粮食，做好救济来年灾民的准备。

但是，苏轼还没有等到来年春夏之秋，就调离颍州，改知扬州了。他在《送芝上人游庐山》（《东坡后集》卷二）中说：

> 二年阅三州，我老不自惜。
> 团团如磨牛，步步踏陈迹。

所谓"二年阅三州"，是指他元祐六年三月还在杭州，还朝仅数月又于同年八月知颍州，元祐七年二月又改知扬州。

洛阳的牡丹很有名，每年牡丹盛开时，太守作万花会，成为民害。钱惟演[1]作洛阳留守时，并设驿站，把牡丹驰送宫廷。苏轼对这种行为是很反感的，他说："洛花有识，鄙之。此宫妾爱君之意也。"扬州的芍药也很有名，蔡京[2]作扬州太守时，也仿照洛阳作万花会，用花十多万枝。"吏缘为奸"，扬州人民深受其害。苏轼来到扬州，首先就停止了万花会。（《仇池笔记》卷上《万花会》）

苏轼知杭州时，就曾要求免去民间积欠。这次来到扬州，他又提出了这个问题。他说，哲宗继位已经八年，帑廪日益困，农民日益贫，商贾不行，水旱相继，根本原因就在于民"为积欠所苦，如负千钧而行"。他根据自己出知杭州、颍州、扬州所见，知道两浙、京西、淮南三路的老百姓都被积欠压得透不过气来，日益贫困，死亡过半。而积欠不除，现有赋税也收不起来，弄得农商皆病，公私两困。苏轼说，他从颍州到扬州，沿途所见，麻麦如云，一派丰收景象。他"屏去吏卒，亲入村落，访问父老"，父老都面有忧色，说是丰年不如凶年好。凶年天灾流行，节衣缩食，犹可糊口；丰年要催交积欠，胥吏在门，枷棒加身，老百姓反而活不下去。父老说时泪如雨下，苏轼也听得眼泪汪汪。苏轼说，过去他常常不相信孔子"苛政猛于虎"的话，现在看来，苛政的危害确实比猛虎严重得多。水旱杀人已经百倍于虎，而民畏催欠却甚于水旱。苏轼估计，每州从事催欠的吏卒不下五百，全国就有二十余万虎狼散于民间，"百姓何用安生"？苏轼说："淮南东西诸郡，累岁灾伤，近者十年，远者十五六年矣。今来夏田一熟，民于百死之中，微有生意；而监司争言催欠，使民反思凶年。"苏轼要求朝廷暂时停止催欠，"使久困之民，稍知一饱之乐"，"与天下疲民一洗疮痏"（《东坡奏议集》卷一一《论积欠六事》《再论积欠六事》）。

---

① 钱惟演（977—1034）字希圣，吴越王钱俶之子，从俶归宋，位至同中书门下平章事。

② 蔡京（1047—1126）字元长，兴化仙游（今属福建）人。进士及第。元祐元年知开封府，司马光限五天恢复差役法，他按期完成，受到司马光的赏识。绍圣元年又助章惇重行新法。徽宗朝，以恢复新法为名，大肆搜刮，排除异己。钦宗时放逐岭南，死于途中。

扬州发运司过去主管东南漕运，听任船夫私载货物。船夫因此较富裕，以官船为家，所载货物损失较小，到达也快。后来一律不准私载货物，船夫只好盗官物以济饥寒，结果弄得公私两困。嘉祐以前，每年运六百万石，折欠损失仅六七万石；苏轼知扬州前一年，才运四百五十六万石，少运四分之一，而亏损竟达三十余万石，多亏损四五倍，这是国家所受的损失。而每年因纲运亏欠被流放的人也不可胜数，这些人被弄得倾家荡产，卖儿卖女，瘦骨嶙峋，聚为乞丐，散为盗贼，这是操舟者个人所受的损失。苏轼要求恢复旧有办法，听任船夫私载货物。朝廷采纳了他的意见。

神宗朝所立的仓法规定，亏损百钱就要判刑，满十贯就要刺配沙门岛。苏轼认为这种仓法是"天下之所骇，古今之所无，圣代之猛政"。哲宗继位，首宽此法，但一直未彻底废除。苏轼知扬州时，又令执行。苏轼说："若监司得人，胥吏谁敢作过？若不得人，虽行军令，作过愈甚。今执政不留意于选择监司，而独行仓法，是谓此法可恃以为治也耶。"（《东坡奏议集》卷一一《论仓法札子》）苏轼认为，江淮粮纲欠折，根源在于船夫贫困，船夫贫困的根源在于违法收税，不许船夫私载货物。只要让船夫有以为生，亏欠就会减少。苏轼说："若朝廷每次闻一事，辄立一法，法出奸生，有损无益。"他认为只要择吏得当，赏罚严明，"贤于立空法而不行者远矣"（《东坡奏议集》卷一二《乞岁运额斛以到京定殿最状》）。

苏轼知扬州也只有半年，元祐七年（1092）八月以兵部尚书召还朝廷，接着又兼侍读，不久改为礼部尚书。苏轼在扬州得到兵部尚书的任命时，就沿途上章辞免，要求"除臣一郡"。当改为端名殿学士、翰林侍读学士、礼部尚书时，他再次上章辞免说："闻命悸恐，不知所措。臣本以宠禄过分，衰病有加，故求外补，实欲自便。而荣名骤进，两职荐加，不独于臣有非据之羞，亦恐朝廷无以待有劳之士。岂徒内愧，必致人言。"他再次要求出守一"重难边郡"。他说："若朝廷有开边伐国之谋，求深入敢战之帅，则非臣所能办；若欲保境安民，宣布威信，使吏士用命，无所失亡，则承乏之际，犹可备数。"（《东坡后集》卷十《辞两职并乞郡札子》）这些要求都未允准，他只好就职。

为什么苏轼总不愿在朝廷任职，总想到地方上去，甚至不惜出守"重难边郡"呢？担心"必致人言"，再次遭到政敌的诬陷，固然是重要原因。事实上，他这次回朝不久，又遭到台官（掌纠查弹劾的御史）黄庆基的弹劾。在苏轼草拟的贬逐吕惠卿的诏令中曾说："先皇帝（神宗）求贤若不及，从善如转环。始以帝尧之心，姑试伯鲧①；终然孔子之圣，不信宰予②。"黄庆基据此弹劾苏轼"诽谤指斥"神宗。苏轼反驳说，整个敕令的提法都是原有提法；所述罪状，都是奉旨节录谏官所说的吕惠卿罪状，"非臣私意所敢增损"。而且他考虑到事涉神宗，"不无顾忌"，都是分别讲的吕惠卿的罪过和神宗对他的态度，目的在于证明"鲧为尧之大臣，而不害尧之仁；宰予为孔子高弟，而不害孔子之圣"；神宗虽曾"姑试"吕惠卿，也"非先朝至德之累"，更何况又对他"再加贬黜"，"深恶其人"呢？黄庆基为了陷害苏轼，甚至张冠李戴，把别人所作的敕令中的话也"移为臣罪"。苏轼深有感慨地说："似此罗致人言，则天下之人更不敢开口动笔矣。"（《东坡奏议集》卷一三《辩黄庆基弹劾札子》）

苏轼这时不愿留在朝廷，还有一个新的更深刻的原因，即他与哲宗的关系似乎并不太融洽。苏轼曾多次担任哲宗的侍读，哲宗继位时年仅十岁，这时已经十七八岁，逐渐形成了自己的政治倾向，对苏轼平时的讲说似乎并不感兴趣。苏轼在这次勉强就职后所上的《谢除两职，守礼部尚书表》（《东坡后集》卷一三）中为我们透露了一些消息。苏轼在《表》中为哲宗提出了"六事"：一是慈，"好生恶杀，不喜兵刑"；二是俭，"约己省费，不伤民财"；三是勤，"恭亲庶政，不迩（近）声色"；四是慎，"畏天法祖，不轻人言"；五是诚，"推心待下，不用智数"；六是明，"专信君子，不杂小人"。最后，苏轼说："若陛下听而不受，受而不信，信而不行，如闻春禽之声，秋虫之鸣，过耳而已，则臣等虽有三尺之喙，日诵五车之书，反不如医卜执技之流，

---

① 鲧号崇伯，传说中的原始部落首领，奉尧之命治水。他用筑堤堵水的办法治水失败，被舜处死。

② 宰予字子我，亦称宰我，春秋时鲁人，孔子的学生。善言语，孔子因他昼寝曾骂他是不可雕的朽木，并以此改变了看人的方法："始吾于人也，听其言而信其行；今吾于人也，听其言而观其行。"（《论语·公冶长》）

簿书奔走之吏，其为尸（位）素（餐），死有余诛。"开药方就证明有病，开什么药方就证明有什么病。苏轼要求哲宗慈、俭、勤、慎、诚、明，可见他感到已经成年的哲宗存在不慈、不俭、不勤、不慎、不诚、不明的问题。他要求对他的话要听、受、信、行，证明他感到哲宗对他的话"听而不受，受而不信，信而不行"，当耳边风。我们从苏轼的《乞校正陆贽①奏议上进札子》（卷一三）中也同样可看出他对哲宗的规诚。他说："（唐）德宗以苛刻为能，而（陆）贽谏之以忠厚；德宗以猜疑为术，而贽劝之以推诚；德宗好用兵，而贽以消兵为先；德宗好聚财，而贽以散财为急。"他希望哲宗把陆贽奏议"置之坐隅，如见贽面；反复熟读，如与贽言"。这里，他要即将亲政的哲宗，以德宗的"苛刻""猜疑""好用兵""好聚财"为戒。如前所述，苏轼在元祐初年担心的是"神宗励精核实之政渐致堕坏"，"深虑数年之后，驭吏之法渐宽，理财之政渐疏，备边之计渐弛"。而现在他担心哲宗的却是相反的倾向了。联系到哲宗亲政后再次起用新党，而对苏轼一贬再贬，再未起用，就可看出苏轼这时对哲宗的政治倾向已有预感。他这些话大都是有感而发，并非泛泛之谈。

苏轼在兵部尚书和礼部尚书任上，还上了一些职责范围内的奏状，这里就不一一叙述了。这里仅把他一些有关解救民间疾苦的奏状再提一提。他在从扬州还朝的途中，经过宿州（今安徽宿州市），得知宿州把零壁镇改为零壁县，并要修筑外城。苏轼认为改镇为县，只是本镇豪民为自己打算，想通过改县来增加各种营运；而所谓情愿自备设县钱物，使得下户人出二钱，增加了下户的负担。而修筑外城也必然加重"家贫无力"者的负担，"劳费公私，痛伤存（活着的人）殁（死去的人）"。改镇为县已成事实，很难停止，修筑外城还未动手，苏轼要求朝廷立即下令"更不展筑"（《东坡奏议集》卷一二《乞罢宿州修城状》）。这一主张在一定程度上反映了"下户"的要求。

苏轼还要求废除五谷税。苏轼认为，谷太贱则伤农，太贵则伤末。因此，历来五谷不收商税，以便商人贩运。他们在丰收之地争着买，五谷价格不致

---

① 陆贽（754—805）字敬舆，嘉兴（今属浙江）人。唐德宗时官翰林学士，后累迁中书侍郎，同平章事。唐代著名政论家，所作奏议，指陈时政，多中时弊。

太贱；运往灾伤严重的地方卖，使价格不致暴涨。他说"不税五谷"，"自先王以来未之有改也"。但在元祐年间却改了，开始征收五谷税，结果使得"商贾不行，农末皆病"。连年丰收之地，农民载米入市，却卖不出去，价格很低，卖米的钱还不够买盐，以致他们"愿逢饥荒"；而歉收之地，即使比较富裕的人也拿着钱买不到粮食，以致穿金戴玉的人也"饿死于市"。这都是征收五谷税造成的恶果。苏轼要求废除五谷税，使得"凶丰相济，农末皆利，纵有水旱，无大饥荒"（《东坡奏议集》卷一二《乞免五谷力胜税钱札子》）。这样做即使朝廷眼前减少一些赋税收入，但却可减少救灾费用。两相抵消，也不会影响宋王朝的财政收入。这一主张既符合宋王朝的长远利益，也能在一定程度上减轻人民的痛苦。

总的来说，苏轼在元祐年间是颇受朝廷重用的。用他自己的话说就是："臣以草木之微，当天地之泽，七典名郡，再入翰林，两除尚书，三忝（有愧于）侍读，虽当世之豪杰，犹未易居；矧（何况）如臣之孤危，其何能副?"（《东坡后集》卷一三《谢兼侍读表》）

但是，如前所述，由于苏轼在元祐初既支持废除新法，贬逐新党，又反对台谏"所击，皆先朝之人；所非，皆先朝之政"，因此，遭到新旧两党的夹攻。在元祐八年中，他有一半的时间仍在做地方官，调动十分频繁，"坐席未暖，召节已行，筋力疲于往来，日月逝于道路……朝廷非不用臣，愚蠢自不安位。"（《东坡后集》卷一三《定州谢到任表》）他这几年的情况确实是这样。因横遭诽谤，他要求离开朝廷，离开不久，朝廷又要他回去；回去又遭攻击，又被迫离开。这就是他频繁出入朝廷的原因。

一八 "承平百年烽燧冷"
——出知定州

元祐八年（1093）是苏轼兄弟一生中又一个倒霉时期的开始。这年的八月一日，苏轼的继室同安郡君王闰之（字季章）卒于京师。王闰之是十分贤惠的妻子，她对其堂姐王弗所生的苏迈和自己所生的苏迨、苏过完全一样慈爱，"三子如一，爱出于天"。苏轼对她的死是很悲痛的，他本想很快辞官，同她一起回归故乡，没料到年仅四十六岁的妻子突然病逝了："我曰归哉，行返丘园。曾不少须（稍待），弃我而先。孰迎我门，孰馈我田？已矣奈何，泪尽目干。"（《东坡后集》卷一六《祭亡妻同安郡君文》）

更大的打击接踵而至。同年九月，主持元祐更化的高太后去世，哲宗亲政，政局发生了很大变化。在高太后听政时，执政大臣凡事皆奏请高太后决断，不以年少的哲宗皇帝为意。哲宗逐渐长大成人，对此越来越不满，只是"恭默不言"而已。高太后对此也是明白的。八月，苏辙、吕大防①等执政大臣入宫问安，高太后交代后事，对大臣说："今病势有加，与公等必不相见。且善辅官家（宋时称皇帝为官家）。"高太后还特别对范纯仁②说："公父仲淹在章献（仁宗之母）垂帘时，唯劝章献尽母道；及仁宗亲政，唯劝仁宗尽子道，可谓忠臣。公必能继绍前人。"又对哲宗说："老身殁后，必多有调戏（叼唆）官家者，宜勿听之。"（《续资治通鉴》《宋史·哲宗》）蔡绦《铁围山

---

① 吕大防（1026—1097）字微仲，京兆蓝田（今属陕西）人，元祐年间官至尚书左仆射兼门下侍郎。绍圣年间贬舒州团练副史，循州安置，死于途中。

② 范纯仁（1026—1101）字尧夫，苏州吴县（今江苏苏州市郊）人，范仲淹之子，官至尚书右仆射兼中书侍郎。反对变法，指责王安石"尚法令则称商鞅，言财利则背孟轲"，也反对司马光尽废新法，主张"去其泰甚者可也"。绍圣年间，贬官永州。徽宗立，准备起用，"虚相位以待"，但很快病殁。

丛谈》卷一（中华书局《唐宋史料笔记丛刊》本）的记载尤为具体而生动：

哲宗即位甫十岁，于是宣仁高后垂帘而听断焉。及寖长，未尝有一言。宣仁在宫中，每语上曰："彼大臣奏事，乃胸中且谓何，奈无一语耶？"上但曰："娘娘已处分，俾臣道何语？"如是益恭默不言者九年。时又久已纳后。至是上年十有九矣，犹未复辟（未把皇权交与哲宗）。一旦，宣仁病且甚，尚时出御小殿，及将大渐，谓大臣曰："太皇以久病，惧不能自还，为之奈何？"大臣同辞而奏："愿供张大庆殿。"宣仁未及答，上于帘内复出圣语曰："自有故事。"大臣语塞。既趋下，退相视曰："我辈其获罪乎？"翌日，上命轴帘（卷帘），出御前殿，召宰辅，谕太皇太后服药，宜赦天下。不数日，宣仁登仙，上始亲政焉。上所以衔（衔恨、衔怨）诸大臣，匪（非）独坐变更，后数数与臣僚论昔垂帘事，曰："朕只见臀背。"

这段话相当具体地记述了哲宗不满高太后和执政大臣的过程及原因——不仅仅因为高太后、执政大臣"变更"神宗之政，更主要的在于"娘娘已处分"，"朕只见臀背"，只是接受大臣参拜，没有任何实权。这在他"甫十岁"时还无所谓，而在他"已纳后"，"年十有九"时就再也不能容忍了。这是高太后一死，元祐大臣皆获罪的重要原因之一。

高太后去世后，哲宗不再听从元祐执政大臣的意见。范祖禹[①]上疏说：高太后一死，必定有人以改先帝（神宗）之政，逐先帝之臣，归过于高太后。他要求哲宗"守元祐之政，当坚如金石，重如山岳"（《三朝名臣言行录》卷九）。哲宗听不进这些意见。礼部侍郎杨畏[②]伺机上疏说："神宗更法立制以垂万世，乞赐讲求以成继述（继承祖述）之道。"疏入，哲宗立即召见，问先朝故臣孰可召用。杨畏遂推荐章惇、吕惠卿、邓润甫、李清臣等。哲宗深以为

---

① 范祖禹（1041—1098）字淳甫，成都华阳人，范镇的侄子，先后参与修《资政通鉴》《神宗实录》，反对重用蔡京、章惇，官至国史院编修、吏部侍郎、侍讲学士。哲宗亲政，贬死化州。

② 杨畏字子安，其先四川遂宁人，父徙洛阳。初尊王安石之学；元祐初又吹捧司马光；司马光死后又说他"于政事未尽"。原想拥苏辙为相，苏辙未相，又诋苏辙。由于他反复如此，世人谓之"杨三变"。

然，复章惇为资政殿学士，吕惠卿为中大夫，绍圣元年二月又以李清臣为中书侍郎，邓润甫为尚书右丞。（《宋史纪事本末》卷四六）

哲宗对元祐大臣的态度首先在苏轼出知定州的问题上表现出来。苏轼尽管对司马光尽废新法持不完全赞同的态度，并因此遭到一些保守派的排斥陷害；但因他始终是反对王安石变法的，并且是在元祐更化时期重新起用的，因此仍被哲宗视为旧党，对他非常冷落。数年来苏轼一直要求出知"重难边郡"，均未获准。哲宗一亲政，就命苏轼知定州（今河北定县）。苏轼作为哲宗的侍读，朝廷的要员，出守边远重镇，理应陛辞。但哲宗却以"本任官阙，迎接人众"为借口，拒绝苏轼上殿面辞。苏轼说："臣备位讲读，日侍帷幄，前后五年，可谓亲近。方当戍边，不得一见而行，况疏远小臣，欲求自通亦难矣！"苏轼深感"国是将变"，担心急功近利之臣劝哲宗"轻有改变"。因此，哲宗虽不见他，他仍向哲宗上疏说，古代有所作为的圣人，都要先处晦处以观明处，先处静处以观动处，那就万事万物都可看得清清楚楚。不过数年，就自然知道利害关系，辨识邪正之人。然后根据这种观察采取措施，就一定能够成功。他说："今陛下圣智绝人，春秋鼎盛，臣愿虚心循理，一切未有所为，默观庶事之利害与群臣之邪正，以三年为期，俟得利害之真，邪正之实，然后应物而作，使既作之后，天下无恨，陛下亦无悔。"（《东坡奏议集》卷一四《朝辞赴定州论事状》）很明显，这正是他的"见得未破，不要下手，俟了了而后行"的一贯主张。但是，哲宗不但没有听从他这位老师静观数年的劝告，而且把这位老师一贬再贬，终哲宗朝，再也没有让他回到朝廷。

定州是古代中山国所在。苏轼在赴定州，告别苏辙时说

> 庭下梧桐树，三年三见汝。
>
> 前年适汝阴，见汝鸣秋雨。
>
> 去年秋雨时，我自广陵归。
>
> 今年中山去，白首归无期。

（《东坡后集》卷三《东府雨中别子由》）

这几句诗表现了苏轼这些年生活的动荡以及知定州时的抑郁心情，他已预料到此去再难回朝。又说："客去莫叹息，主人亦是客。"主人指苏辙，可见他已预感到苏辙也不久于朝，即将被逐。

苏轼赴定州时，雍丘（今河南杞县）县令、著名书法家米芾①邀请他赴宴。苏轼与米芾是老朋友，自然没有不去之理。苏轼到后，只见屋子里摆了两张大长桌，桌上放有精笔、佳墨和一大摞纸，侧面放有酒菜。苏轼一见大笑，知道是米芾要同他一起作字。二人就座后，一边喝酒，一边展纸作字，一两个人专门为他们磨墨，都不能满足需要。一直写到傍晚，酒喝足了，纸也写完了，才相互交换了所作的字。这天他们两人均发挥了最高的书法技能，"俱自以为平日书莫及也"（叶梦得《避暑录》）。苏轼同米芾的友谊是很深的，以后他从海南贬官归来，即在他去世前不久，还写信给米芾说："岭海八年，亲友旷绝，亦未尝关念。独念吾元章迈往凌云之气，清雄绝俗之文，超妙入神之字，何时见之，以洗我积岁瘴毒耶？"（《东坡续集》卷八《与米元章书》）

苏轼于九月二十七日离京，十月二十三日到达定州。定州是古代中山国所在，是北邻契丹的军事重镇，但边备却非常松弛。苏轼说这里是"承平百年烽燧冷"（《东坡后集》卷三《雪浪石》），一个"冷"字，深刻揭露了当时边备松弛的情况。他在《乞增修弓箭社条约状》（《东坡奏议集》卷一四）中说："臣切见北虏久和，河朔无事，沿边诸郡，军政少弛，将骄卒惰，缓急恐不可用，武艺军装，皆不逮陕西、河东远甚。虽据即目（眼前）边防事势，三五年间，必无警急；然居安虑危，有国之常备，事不素讲，难以应猝。"为了加强边备，苏轼一到定州就提出和采取了一系列措施。

一是整饬军纪。定州军纪松弛，贪污盗窃成风。有持杖入库，盗铜锣十二面，监司明知而不检举的；有两年之间盗卖八百余件什物，值银二百五十余两的；有把禁山开垦为田，不但不予制止，反而公然征税的；有明出告示，召集军民赌博的。结果是法令不行，禁军日有逃亡，甚至聚为盗贼。苏轼经过了解，发现禁军一般都很贫困，十有六七的人赤身露体，饥寒交迫。营防

---

① 米芾（1051—1107）字元章，襄阳（今属湖北）人，能诗文、善书画，是北宋四大书法家之一。徽宗时，召为画院博士。

大段损坏，不避风雨。而禁军贫困的原因在于官吏贪污，克扣军饷，放债取息，引以成风。将校既然违法不公，军纪自然无法整饬，所以军人都饮酒赌博。苏轼来到这里，一面严惩贪赃枉法的首犯，不如此，"无以警众革弊"；一面派人修补禁军营房，因为在苏轼看来，"岂可身居大厦，而使士卒终年处于偷地破屋之中，上漏下湿，不安其家？"（《东坡奏议集》卷一四《乞降度牒修定州禁军营房状》）

二是增修弓箭社。苏轼认为，沿边禁军即使经过整饬，有事时也不可用。因为将骄卒惰，由来已久，胆子很小，体力很弱，近成短使，都要与妻子儿女泣别；被甲执仗行数十里，就累得气喘吁吁，汗流满面。如果严加训练，使这些士卒能耐劳苦，又可能引起契丹的惊疑，招致战争。若干年来，沿边要害所聚禁军都只能起一种壮国威、消敌谋的作用，真要打仗，还得从内地另调禁军。而平日的保境安民，得靠当地百姓。自澶渊之盟以来，老百姓自己起来组织弓箭社，不论家业高下，每户出一人，推选家资武艺出众的人为头领。他们自立赏罚，严于官府，"带弓而锄，佩剑而樵"，一面耕作，一面备边，分番巡逻。遇有紧急的事，就击鼓集合，顷刻可致千人。他们"人自为战，虏甚畏之"。在王安石变法期间，因推行保甲法，这种民间自卫组织有所削弱。苏轼主张加强弓箭社，认为"弓箭社实为边防要用，其势决不可废"（《东坡奏议集》卷一四《乞增修弓箭社条约状》）。

三是赈济饥民。元祐八年，河北诸路均受灾。苏轼估计第二年春夏之交，必将缺粮。苏轼请求朝廷减价十分之二出卖常平米，使米价不致上涨，百姓人人受惠（《东坡奏议集》卷一四《乞减价常平米赈济状》）。但民间缺乏现钱买米，仍不免有饥饿之人，因此他又要求朝廷允许他将仓中陈米贷与各户，候丰收时以新米还官。这样，"不惟乘此饥年，人户缺食，优加赈济；又使官中却得新好白米充军粮支遣；及免年深转至损坏，尽为土壤"（《东坡奏议集》卷一〇《乞将损弱米贷与上户，令赈济佃客状》）。

正当苏轼为巩固北方边防而采取种种措施的时候，哲宗却以"讥斥先朝"的罪名把他贬官英州了。

一九　"罗浮山下四时春"

——贬官惠州

苏轼于元祐八年（1093）九月出知定州。在苏轼知定州期间，朝廷政局进一步发生变化。绍圣元年（1094）二月，哲宗起用李清臣①为门下侍郎。三月，考试进士，李清臣出题指责元祐初年废除新法。苏辙上疏反驳，并说："陛下若轻变九年已行之事，擢用累岁不用之人，怀私忿而以先帝（神宗）为辞，大事去矣！"（《三朝名臣言行录》卷九）哲宗览奏大怒，贬苏辙知汝州。接着，御史赵挺之②等又搬出苏轼所撰的贬斥吕惠卿的敕文，弹劾他"诽谤先帝"。于是，哲宗于绍圣元年四月把苏轼贬知英州（今广东英德）。苏轼在《被命南迁，途中寄定武同僚》（《东坡续集》卷二）中感叹道：

> 人事千头及万头，得时何喜失时忧。
>
> 只知紫绶三公贵，不觉黄粱一梦游。
>
> 适见恩纶临定武，忽遭分职赴英州。
>
> 南行若到江干侧，休宿浔阳旧酒楼。

紫绶，系官印的丝带。恩纶，皇帝的诏令。"适见恩纶临定武"是指哲宗不久前还曾派人到定州"赐日历""赐衣袄"给他；而现在却突然受到"落两职，降一官"（"分职"）的惩处而被远谪英州。浔阳楼在江西九江，是白居易贬官的地方。苏轼怕触景伤情，因此说"休宿浔阳旧酒楼"。

---

　　①　李清臣字邦直，举进士，应材识兼茂科，欧阳修壮其文，以比苏轼。作《韩琦行状》，神宗赞为"良史才"，召为两朝国史编修官。哲宗朝，反对司马光尽废新法。官至中书侍郎。

　　②　赵挺之字正夫，密州诸城（今属山东）人。元祐初，迁监察御史，苏轼认为他是"聚敛小人，学行无取，岂堪当选"，后劾苏轼"诽谤先帝"。徽宗朝，与蔡京争权，官至尚书右仆射。

苏轼头年赴定州任时，风沙很大，未曾看清太行山。这次贬官赴岭南途中，天气晴朗，西望太行，草木可数。他不禁想起，韩愈从贬所北还，经过衡山，天气由阴转晴；这次自己途经太行东麓，天气也很晴朗，是否意味着"吾南迁其速返乎"？于是苏轼写道："逐客何人著眼看，太行千里送征鞍。未应愚谷能留柳，可独衡山解识韩？"（《东坡后集》卷四《临城道中作》）后两句的意思是说，他不会像柳宗元那样长期留贬所（愚谷），而会像韩愈那样很快从贬所回来，因为难道只有衡山才了解韩愈吗？太行山不也同样了解我苏轼吗？但后来事实证明，他这种美好愿望又落空了。苏轼在赴贬所途中，作了很多纪行诗，抒发他的抑郁心情。他时而后悔奔走官场："宦游岂不好，毋令到千钟"（《东坡后集》卷四《过高邮寄孙君孚》）；有时又自我宽解："莫言西蜀万里，且到南华一游"（《东坡后集》卷四《见长卢天禅师》）；时而感叹人间的坎坷不平："且并水村欹侧过，人间何处不巉岩"（《东坡后集》卷四《慈湖峡阻风》）；有时又深感人生如梦："四十七年（自十二岁从父亲苏洵游天竺寺以来已四十七年）真一梦，天涯流落泪横斜"（《东坡后集》卷四《天竺寺》）。他在经过洞庭湖时，写了一首《望湖亭》（《东坡续集》卷二），更是感慨万千：

> 八月渡长湖，萧条万象疏。
>
> 秋风片帆急，暮霭一山孤。
>
> 许国心犹在，康时术已虚。
>
> 岷峨家万里，投老得归无？

前四句着重写景而景中有情，一派萧条的秋天景象正反映了他凄凉的心情。后四句着重抒情，报国心存，救国无术，岷峨远隔，垂老难归。

苏轼这时已年近六旬，千里迢迢赴贬所，途中的艰难困苦是不难想象的。可贵的是他在感叹个人艰难时，并没有忘记民间疾苦。他在《过汤阴市，得豌豆大麦粥，示三儿子》（《东坡后集》卷四）一诗中写道："朔野方赤地，河壖但黄尘。秋霖暗豆英，夏旱瘴麦人。"在灾情这样严重的情况下，有豌豆、大麦粥吃就不错了，就算山珍海味了。他安慰儿子说："逆旅唱晨粥，行庖得时珍。"苏轼在途中还曾上书哲宗，要求从水路赴贬所。他说他自闻命以来，忧悸成疾，两目昏花，仅辨道路，左手麻木，右手无力，六十之年，发白齿落。加之他平时不会安排生活，所得俸禄，随手用尽。他说他本想走陆路，日夜奔驰，快点到贬所，但由于疾病这样重，经济也困难，英州来接他的人未到，定州送他的人又不肯再往前，自己又无钱雇人买马。他说："臣若强衰病之余生，犯三伏之毒暑，陆走炎荒四千余里，则僵仆中途，死于逆旅之下，理在不疑。"他希望哲宗"念八年经筵之旧臣"，允许他舟行赴英州。（《东坡续集》卷九《赴英州乞舟行状》）

苏轼在赴英州途中，就担心会有"后命"："言者尚纷纷，英州之命，未保无改。"（《东坡续集》卷六《与孙子发书》）果不出他所料，他还未到英州，八月又被贬为宁远军节度副使（宋代，节度使是无权的虚衔），惠州（今广东惠阳）安置。他在《与程德孺书》（《东坡续集》卷六）中说："老兄（自指）罪大责薄，未塞公议，再有此命（指再贬惠州）。兄弟俱窜，家属流离（苏轼已命长子苏迈带领全家去常州就食，自己带着三子苏过、侍妾朝云赴贬所），污辱亲旧。然业已如此，但随缘委命而已。"

苏轼深受老庄思想影响，确实善于"随缘委命"。他在《十月二日初到惠州》（《东坡后集》卷四）一诗中写道：

仿佛曾游岂梦中，欣然鸡犬识新丰。

吏民惊怪坐何事？父老相携迎此翁。

苏武岂知还漠北，管宁自欲老辽东。

岭南万户皆春色，会有幽人客寓公。

这首诗有三点值得注意。一是"吏民惊怪坐何事"，借以表达他是无罪被逐。二是借苏武、管宁表明他做好了长期贬谪的思想准备。苏武，汉武帝时人，出使匈奴，十九年不得返汉。管宁，三国时人，汉末避乱辽东，三十七年始归。三是以随缘自适的思想安慰自己。新丰，陕西临潼东北有新丰镇。

汉高祖刘邦是丰邑（江苏丰县）人，建都长安后，其父思归，刘邦就在那里仿照丰邑改筑城寺街里，并把丰邑之民迁来，故叫新丰。广东也有新丰县，在惠州之北。苏轼虽然是"初到惠州"，但觉得"仿佛曾游"，连新丰的鸡犬似乎都是老相识，为自己的到来高兴。这里的父老都手牵手地来欢迎自己，以"岭南万户酒"款待自己；自己也就没有必要为贬到这里难过了。他未到惠州时，就有人为他介绍"惠州风物之美"：

> 江云漠漠桂花湿，海雨翛翛荔子然。
> 闻道黄柑常抵鹊①，不容朱橘更论钱。
>
> （《东坡后集》卷四《舟行至清远县见顾秀才》）

苏轼到达惠州后，更觉得惠州风物，确实名不虚传：

> 罗浮山下四时春，卢橘黄梅次第新。
> 日啖荔支三百颗，不辞长作岭南人。
>
> （《东坡续集》卷二《食荔支二首》）

他每到一地，都会对那里产生深厚的感情。

苏轼在惠州先后住过三个地方：合江楼、嘉祐寺、白鹤峰。他在《迁居》（《东坡后集》卷五）诗序中说：

> 吾绍圣元年十月二日至惠州，寓居合江楼。是月十八日，迁于嘉祐寺。二年三月十九日，复迁于合江楼。三年四月二十日得归于嘉祐寺。时方卜筑白鹤峰之上，新居成，庶几其少安乎？

---

① 《盐铁论·崇礼篇》："昆山之旁以璞玉抵（掷）鸟鹊。"说明昆山玉多。惠州以黄柑掷鸟鹊，说明柑多。

《迁居》诗写道：

前年家水东，回首夕阳丽。
去年家水西，湿面春雨细。
东西两无择，缘尽我辄逝。
今年复东徙，旧馆聊一憩。
已买白鹤峰，规作终老计。

苏轼初到惠州住在合江楼，即惠州东门楼。楼位于东江、西江汇合处，海山葱胧，江流环抱，秋风初凉，百鸟合鸣，有如仙境。他在《寓居合江楼》（《东坡后集》卷五）诗中说：

海山葱胧气佳哉，二江合处朱楼开。
蓬莱方丈应不远，肯为苏子浮江来。

苏轼在这里住了不久，就迁居嘉祐寺松风亭。苏轼以前赴黄州贬所，经过湖北麻城的春风岭，遇上梅花盛开。这次贬官惠州，住在嘉祐寺松风亭又遇上梅花盛开。苏轼在《十一月二十六日，松风亭下，梅花盛开》（《东坡后集》卷四）诗中写道：

春风岭上淮南村，昔年梅花曾断魂。
岂知流落复相见，蛮风蜒雨愁黄昏。

苏轼贬官惠州，一住又是几年，他深感"中原北望无归日"，就开始作长远打算。他在白鹤峰买了几亩地，筑屋二十来间，凿井四十来尺深，并栽上各种果木。他对果木树秧的要求是不大不小，太大不易栽活，太小又怕等不到果木成林，自己就死了。

总的来说，苏轼在惠州期间还是比较安闲自在的。"罗浮山下梅花村，玉雪为骨冰为魂……天香国艳肯相顾，知我酒熟诗清温"（《东坡后集》卷四《再韵松风亭下梅花盛开》）——这是在赏梅；"烂煮葵羹斟桂醑（美酒），风流可惜在蛮村"（《东坡后集》卷四《新酿桂酒》）——这是在酿酒；"初日下照，潜鳞俯见。意钓忘鱼，乐此竿线"（《东坡后集》卷五《江郊》）——这是在垂钓。苏轼偶尔也曾访僧会友，惠州太守詹范对苏轼很好，曾携酒拜访苏轼，可能还在经济上帮助过他："酒材已遣门生致，菜把仍叨地主恩。"（《东坡后集》卷四《新酿桂酒》）又说："欲求公瑾一囷米^①，试满庄生五石樽。^②"（《东坡后集》卷四《惠守詹君见和，复次韵》）循州（今广东龙川）太守周彦质也曾在经济上帮助过苏轼："未敢扣门求夜话，时叨送米续晨炊。知君清俸难多辍，且觅黄精与疗饥。"（《东坡后集》卷五《答周循州》）苏轼在惠州期间，他的表兄程正辅为广州提刑，曾到惠州看望他："我兄清庙器，持节瘴海头……人言得汉吏，天遣活楚囚。惠然再过我，乐哉十日留。"（《东坡后集》卷五《闻正辅兄将至，以诗迎之》）在程正辅到达惠州后，他们曾一起游白云山、香积寺等名胜。总的来说，苏轼在惠州过得还不错："风土食物不恶，吏民相待甚厚。"（《东坡续集》卷一一《与陈季常》）

苏轼每次贬官皆多因文字得罪。苏轼在惠州时，"子由（苏辙）及诸相识皆有书，深戒作诗"；苏轼也深感"其言切至，云当焚砚弃笔，不但作而不出也。不忍违其忧爱之意，遂不作一字"（《东坡续集》卷七《与程正辅书》）。但是作为一个关心国事，关心民间疾苦的文人，苏轼很难做到这点。他在惠州期间，仍作了很多诗文。在这些作品中，特别值得一提的是他的《荔支叹》：

---

① 据《三国志·鲁肃传》，周瑜（公瑾）曾向鲁肃借资粮以供军用，鲁肃家有两囷米，就借一囷与周瑜。

② 据《庄子·逍遥游》，惠子说他有五石之瓠而无用，庄子说："子有五石之瓠，何不虑以为大樽而浮乎江湖？"

十里一置飞尘埃，五里一堠兵火催。

颠坑仆谷相枕藉，知是荔支龙眼来。

飞车跨山鹘横海，风枝露叶如新采。

宫中美人一破颜，惊尘溅血流千载。

永元荔支来交州，天宝岁贡取之涪。

至今欲食林甫①肉，无人举觞酹伯游②。

我愿天公怜赤子，莫生尤物为疮痏。

雨顺风调百谷登，民不饥寒为上瑞。

君不见武陵溪边粟粒芽，前丁后蔡相笼加。

争新买宠各出意，今年斗品充官茶。

吾君所乏岂此物？致养口体何陋耶！

洛阳相君忠孝家，可怜亦进姚黄花！

这首诗的前十六句是揭露汉唐官僚争献荔枝、龙眼的丑态。他们十里五里密设驿站（置堠），快马奔驰，尘土飞扬，催征荔枝，急如兵火，弄得人倒马毙，尸骨成山。车马跨山越岭，就像猛鹘横海一样急速；荔枝运到京城，枝叶风露犹存，好像刚从树上采下来一样。这些家伙为了赢得"宫中美人一破颜"，不惜弄得人民"颠坑仆谷相枕藉"，"惊尘溅血流千载"。从东汉和帝永元年间交州（今广东西南部）贡荔枝起，到唐玄宗天宝年间涪州（今重庆涪陵）贡荔枝，人们只知痛恨以贡荔枝固宠的奸相李林甫，却没有人纪念汉和帝时上疏反对贡荔支的唐伯游。也就是说，人们虽然痛恨暴政，但敢于效法直臣、反对暴政的人却太少了。这些话显然是有感而发。苏轼希望老天爷怜悯老百姓，不要出产那些成为老百姓祸害（"疮痏"）的珍贵物品（"尤物"），只要风调雨顺，百谷丰登，民无饥寒，就是最大的祥瑞了。这些话表现了苏轼对人民的深切同情，对荒淫腐朽的统治者的极端不满。

---

① 李林甫（683—753），唐大臣，官至礼部尚书，同中书门下三品，封晋国公。勾结宦官、宫妃，争宠固权，对人口蜜腹剑，阴险狠毒。

② 唐羌字伯游，汉和帝时人。永元年间，交州贡荔枝。唐伯游上书反对，和帝停止了献荔枝。

诗的后八句直接揭露本朝官僚的"争新买宠",指名道姓揭露的就有三人。一是"前丁",指宋真宗时的宰相丁谓,他开始以福建武夷山的初春芽茶("粟粒芽")进贡。二是"后蔡",指北宋书法家蔡襄,他在宋仁宗时,曾造小片龙茶进贡。三是"洛阳相君",指历仕真宗、仁宗的钱惟演,他的父亲吴越王钱俶归顺宋朝时,宋太宗曾称赞他"以忠孝而保社稷",故称"忠孝家"。钱惟演作洛阳留守时,开始设驿站,向宫廷进贡牡丹珍品"姚黄花"。苏轼曾把钱惟演这种行为叫作"宫妾爱君之意",并说"洛花有识,鄙之"(《仇池笔记》卷上《万花会》)。

尤其值得注意的是"今年斗品充官茶"一句,苏轼在这句下自注说:"今年闽中监司乞进斗茶,许之。"所谓"斗茶""斗品",是指参加比赛的高级茶;"充官茶"即充贡茶。如果哲宗没有接受这种"斗茶",还可说这些话仅仅是指责"闽中监司";但哲宗"许之",这"致养口体何陋耶"(一心在口体上下功夫是何等鄙陋),就无异于直斥哲宗了。在封建时代,敢于直接揭露本朝大臣,甚至揭露当今皇上,这是需要勇气的。

苏轼是很关心民事的人,在贬官惠州期间,他"率众为东西二桥,以济病涉者"(《亡兄子瞻端明墓志铭》)。在惠州城东江水合流处原有桥,但久已废坏,老百姓靠小舟渡河,十分艰难,经常淹死人:"嗟此病涉久,公私困留稽……不知百年来,几人陨沙泥!"罗浮山道士邓守安主张用四十只船作浮桥,随水涨落,叫东新桥。桥修好后,大大方便了群众:"岂知涛澜上,安若堂与闺。往来无晨夜,醉病休扶携。"惠州西面有丰湖,又叫西湖。苏轼一生到过三处西湖:"三处西湖一色秋,钱塘(杭州西湖)颖水(颖州西湖)更罗浮(惠州西湖)。东坡原是西湖长,不到罗浮便得休?"(杨万里《游西湖》)丰湖原有长桥,屡作屡坏。栖禅院的和尚用"白蚁不敢跻"的石盐木建桥,"坚若铁石",非常牢固。为修这两座桥,苏轼捐了一条犀带;他的弟媳苏辙之妻也把自己入宫所得的赏赐用来"助施"。桥修好后,群众非常高兴:"父老喜云集,箪壶无空携。三日饮不散,杀尽西村鸡。"(《东坡后集》卷五《两桥诗》)

广州同杭州一样,近海,饮水咸苦,只有有钱有势之家才能饮刘王山的井水。道士邓守安主张把离广州二十里的蒲涧山滴水岩的水引入广州城中，解决居民的饮水问题。苏轼很赞成邓的主张，并积极向当地官吏建议施行。惠州驻军缺乏营房，军队散居市井，骚扰百姓，苏轼又建议修营房三百间。为了减轻漕运，当时收税要钱不要米，岭南闹钱荒，苏轼又主张百姓纳税交钱交米"并从其便"。总之，正如宋人费衮（《梁溪漫志》卷四）所说："凡此等事，多涉官政，亦易指以为恩怨。而坡公行之不疑，其勇于为义如此！谪居尚尔，则立朝之际，其可以生死祸福动之哉！"

苏轼本来"家有数妾"，但近几年来"相继辞去"，只有朝云随他来到惠州贬所。苏轼《朝云诗》（《东坡后集》卷四）中写道：

> 不似杨枝别乐天，恰似通德伴伶玄。
>
> 阿奴络秀不同老，天女维摩总解禅。
>
> 经卷药炉新活计，舞衫歌扇旧因缘。
>
> 丹成逐我三山去，不作巫阳云雨仙。

这首诗用典较多。白居易的侍妾樊素能歌善舞，特别是以唱《杨枝》著名，一般人就叫她杨枝。白居易晚年辞去家中歌妓，樊素不愿离去。但从后来白居易《别杨枝》诗"病与乐天相伴住，春随樊子一时归"看，攀素最后还是离开白居易了。而朝云却愿跟随苏轼到当时还比较落后的岭南，所以苏轼以"不似杨枝别乐天"赞她。伶玄即伶元，《赵飞燕外传》的作者。通德即樊通德，伶元之妾，"能言飞燕子弟故事"，伶元的《赵飞燕外传》即根据她所讲的故事写成的。苏轼以"恰如通德伴伶玄"赞朝云随他南迁。晋人李络秀有三子：周凯、周嵩、周谟（即阿奴）。她对他们说："尔等富贵，并列目前，吾复何忧？"周嵩回答道："恐不如尊旨。伯仁（周凯）好乘人之弊，非自全之道；嵩性抗直，亦不容于世；阿奴碌碌，当在阿母目下耳。"苏轼反用其意，以阿奴比喻朝云之子、夭折的苏遁，以络秀比朝云，故说"阿奴络秀不同老"。朝云原不识字，在苏轼熏陶下，开始读书习字，并"粗有楷法"；又曾跟随泗上比丘尼义冲学佛，"亦略闻大义"。"天女维摩总解禅"即指朝云学佛并粗知佛学大义。朝云不能适应岭南水土，到惠州后经常生病，平时不是念佛就是熬药。"经卷药炉新活计"即写她的惠州生活；"舞衫歌袖旧因缘"是回忆从前。前已提到，秦观曾以巫山神女比朝云，这首诗的最后两句反用秦观之意，说朝云学佛功成，将随他到海中的蓬莱、瀛洲、方丈去，不会满足于做巫山神女。胡仔《苕溪渔隐丛话》认为："东坡《朝云》诗，诗意绝佳，善于为戏，略去洞房之气，翻为道人之家风。"这首诗确有飘飘欲仙的味道。

苏轼写有一首《蝶恋花》词，内容是：

花褪残红青杏小。燕子飞时，绿水人家绕。枝上柳绵吹又少，天涯何处无芳草。　　墙里秋千墙外道。墙外行人，墙里佳人笑。笑渐不闻声渐悄，多情却被无情恼。

这首词上阕写伤春，下阕写"墙外行人"的单相思，他看见墙里秋千高荡，听见佳人笑声飞扬，不由得心荡神怡，产生了爱慕之情；可惜墙里佳人并不知道墙外还有个"多情"的行人，翩然离去，结果是"笑渐不闻声渐悄，多情却被无情恼"。这里的恋情是健康的，纯朴的，充满了青春活力。但上阕的伤春，调子却比较低沉。苏轼很善于把握残春初夏的特征：红花凋谢，青杏尚小，燕子轻飞，溪水深绿，柳絮将尽，芳草无际。特别是"枝上柳绵吹又少，天涯何处无芳草"两句，把伤春之情写得十分缠绵悱恻。这首词是否作于贬官惠州期间已不可考。但据说苏轼在惠州时，见落木萧萧，有悲秋之感，曾叫朝云唱这首词。朝云歌喉将啭，泪满衣襟，苏轼问其故，朝云说："奴所不能歌，是'枝上柳绵吹又少，天涯何处无芳草'二句。"苏轼大笑道："吾正悲秋，而汝又伤春矣！"朝云很喜欢这两句词，"日诵'枝上柳绵'二句，为之流泪。病极，犹不释口"。由此可见，这两句感人之深。"朝云不久抱疾而亡，子瞻终身不复听此词。"（《冷斋夜话》《林下词谈》）

朝云到惠州不到两年，即于绍圣三年（1096）七月病卒，年仅三十四岁。苏轼在《朝云墓志铭》（《东坡续集》卷一二）中写道：

东坡先生侍妾曰朝云，字子霞，姓王氏，钱塘人。敏而好义，事先生二十有三年，忠敬若一。绍圣三年七月壬辰，卒于惠州，年三十四。八月庚申，葬之丰湖之上，栖禅山寺之东南。生子遯，未期而夭。盖尝从比丘尼义冲学佛法，亦粗识大义。且死，诵《金刚经》四句偈以绝。铭曰：浮屠是瞻，伽蓝是依。如汝宿心，惟佛之归。①

志铭虽短，却相当全面地概括了朝云的一生，从中我们可准确了解到朝云的姓氏、籍贯、生卒年，跟随苏轼的时间、品格和信仰。苏轼说她"敏而好义"，"忠敬若一"，朝云是无愧于这样的评价的。

苏轼对朝云之死是很悲痛的，除为她写了《墓志铭》外，还至少写了三首诗词来悼念她。和陶（渊明）诗中的《和胡西曹示顾贼曹》（《东坡后集》卷三）主要是写朝云夭折的原因：

> 长春如稚女，飘飘倚轻飔。
> 卯酒晕玉颊，红绡卷生衣。
> 低颜香自敛，含睇意颇微。
> 宁当娣黄菊，未肯姒戎葵。
> 谁言此弱质，阅世观盛衰。
> 颓然疑薄怒，沃盥未可挥。
> 瘴雨吹蛮风，凋零岂容迟？
> 老人不解饮，短句余清悲。

前八句主要写朝云身体弱，品格高尚，她像稚弱的长春花飘摇于轻风中一样，脸颊红晕，身着绡衣，低头香艳自敛，顾盼含情脉脉。她宁作傲霜的黄菊之娣，不作趋炎的戎葵（夏日开花）之姒（旧时侍妾，年小者为娣，年长者为姒）。后八句是说，像她这样的"弱质"，怎么经得住瘴雨蛮风的摧残，

---

① 《金刚经》，佛教经典。偈，佛经中的唱词。浮屠，佛塔，朝云墓附近有大圣塔。伽蓝，佛教寺院，这里指栖禅寺。

而能"阅世观盛衰"呢?《左传》僖公二十三年载:"晋公子重耳之秦,秦伯纳女五人奉匜沃盥(捧着盥洗之器为之浇水洗手),既而挥之。"从"颒然疑薄怒,沃盥未可挥"两句可看出,苏轼远谪岭南时,曾劝朝云离去。朝云不但没有离去,还为此生过苏轼的气,容颜上曾微含怒意。苏轼咏梅的《西江月》(《东坡乐府笺》卷二)词也是为朝云之死而作的,主要是歌颂朝云高洁的品格:"玉骨那愁瘴雾,冰肌自有仙风。"面对恶劣的环境,却能泰然处之,飘飘然仍有神仙之态。苏轼还有一首《悼朝云》(《东坡后集》卷五)诗,主要是抒发自己的悲痛之情:"伤心一念偿前债,弹指三生断后缘。"她是一去不返了。

朝云死后半年多,又一个打击落到了苏轼头上。绍圣四年(1097)二月白鹤新居建成,这里是"下有碧潭,可饮可濯。江山千里,供我暇瞩"。恰好这时,长子苏迈被任命为韶州仁化(今广东县名)令,带着诸孙来惠州看他:"子孙远至,笑语纷如。"(《东坡续集》卷三《和陶诗·和时运》)正当苏轼一家为久别重逢而高兴的时候,打击落到了他头上,同年四月苏轼再贬儋州(今海南儋州市),他的"已买白鹤峰,规作终老计","新居成,庶几其少安"的计划,又成了泡影。

二○ "晚途更著黎衣冠"
——再贬儋州

据说苏轼在惠州作有一首《纵笔》（《苏轼诗集》卷四〇）诗：

> 白头萧散满霜风，小阁藤床寄病容。
>
> 报道先生春睡美，道人轻打五更钟。

据《艇斋诗话》记载，这首诗传至京师，章惇笑道，苏轼还这般快活吗？于是就把苏轼再贬儋州。

苏轼再贬儋州，当然绝不仅仅是因为章惇不满他的"春睡美"，偏要弄得他睡不着；而是同绍圣四年（1097）朝廷再次普遍加重对所谓元祐党人的惩处分不开的。绍圣元年（1094）只是追夺了司马光等人的谥号。绍圣四年（1097）二月，朝廷先借口司马光等"偶缘身死，不及明正典刑"，追贬司马光为清远军节度副使，不久又追贬为朱崖军司户；接着又借口死者已重处，而生者"虽尝惩责而罚不称愆"，"轻重失当，生死异同"，把吕大防、刘挚、苏辙、梁焘、范纯仁等流放到岭南，韩维等三十余人也被贬官。苏轼就是在这种背景下再贬儋州的。

苏轼再贬儋州时，已经六十二岁。他认为自己再没有生还之望，便把家安置在白鹤峰，只让三子苏过随行。他说他到达海南岛后，首先是作棺，其次是作墓，死后就葬在海南，并为此立下遗嘱，安排了后事。临行时，"子孙恸哭于江边，已为死别；魑魅逢迎于海上，宁（难道）许生还？"（《东坡后集》卷一三《到昌化军谢表》）当时的情景确实有些凄凉。

与此同时，苏辙也再贬雷州（今广东雷州半岛海康境内）。苏辙三月得到诏命，沿着三年前苏轼赴岭南贬所走的路线行进。苏轼四月十七日才得到诏命，他们皆被命即行，相互间并不知道。苏轼到梧州（今属广西），才听说苏辙还在前面百来里处的藤州，很快便追上。他们已经三年不见了，苏轼连忙打听弟弟的健康状况——"江边父老能说子，白须红颊如君长"，身体还不错。他写诗安慰弟弟说："莫嫌琼雷隔云海，圣恩尚许遥相望……他年谁作舆地志，海南万里真吾乡。"（《东坡后集》卷六《吾谪海南，作诗示子由》）苏轼非常幽默，他说琼州、雷州虽为海所隔，但还可隔海相望，这正是皇恩浩荡呵！他们一路走得很慢，藤州至雷州才五六百里，他们却走了二十五天："萧然两别驾，各携一稚子。子室有孟光，我室惟法喜。相逢山谷间，一月同卧起。"（《东坡集》卷三一《和陶止酒》）孟光是东汉梁鸿之妻，是历史上有名的贤妻，此指苏辙之妻史夫人。法喜即闻佛法而喜，佛家以法喜为妻，所谓"我室惟法喜"，实际就是说自己没有妻子，因苏轼侍妾朝云已死于惠州。为什么五六百里会走近一个月呢？清人王文诰的判断大体是可信的："自五月十一日发藤州，至六月五日至雷，无须行二十余日"，但因"朝命严迫"，"雷州不可逗留，故缓程于途中"。

苏轼兄弟于六月五日到达雷州后，雷州知州张逢、海康令陈谔出城迎接，安排他们住在监司行衙，第二天还为他们举行宴会。苏轼在《雷州八首》（《东坡续集》卷一）中写道："白发坐钩党，南迁濒海州。灌园以糊口，身自杂苍头。篱落秋暑中，碧花蔓牵牛。谁知把锄人，昔日东陵侯。"这首诗充满了个人的今昔盛衰之感。东陵侯指秦汉之际的邵平，秦时为东陵侯；秦灭后，为布衣，种瓜长安城东。苏轼以此比喻自己和苏辙，他们过去也曾官居显位，现在却成了灌园糊口，身杂苍头（奴仆）的"把锄人"了。八日苏辙送苏轼赴海南，九日到达海滨徐闻，徐闻令冯太钧出迎。当时苏轼痔疮发作，呻吟不止。苏辙也整夜不寐，并朗诵陶潜《止酒》诗，劝苏轼不要再饮酒："微痾坐杯酌，止酒则瘳矣。"苏轼表示要听从弟弟的劝告："从今东坡室，不立杜康（传说是酒的发明者）祀。"（《东坡集》卷三一《和止酒》）苏辙《次韵子瞻和陶公止酒》（《栾城后集》卷二）说："今年各南迁，百事付诸子。谁言瘴雾中，乃有相逢喜。连床闻动息，一夜再三起。"他劝告哥哥说，现在即像孔子一样"道不行，乘桴浮于海"了（"飘然从孔公，乘桴南海涘"），停止了一切追求（"其余真止矣"），那么饮酒也应停止。杜康不可再祀，应祀的是长生不死的仙人安期生："路逢安期生，一笑千万祀。"六月十一日，苏轼兄弟相别于海边，环顾大海，天水相连，茫茫无际；苏轼想到自己马上就要离开大陆，流落到一个孤岛上去，不禁伤感道："何时得出此岛耶？"但苏轼是一个"善自宽"的人，一转念，就用老庄思想自我排解道，在茫茫宇宙中，整个中国不过是一个小岛而已，谁又不在岛上呢？倒一盆水在地下，小草浮在水上，蚂蚁附在小草上，蚂蚁觉得这一盆水也是茫茫无际的，不知怎样才能爬到岸上。但不一会，水就干了，蚂蚁爬出来见到别的蚂蚁，眼泪汪汪地说，几乎不能再与你们见面了。"岂知俯仰之间，有方轨八道之路乎？"（《苏文忠公海外集》卷四）想到这里他不禁笑了，他坚信一切逆境终将过去。他们当时没有料到这就是最后一别，直至建中靖国元年（1101）苏轼卒于常州，他们再也没有见面的机会了。

苏轼于七月二日到达儋州，儋守张中对他很好，让他暂住行衙，并开始整修官舍，为他准备更好的住房。为了让苏轼消遣，张中还常陪苏过下棋；苏轼棋艺不佳，就从旁观战。为了自食其力，苏轼要张中给他一点官地耕种。他说："籴米买束薪，百物资之市。不缘耕樵得，饱食殊少味。再拜请邦君，愿受一廛地。知非笑昨梦，食力免内愧。"（《东坡后集》卷六《籴米》）不久，湖南提举常平官董必察访岭南，他派人把苏轼从官舍赶出，张中也因此罢官赴阙。苏轼写了三首诗送张中，感谢他对自己的友情："海国此奇士，官居我东邻。卯酒无虚日，夜棋有达晨。小瓮多自酿，一瓢时见分。仍将对床梦，伴我五更春。"（《东坡续集》卷三《和陶与殷晋安别》）

苏轼从官屋被逐出后，只好在儋州城南买地筑屋，以避风雨。尽管当局对苏轼很不好，但当地人民特别是追随苏轼的学子对他很好，帮他建屋："我本早衰人，不谓老更勧。邦君（指张中）助畚锸，邻里通有无。"（《东坡续集》卷三《和陶和刘柴桑》）特别是王介石，"有士君子之趣，起屋一行，介石躬其劳辱，甚于家隶"（《东坡续集》卷七《与郑嘉会书》）。经过友人的帮助，茅屋修成了，新居景色宜人："朝阳入北林，竹树散疏影。短篱寻丈间，寄我无穷境。"比起官屋来,这里宽敞得多:"旧居无一席,逐客犹遭屏(屏弃,驱逐)。结茅得兹地,翳翳村巷永。"(《东坡后集》卷六《新居》)屋子四周有很多桄榔树(一种高大的常绿乔木),苏轼就用桄榔叶编织了苏东坡三字挂在门上,把这一新居叫作桄榔庵,还写了《桄榔庵铭》(《东坡续集》卷一〇)。这里是"海氛瘴雾,吞吐吸呼。蝮蛇魍魅,出怒入娱"。他决心生住于此,死葬于此("生谓之宅,死谓之墟")。

海南人民除帮助苏轼建屋外,在生活上还经常帮助他。有的为他送食:

北船不到米如珠,醉饱萧条半月无。

明日东家当祭灶,只鸡斗酒定膰吾。

(《东坡后集》卷六《纵笔三首》)

膰,是古代用于祭祀的烤肉。"定膰吾"即一定会送祭灶的烤肉给他。话既说得这样肯定,表明左邻右舍送吃食给他已成常事。从和陶诗中的《和拟古》(《东坡续集》卷三)第九首看,当地还有人送棉布给他御寒:

黎山有幽子,形槁神独完。

负薪入城市,笑我儒衣冠。

生不闻诗书,岂知有孔颜。

翛然独往来,荣辱未易关。

日暮鸟兽散,家在孤云端。

问答了不通,叹息指屡弹。

似言君贵人,草莽栖龙鸾。

遗我古贝布,海风今岁寒。

诗的大意是说,有一位卖柴的山里人,形貌枯瘦而精神充盈。他看见苏轼一身儒服打扮,觉得好笑。苏轼觉得像他这样的劳动者,身居高山,负薪入城,独往独来,既不知什么孔子、颜回,更与荣辱不相干,确实令人羡慕。

可惜语言不通，但从他的神情看，似乎也看出苏轼是身居草莽的贵人。鉴于当时海风特大，天气寒冷，他还送了苏轼一匹吉贝（木棉）布。苏轼同海南人民的关系十分融洽，田间七十岁的老妇可同他开玩笑："内翰昔日富贵，一场春梦！"苏轼有诗说："投梭每困东邻女，换扇惟逢春梦婆。"后来大家就叫这老妇人为春梦婆。小孩更爱吹着葱叶，追随苏轼，看稀奇："总角（儿童的束发）黎家三四童，口吹葱叶送迎翁。"（《东坡后集》卷六《被酒独行》）一次他访黎子云兄弟归来，途中遇雨，便向农妇借一斗笠和木屐穿上，引得孩子们大笑。有人据此画了一幅《东坡笠屐图》，这幅画是苏轼在海南生活的生动写照。

宋代的海南岛还是十分荒凉的地方，丁谓贬海南，作《有感》诗云："今到崖州事可嗟，梦中常若到京华。程途何啻一万里，户口都无三百家。夜听猿啼孤树远，晓看潮上瘴烟斜。吏人不见中朝礼，麋鹿时时到县衙。"州城人口不到三百户，麋鹿甚至跑到县衙游玩，其荒凉就不难想象了。儋州的情况好不了多少，生活条件比惠州艰苦得不可比拟。苏轼说这里食无肉，病无药，居无室，出无友，冬无炭，夏无泉，几乎什么都没有。隔海相望的雷州，情况也差不多。他们弟兄过去过着"十年京国厌肥羜（小羊）"的生活，现在是"五日一见花猪肉，十日一遇黄鸡粥。土人顿顿食薯芋，荐以熏鼠烧蝙蝠"。由于营养不良，他们弟兄都消瘦了："海康别驾（指苏辙）复何为，帽宽带落惊僮仆。相看会作两臞仙，还乡定可骑黄鹤。"（《东坡后集》卷六《闻子由瘦》）

儋州的气候炎热潮湿，容易生病，年过六旬的苏轼更难适应这里的气候。他说，这里的物品到了春夏之交，没有不发霉的；而人非金石，其何以堪？这里又特别缺医少药，他只好托人从内地给他寄一些药来，一则供自己治病，二则也可救济他人。他在《答程全父推官书》（《东坡续集》卷七）中说："彼土出药否？有易致者，不拘名物，为寄少许。此间举无，有得者即为稀奇也。间或有粗药以授病者，入口如神，盖未尝识耳。"但内地来岛上的船只很少，不可能经常带药来。这时苏轼已经须发皆白，瘦骨嶙峋。无病时精力还好，饮食如故；一生病，加之缺乏药物，他就受不了了。他在《与元老侄孙书》

（《东坡续集》卷七）中说："近来多病，瘦悴不复往日……海南连岁不熟，饮食百物艰难。及泉（州）广（州）海舶绝不至，药物酱酢等皆无。厄穷至此，委命而已。老人与过子相对，如两苦行僧耳。"

就物质生活讲，苏轼父子在儋州确实过着"苦行僧"的生活；但就精神生活讲，苏轼仍"超然自得，不改其度"（《与元老侄孙书》）。组诗《谪居三适》（《东坡后集》卷六）集中表现了他这种"超然自得"的生活情趣。一是《旦起理发》："少年苦嗜睡，朝谒常匆匆。爬搔未云足，已困冠巾重。何异服辕马，沙尘满风鬃。珂鞍响珂月，实与杻械同。"年轻时候，睡眠很好而忙于朝谒，痒未搔足就要衣冠楚楚地朝谒上司，拜会同僚，如服辕之马，如杻械加身，很不自由。现在好了，每天可以"安眠"到"日出"，才起来梳头，清爽极了："老栉从我久，齿疏含清风。一洗耳目明，习习万窍通。"二是《午窗坐睡》，两脚盘在蒲团上，两肘靠着竹几，沉沉入睡，重游"无何有"之乡："蒲团盘两膝，竹几阁双肘。此间道路熟，径到无何有。"三是《夜卧濯脚》："长安大雪年，束薪抱衾裯。云安市无井，斗水宽百忧。"长安柴贵，云安水贵，都不可能舒舒畅畅地濯足。儋州虽然米贵，"得米如得珠"；但柴水不缺，可任情"濯足"："瓦盎深及膝，时复冷暖投。"这里虽然缺药，但洗脚就可疗脚疾："土无重腿（脚肿）药，独以薪水瘳。谁能更包裹，冠履装沐猴！"谁还会再次把足裹起来，去做虚有仪表的猕猴呢？以上三适，都是在官场中享受不到，也体会不到的乐趣，所以他说："谁能书此乐，献与腰金公（腰悬金印的人）？"

苏轼远谪海外，只好以诗文自娱，既不可能像过去那样高朋满座，饮酒赋诗；又没有什么书可读，只有陶渊明一集、柳子厚诗文数册常置左右，被他"目为二友"。苏轼晚年，特别是贬官儋州期间，很喜欢陶潜的诗。他在扬州期间，曾和陶潜《饮酒》诗二十首，在惠州、儋州期间，他更决心要尽和陶诗。他说他对前代诗人，没有什么特别的爱好，唯独爱好陶诗。"渊明作诗不多，然其诗质而实绮，癯而实腴。"他不仅喜欢陶潜的诗，而且佩服陶潜的为人。陶潜临终时曾说："吾少而贫穷，每以家弊，东西游走。性刚才拙，与物多忤。"苏轼一生也是"性刚才拙，与物多忤"，他说："吾真有此病，而不

早自知，半生出仕，以犯世患，此所以深愧渊明，欲以晚节师范其万一也。"（苏辙《追和陶渊明诗引》）

苏轼从政期间，无暇从事学术研究。他的学术性著述，主要集中在贬官黄州和贬官岭南期间。贬官黄州期间，他完成了父亲苏洵的遗愿，作《易传》九卷，自己又作《论语说》五卷。在贬官岭南期间，他对《易传》《论语说》作了修改补充，又作《书传》十三卷、《志林》五卷。他在儋州著书很勤奋，《夜梦》（《东坡后集》卷六）诗中说，梦中自己像儿童似的嬉游，父亲责怪他，他又赶快去读书。"弃书事君四十年，仕不顾留书绕缠。自视汝与丘孰贤，《易》韦三绝丘犹然，如我当以犀革编。"韦，熟牛皮，古代用竹简写书，用熟牛皮条把竹简编联起来叫韦编。据说，孔丘读《易》，"韦编三绝"，串联竹简的熟牛皮带都断了三次。苏轼认为自己在《易经》上下的功夫应比孔丘更多，甚至当用更牢固的犀革来串联竹简。苏轼对他完成《易传》《书传》《论语说》三书，是很重视的，他说："抚视《易》《书》《论语》三书，即觉此生不虚过……其他何足道！"（《东坡续集》卷七《答苏伯固》）。可惜这三部书为他的诗、词、散文的成就所掩，后人特别是今人很少研究它们。

苏轼在岭南期间还为培养后进做了很多工作。他虽遭到政敌迫害，但许多学子仍不远千里，追至贬所，从苏轼学。其中有琼州人姜唐佐、潮州人吴子野、儋州人黎子云兄弟、符林等人。姜唐佐字君弼，元符二年（1099）九月自琼州来儋州向苏轼求学，直到第二年三月才回去。他"词义兼美"，苏辙曾感慨道，不料海南有这样的佳士。苏轼北归时，对这个学生还以"无缘更到琼会见"为憾（《东坡续集》卷四《与姜唐佐秀才》）。吴子野名复古，又字远游。他与苏轼交游二十余年，苏轼贬官岭南，他访苏轼于惠州；苏轼贬儋州，他又渡海相从；后来在送苏轼北还途中去世。黎子云兄弟住在儋州城东南，贫而好学，"躬农圃之劳"。苏轼曾同张中一起去访黎氏兄弟："城东两黎子，室迩人自远。呼我钓其池，人鱼两忘返。使君（指张中）亦命驾，恨子林塘浅。"为了聚会方便，大家主张凑钱作屋，苏轼也欣然同意，并名其屋曰"载酒堂"："临池作虚堂，雨急瓦声新。客来有美载，果熟多幽欣。丹荔破玉肤，黄柑溢芳津。"苏轼还表示愿与黎氏兄弟为邻："借我三亩地，结茅为子邻。"（《东坡续集》卷三《和陶田舍始春怀古二首》）此外，还有一个郑清叟冒着风涛、海盗两大危险从苏轼学，苏轼在《赠郑清叟秀才》（《东坡后集》卷七）中说：

> 风涛战扶胥，海贼横泥子。
>
> 胡为犯二怖，博此一笑喜。
>
> 问君奚所欲，欲谈仁义耳。
>
> 我才不逮人，所有聊足己。
>
> 安能相付与，过听君误矣。

扶胥、泥子皆地名。这当然是苏轼的客气话，事实上他对后学是很有帮助的。他曾给葛延之讲作文之法。他说，商店里各种商品无所不有，只有一样东西可以换取，这就是钱。文章中的辞藻，就是商店里五花八门的商品，文章的立意（即今天所说的主题）就是钱。"为文若能立意，则古今所有翕然并起，皆赴吾目。"（《梁溪漫志》卷四）这确实是苏轼的经验之谈，对后学是很有启发的。在苏轼到儋州之前，这里的文化是比较落后的。宋朝建国以来的百余年间，这里从没有人进士及第。但在苏轼北归后不久，姜唐佐就举乡贡。苏轼曾在他的扇子上题两句诗："沧海何曾断地脉？白袍端合破天荒。"并鼓励他说："异日登科，当为子成此篇。"姜唐佐没有辜负苏轼的厚望，只是在他北上京城应试时，苏轼已经去世，苏辙为他续完了这首诗，中有"锦衣他日人争看，始信东坡眼目长"之句（《儋县志》）。大观三年（1109），即苏轼去世后不久，海南历史上就出现了第一名进士。《琼台记事录》说："宋苏文忠公之谪儋耳，讲学明道，教化日兴。琼州人文之盛，实自公启之。"这是合乎事实的评价。

苏轼远谪海南，时时盼望北归。他刚刚渡海时，就忍不住北望中原："登高望中原，但见积水空。此生当安归？四顾真途穷。"他听见山呼海啸，觉得似乎是群仙饮宴，在庆贺他北归有期："幽怀忽破散，永啸来天风。千山动鳞甲，万谷酣笙钟。安知非群仙，钧天宴未终。喜我归有期，举酒属青童。"

（《东坡后集》卷六《梦中得句，觉而遇清风急雨》）但是，时间年复一年地过去，他的归期却杳无消息。哲宗元符三年（1100）正月，六十四岁高龄的苏轼，听说他多次提出的让决堤黄河北流入海的治黄主张已经实现，而他贬官海南却未得赦，因此深有感慨地说："三策已应思贾让，孤忠犹未赦虞翻。"（《东坡后集》卷六《庚辰岁人日作，时闻黄河已复北流，老臣旧数论此，今斯言乃验》）贾让，汉哀帝时人，曾上治河三策，上策是引黄北入海；中策是多修漕渠，分杀水势；下策是修缮旧堤。虞翻字仲翔，三国时吴国人，因忤孙权，长期流放交州，在当地讲学不倦，门徒数百人。这里，苏轼以二人自喻，感叹自己的不幸遭遇。

但是就在他发出这一感叹的时候，年仅二十五岁的哲宗病逝了，徽宗赵佶继位，政局在短时间内发生了有利于元祐党人的变化。哲宗当政年间被贬的官吏，已死的追复原官，录用其子孙；未死的逐渐内迁，苏轼也在其中。

二一　"曾见南迁几个回?"

——北归和病逝

元符三年（1100）正月，年仅二十五岁的哲宗去世，北宋最荒淫的皇帝徽宗继位。徽宗初即位，似乎将大有作为，诏求直言，起用敢谏之士，贬谪岭南的元祐大臣逐渐内迁，苏轼兄弟也在其中。

元符三年上元节，苏辙祷告说，一愿养心炼气，日见成功；二愿朝廷觉悟，解脱网罗，得以北还；三愿南北眷属，各保平安。祷告似乎应验了，二月他被命量移永州（今湖南零陵）。四月，徽宗长子生，大赦。苏辙被命移岳州（今湖南岳阳）。他在《移岳州谢状》（《栾城后集》卷一八）中所说"圣神御极，恩贷深广，不遗旧物，尚许北还"，即指量移永州事；又说"元子赦书，重加开宥"，即指移岳州事。十一月苏辙到达鄂州，被命复太中大夫，提举凤翔府上清太平宫，外州军任便居住。制词说："辙富有艺文，尝预机政。谪居荒裔，积有岁时。稍从内迁，志节弥厉。诏还故秩，仍领真祠。"七年来，苏辙都只好言不由衷地承认自己"罪积如山"，"罪名既重，成命犹宽"。现在，他才第一次敢公开宣称自己无罪了。他在《复官宫观谢表》（《栾城后集》卷一八）中说："反身自省，本欲忠孝于君亲；报国何功，粗免愧畏于俯仰。"这就是说，他不仅出发点是好的，完全是从忠君爱民出发的，而且效果也不错，他是无愧于时的。他认为自己"得罪南迁，于今七岁"，完全是受迫害："冰炭难以同器，仇怨因而满前。被以恶名，指为私党。将杜其生还之路，遂立为不赦之文。"舆论是同情他的："前后三迁，奔驰万里，瘴疠缠绕，骨肉丧亡。闻者为臣伤心，见者为臣陨涕。"他感谢徽宗在一年之中"荐（接连）垂恩宥，至于再三"，"秩复其旧，居任其便"，他说自己曾"卜居嵩颍之间，粗有伏腊之备，杜门可以卒岁，蔬食可以终生"，表示自己将归颍昌居住。元符三年年终，苏辙回到颍昌。

这年五月，苏轼也被命内迁廉州（今广西合浦）。他略作准备后就离开了儋州，在经过海南岛北部的澄迈驿时，登上通潮阁，北望中原，仍觉渺渺茫茫："余生欲老海南村，帝遣巫阳招我魂。杳杳天低鹘没处，青山一发是中原。"（《东坡后集》卷七《澄迈驿通潮阁》）

苏轼是绍圣四年（1097）六月十一日渡海来儋州的。元符三年（1100）六月二十日渡海北还，整整三年了。《六月二十日夜渡海》（《东坡后集》卷七）一诗中写道：

> 参横斗转欲三更，苦雨终风也解晴。
>
> 云散月明谁点缀，天容海色本澄清。
>
> 空余鲁叟乘桴意，粗识轩辕奏乐声。
>
> 九死南荒吾不恨，兹游奇绝冠平生。

全诗充满了兴奋之情，似乎真的"参横斗转"，"云散月明"，海天清澈了，"道不行，乘桴浮于海"的生活结束了，"苦雨终风（西风）"的日子总算过去了。但是，很快我们就会看到，苏轼是高兴得太早了。

七月四日苏轼到达廉州。他在廉州会见了一些故人，不免要谈起流落海南的情况：

> 携儿过岭今七年，晚途更著黎衣冠。
>
> 白头穿林要藤帽，赤脚渡水须花缦。
>
> 不愁故人惊绝倒，但使俚俗相恬安。
>
> 见君合浦如梦寐，挽须握手俱汍澜。
>
> （《东坡后集》卷七《欧阳晦夫遗接篱琴枕，戏作此诗谢之》）

这说明苏轼为了同海南人民打成一片，已是一副黎人打扮。他在《次韵王郁林》（《东坡后集》卷七）中还写道：

晚途流落不堪言，海上春泥手自翻。

汉使节空余皓首，故侯瓜在有颓垣。

平生多难非天意，此去残年尽主恩。

误辱使君相拉拭，宁闻老鹤更乘轩。

"汉使节空余皓首"是以苏武壮年出使匈奴，头发白了才返汉的事，形容自己垂暮之年才得北归。"故侯瓜在有颓垣"是以秦末东陵侯邵平种瓜长安，形容自己躬耕海南。他一生多难，并"非天意"，而是政敌的陷害造成的。"此去残年尽主恩"，表现了他对徽宗的感激之情，这时的苏轼还不可能认清徽宗的真实面目。

苏轼在廉州没有住多久，同年八月改舒州（今安徽安庆）团练副使，永州（今湖南零陵）安置。八月二十九日他离廉州，经梧州到达广州，与子孙相聚。他在《和答广倅萧大夫见赠》（《东坡后集》卷七）中写道：

生还初胜虞，早退不如疏。

垂死初闻道，平生误信书。

风涛惊夜半，疾病送灾余。

赖有萧夫子，忧怀得少摅。

"虞"指前面已经提到过的虞翻。"疏"指汉代的疏广，他和弟弟疏受同为太子太傅，他对弟弟说："吾闻知足不辱，知止不殆。今宦成名立，如此不去，惧有后悔。"于是兄弟二人立即称病乞归。从这首诗可看出，苏轼虽获北迁，但在经过一番惊喜，冷静下来以后的心情还是很抑郁的。

苏轼在广州歇息不久，继续乘舟赴永州。十一月途经英州时得旨，复朝奉郎，提举成都玉局观，在外州军任便居住。"剑关西望七千里，乘兴真为玉局游"（《东坡后集》卷七），就是指的这一任命。英州有江水穿过城中，把英州一分为二，交通很不方便："坐使此邦，画为两州。鸡犬相闻，胡越莫救[①]。"过去这里曾架木桥，但几年就坏了。英州郡守何智甫在这里建石桥，苏轼在《何公桥》（《东坡后集》卷八）诗中对何智甫这一德政热烈歌颂道：

> 允毅何公，甚勇于仁。始作石梁，其艰其勤。将作复止，更此百难。公心如铁，非石则坚。公以身先，民以悦使。老壮负石，如负其子。疏为玉虹，隐为金堤。直栏横槛，百贾所栖。我来与公，同载而出。欢呼填道，抱其马足。我叹而言，视此滔滔。未见刚者，孰为此桥？愿公千岁，与桥寿考。持节复来，以慰父老。

这是苏轼在去世前半年写的，仍然洋溢着他对民间疾苦的深切关心。

苏轼北归途中，经大庾岭，作《岭二首》（《东坡集》卷二八），其第二首云："七年来往我何堪，又试曹溪一勺甘。梦里似曾迁海外，醉中不觉到江南。"方回称第二联"甚佳，殊不以谪迁为意也"（《瀛奎律髓汇评》卷四三）。他在一村店休息，有一老翁问苏轼的随从："官为谁？"随从回答是苏尚书。老翁问："是苏子瞻欤？"回答说是。老翁就上前向苏轼行礼，说："我闻人害公者百端。今日北归，是天祐善人也！"苏轼笑了，非常感谢老翁，写了一首《赠岭上老人》（《东坡后集》卷七）：

> 鹤骨霜髯心已灰，青松合抱手亲栽。
> 问翁大庾岭头住，曾见南迁几个回？

确实，当时南迁得以生还的人实在很少，苏轼对秦观、范祖禹（淳甫）之死尤为悲痛。秦观是"苏门四学士"之一，因与苏轼关系密切也被贬官到郴州（今湖南郴州市）、雷州（今广东境）。苏轼得到移居廉州的消息时，曾给秦观去信，以为很快即可见面。但不久就得到秦观病逝的消息，苏轼"两

<hr>

① 《淮南子》："自其异者视之，肝胆胡越也。"意思是说虽像肝胆一样接近，却像北胡、南越一样遥远。

日为之食不下"。他在《答苏伯固书》（《东坡续集》卷七）中说："某全躯得还，非天幸而何？但益痛少游无穷已也。同贬死去大半，最可惜者范纯父及少游，当为天下惜之！"当时，与苏轼关系稍稍密切一点的人，几乎都受牵连。苏轼对此是很愤慨的，他说："（李）方叔飘然布衣，亦几不免；淳甫（范纯父）、少游又安所获罪，遂断弃其命。言之何益，付之清议而已！忧患虽已过，更宜慎口，以安晚节。"（《东坡集》卷七七《答李方叔》）

为了"安晚节"，不再挨整，苏轼得到任便居住之命时，对究竟"居住"哪里，很费了一番斟酌。建中靖国元年（1101），当他到达虔州（今江西赣州）后，曾准备住在常州（今江苏常州）、舒州（今安徽安庆）或真州（今江苏仪征），总之住在江南，离京城远些，以免再次卷入政治漩涡。他在《答苏伯固书》（《东坡续集》卷七）中说："住处非舒则常，老病惟退为上策。"他已托钱济明为他在常州买房子："此行决往常州居住，不知郡中有屋可典买者否？如无可居，即欲往舒州、真州皆可。"他还告诉钱济明，据虔州太守霍子侔说，常州东门外有裴氏宅出卖，要钱济明派人去看一下屋子，价格如何；如果可居而力又能及，他就准备买下。但不久得到弟弟苏辙的信，特别是读到信中的"桑榆末影，复忍离别"一语时，苏轼又改变了主意，决定到颍昌（今河南许昌市东）与弟弟同住。他说："某本欲居常，得舍弟书，促归许下甚力。今已决计溯汴至陈留（今河南开封境），陆行归许矣。"（《东坡续集》卷七《与胡郎仁修书》）五月，苏轼到达真州，又改变了主意，"决计居常州"。他在《与子由书》（《东坡续集》卷七）中详尽叙述了他不能归许，与弟团聚的原因：

行计南北，凡几变矣，遭值如此，可叹可笑。兄近已决计从弟之言，同居颍昌，行有日矣。适值程德孺过金山，往会之，并一二亲故皆在坐。颇闻北方事，有决不可往颍昌近地居者（事皆可信人所报，大抵相忌，安排攻击者众。北行渐近，决不静尔）。今已决计居常州，借得一孙家宅极佳。浙人相喜，决不失所也。更留真（州）十数日，便渡江往常（州）。逾年行役，且此休息。恨不得老境兄弟相聚，此天也，吾其如天何！然亦不知天果于兄弟终不相聚乎？士君子作事，但只于省力处行，此行不遂相聚，非本意，甚省力避害也。

　　这封信说明苏轼决计不往颍昌是出于政治原因："北方事有决不可往颍昌近地居者"，"北行渐近，决不静尔"。北方发生了什么事？建中靖国元年向太后去世，徽宗亲政。徽宗是北宋最荒淫的皇帝，是直接招致北宋灭亡的亡国之君。他上台后，贬黜了绍圣年间当权的章惇，主要并不是因为章惇"专图报复，屡兴大狱"，而是因为章惇曾反对立他为帝。他虽然以韩忠彦、曾布为左右相，但实权是操在投机派、阴谋家曾布手里。曾布在徽宗初即位时力排章惇，以取相位；章惇罢相后，他又排斥刚刚起用的元祐老臣，以固相位。他大搞两面派，"进则必论元祐人于帝前，退则尽排元祐者于要路"（《通鉴辑览》卷七九）。他在向太后还政徽宗后，又打起变法派的旗号向徽宗建言绍述父兄（续承神宗、哲宗）之政。徽宗初想调和新旧两党，调和未成，就决心再度绍述新政。苏轼决计常州居住时，"朝廷命令，莫不是元丰而非元祐（以元丰之政为是，以元祐之政为非）"，政治空气已为之一变。

　　苏轼给苏辙的信还表明，"裴氏宅"没有买成，而借住的"孙家宅"。《梁溪漫志》卷四载有苏轼这样一件逸事：苏轼本来准备在阳羡（江苏宜兴）买屋。阳羡士大夫还不敢多与苏轼接触，只有邵民瞻从学于苏轼，时时陪着苏轼拄着拐杖外出散步。邵民瞻协助苏轼买了一所房子，花钱五百缗，差不多耗尽了苏轼的积蓄。苏轼正准备选择吉日搬入新居，一个月夜，苏轼与邵民瞻散步到一个村落，听见一老妇哭得很伤心。苏轼推门入，问她哭什么。老妇说，她家有一所房子，相传百年了，被不肖子所卖，因此伤心。苏轼也为她难过，一打听，才知道正是他买的那所房子。苏轼对她说："妪之旧居，乃吾所买。不必深悲，今当以是屋还妪。"于是命人取屋券当着老人之面烧掉了。第二天又把其子叫来，要他接母回旧居，五百缗钱一文也不叫他还。苏轼也不再买屋，借屋居住，最后竟死在借住的屋子里。

　　苏轼贬官岭南整整七年，这一带山林中湿热的气候常常使人生病，叫瘴病。好在苏轼本人懂医（《苏沈良方》就是后人汇集苏轼、沈括药方的医书），经常弄些药物、单方治瘴气。因此,在惠州、儋州的七年中还未大病。他在《与王敏仲书》(《东坡续集》卷四)中介绍他的治瘴经验说:"不罪治瘴,只用生姜、葱、豉三物,浓煮热呷,无不效者。而土人不知作豉。入此州无黑豆,闻五羊(广州)颇有之,便乞为致三石,得为作豉,散饮病者。"这次北归途中,前后有将近一年几乎都在舟中度过,受湿热更重。到虔州时,"长少卧病,幸而皆愈,仆卒死者六人,可骇"(《东坡续集》卷七《答苏伯固书》)。到常州后不久,由于天气炎热,"河水污浊,下流熏蒸"(《东坡续集》卷七《与米元章书》),苏轼再次病倒。绍圣元年六月,苏轼因病情严重,请老归田,朝廷允许他以本官致仕。他的病越来越重,他在给友人的信中叙述他的病况说(均见《东坡续集》卷七):

病不能冠带。(《答毕先辈》)

两月来,疾有增无减。虽迁闸外,风气稍清,但虚乏不能食,口殆不能言也。 某两日病不能动,口亦不欲言,但困卧耳。 某昨日饮冷过度,夜暴下,旦复疲甚。 某食则胀,不食则羸甚。昨夜通旦不交睫,端坐饷蚊子耳。不知今夕云何度!(《与米元章书》)

一夜发热不可言,齿间出血如蚯蚓者无数,迨晓乃止,困惫之甚。细察疾状,专是热毒,根源不浅。(《与钱济明书》)

卧病五日,日以增剧,已颓然待尽矣。两日始微有生意,亦未可知也……某扶行不过数步,亦不能久坐。 岭海万里不能死,而归宿田野,遂有不起之忧。(《与径山长老惟琳》)

建中靖国元年(1101)七月二十八日,一代文豪苏轼卒于常州,享年六十六岁。

苏轼去世前两个月,看到李公麟为他作的画像,曾题诗道:

心似已灰之木,身如不系之舟。

问汝平生功业?黄州惠州儋州。

这首诗相当深刻地抒发了他死前不久的抑郁不平的心情。这位"奋励有当世志"，一心想"致君尧舜"的苏轼，一生从宦四十年，有三分之一的时间都是在黄州、惠州、儋州三个贬所度过的，为国建功立业的理想根本无法实现。他在病危时，还把三个儿子叫到床前说："吾生不恶，死必不坠。"是的，苏轼虽然未能实现他的抱负，但他的声名却永远光照人间。

苏轼之死引起了广大群众，特别是士子的巨大悲哀，据苏辙《亡兄子瞻端明墓志铭》说，苏轼死后，"吴越之民，相与哭于市；其君子，相与吊于家；讣闻四方，无贤愚皆咨嗟出涕；太学之士数百人，相率饭僧惠林佛舍"。苏轼死后，士大夫写了很多祭文。李方叔《追荐东坡先生疏》（《圣宋名贤五百家播芳大全》卷八二）说："端明尚书德尊一代，名满五朝。道大不容，才高为累。惟行能之盖世，致忌媚之为仇。久蹭蹬于禁林，不遇故去；遂飘零于障海，卒老于行。方幸赐环，忽闻亡鉴。识与不识，罔不尽伤；闻所未闻，吾将安仿！皇天后土，知一生忠义之心；名山大川，还千古英灵之气。系斯文之兴废，占吾道之盛衰。兹乃公议之共忧，非独门人之私义。"这段疏文，称颂了苏轼的道德文章，抒发了对苏轼之死的哀痛。据说，这几句祭文当时是"人无贤愚皆诵之"。

苏轼临死时以不见苏辙为恨，他对钱济明说："惟吾子由，自再贬及归，不及一见而诀，此痛难堪！"他留下遗言，要苏辙把他葬在嵩山之下，并为他作《墓志铭》。苏辙得知苏轼去世的消息及其遗言之后痛哭道："小子忍（岂忍）铭吾兄！"苏辙所作的《墓志铭》，详尽叙述了苏轼一生仕迹，高度评价了苏轼的文学成就。两篇祭兄文，抒发了他们深厚的兄弟情谊：

惟我与兄，出处昔同。幼学无师，先君是从。游戏图书，寤寐其中。曰予二人，要如是终。后迫饥寒，出仕于时。乡举制策，并驱而驰。猖狂妄行，误为世羁。始以是得，终以失之……兄归晋陵，我还颍川。愿一见之，乃有不然。瘴暑相寻，医不能瘳。嗟兄与我，再起再颠。未尝不同，今乃独先。（《栾城后集》卷二〇《再祭亡兄端明文》）

　　崇宁元年（1102）元月，苏辙同时葬兄苏轼、嫂王氏（南迁前卒于京师）、媳黄氏于郏城（今河南郏县）小峨眉山，并卖掉了自己的部分田产，得九千多钱，资助苏轼之子。当时苏辙再次降官夺俸，自己的经济已很困难，但他笃于天伦之爱，不惜再次克己以助侄辈。他对兄长的怀念之情更是久而不息，每睹苏轼遗墨，未尝不唏嘘流泪。苏轼在海南曾和陶渊明的《归去来辞》，并要苏辙同作。当时苏辙正再迁龙川，未暇酬和。苏轼死后，苏辙整理旧书，偶得此篇，为不逆其意，泣而和之："归去来兮，世无斯人谁与游?"（《栾城后集》卷五《和子瞻归去来辞》）琼州进士姜唐佐曾在海南向苏轼求学，苏轼见他有中州士人之风，曾赠诗二句"沧海何曾断地脉，白袍端合破天荒"，并说："异日登科，当为子成此篇。"崇宁二年（1103）正月，姜唐佐到汝南看望苏辙，以苏轼诗相示，时苏轼已死两年。苏辙"览之流涕，念君要能自立而莫与终此诗者，乃为足之"："生长茅间有异芳，风流稷下古诸姜。适从琼管鱼龙窟，秀出羊城翰墨场。沧海何曾断地脉，白袍端合破天荒。锦衣他日千人看，始信东坡眼力长。"（《栾城后集》卷三《补子瞻赠姜唐佐秀才》）苏辙去世前不久，还曾"屏卷得遗草，流涕湿冠缨"。他在《题东坡遗墨卷后》（《栾城三集》卷二）中，再次认为自己的文墨根本不能与苏轼相比："少年喜为文，兄弟俱有名。世人不妄言，知我不如兄。篇章散人间，堕地皆琼英。凛然自一家，岂与余人争?"而在苏轼死后，他深感既无对手，更无知音了："敌手一时无复在，赏音他日更谁期?"（《栾城三集》卷一《读旧诗》）

二二 "千载之微言焕然可知"
——苏轼的世界观

苏辙《亡兄子瞻端明墓志铭》说：

（苏轼）初好贾谊①、陆贽书，论古今治乱，不为空言。既而读《庄子》，喟然叹息曰："吾昔有见于中，口未能言，今见《庄子》，得吾心矣"……后读释氏书，深悟实相，参之孔老，博辩无碍，浩然不见其涯也。

这段话充分说明了苏轼思想的复杂性及其前后变化过程。自汉武帝"独尊儒术"以来，中国封建社会的多数知识分子不得不把尊儒作为自己猎取高官厚禄的敲门砖。如果门未敲开或敲开后又被挤出门外，仕途上不顺意，他们往往又用老庄的虚无主义思想，甚至用从印度进口的佛教义理来安慰和麻痹自己。苏轼一生就经历了这样一个过程。

苏轼坦率地承认说："轼少年时读书作文，专为应举而已。"（《东坡集》卷二九《答李端叔书》）他早年为应举所作的文章和一些奏议，具有浓厚的儒家正统思想。他一面盛赞孔孟，说孔子学说"独得不废，以与天下后世，为仁义礼乐之主。"（《东坡应诏集》卷八《子思论》）赞孔子"博学而不乱"，能"一以贯之"。用什么"一以贯之"呢？这就是"孝悌"，因为"孝悌足而王道备"。他称赞孟子能"有所守"。守什么？就是能守住仁义这根本："孟子尝有言矣：人能充其无欲害人之心，而仁不可胜用；能充其无欲为穿窬（穿壁逾墙，指盗窃）之心，而义不可胜用矣。"（《东坡应诏集》卷八《子思论》）苏

---

① 贾谊（前200—前168），洛阳人，西汉政治家、文学家。主张削弱诸侯王势力，巩固中央集权，重农积粟，北抗匈奴。有《贾长沙集》。

轼又力排异瑞。他说:"圣人之所为恶乎异端,尽力而排之者,非异端之能乱天下,而天下之乱所由出也。"他指责"老聃、庄周、列御寇①之徒,更为虚无淡泊之言,而治其猖狂浮游之说,纷纭颠倒而归于无有"。这种"无有"的主张对维系君臣关系是很不利的:"老聃、庄周论君臣父子之间泛泛乎,若萍浮于江湖","父不足爱而君不足忌"。韩非②正是从这种观点出发,发挥了这种"轻天下、齐万物之术,是以敢为残忍而无疑"。因此,苏轼认为"申(不害)③韩(非)之罪"皆"老聃、庄周使之然"(《东坡应诏集》卷九《韩非论》)。他还指责当时一些"士大夫至以佛老为圣人,鬻书于世者,非庄、老之书不售也"。他认为老、庄那种"浩然无当而不可穷","超然无著而不可揣挹"的不着边际的思想,不但谁也做不到("此岂真能然哉");即使做到了,对统治者也是很不利的:"使天下之士能如庄周齐生死,一毁誉,轻富贵,安贫贱,则人主之名器爵禄,所以砺世磨钝者废矣!"(《东坡奏议集》卷一《议学校贡举状》)

苏轼不仅对老、周、申、韩等持排斥态度,而且对儒家内部的非正统思想也持排斥态度。他在《子思论》中说:"老聃、庄周、杨朱④、墨翟⑤、田骈⑥、慎到⑦、申不害、韩非之徒,各持其私说,以攻乎其外";而儒家的"弟子门人又内自相攻而不决",结果弄得"夫子之道益晦而不明"。他在《荀卿论》(《东坡应诏集》卷九)中,指责荀子⑧"刚愎不逊而自许太过","喜为异说而不逊,敢为高论而不顾"。而荀子的学生"李斯之徒所以事秦者皆出荀卿",结果这种异端一直发展到"焚烧夫子之六经,烹灭三代之诸侯,破坏周

① 列御寇,战国时郑人,与庄子时代相近,属道家学派。现存《列子》一书,为晋人伪作。
② 韩非(前280?—前233),战国末期韩国人,法家代表人物,荀子学生。他主张法治,反对礼治,提出了法、术、势相结合的系统的法家理论。后入秦,为李斯害死。
③ 申不害(约前385—前337),战国时郑国人,属法家,着重讲术,研究君主驾驭臣下之法。
④ 杨朱,战国初哲学家,魏国人。反对墨子"兼爱",主张"贵生""重己",属早期道家。
⑤ 墨翟(约前468—前376),春秋战国之际的思想家,宋国人,反对儒家学说,主张兼爱、非攻、尚贤、尚同。有《墨子》一书。
⑥ 田骈,战国时思想家,齐国人,主张"齐万物",不辨是非。
⑦ 慎到,战国时赵国人,属法家,强调势,主张加强君主权势。
⑧ 荀子(约前313—前238),战国时思想家,赵国人,先后讲学于齐楚。他批判总结了先秦诸子的思想,反对孟子的性善说,主张礼治和法治相结合。

公之井田"的地步。

　　苏轼对一些历史人物的评价也表现了他的儒家正统思想。他指责秦始皇用诈不用礼："始皇帝以诈力并诸侯"，"而不耻于无礼"，"故自秦以来，天下惟知所以求生避死之具，以礼者为无用赘庞之物"，"此秦之祸所以至今而未息欤！"（《东坡应诏集》卷七《秦始皇帝论》）他一面赞扬刘邦，说"古之善原（考察）人情而深识天下之势者，莫如高帝"，"高帝最易晓者，苟有以当其心，彼无所不从"；另一方面又指责刘邦只知利害，不知仁义："彼知天下之利害与兵之胜负而已，安知所谓仁义者哉！"（《东坡应诏集》卷七《汉高帝论》）他认为周代是以仁义取天下，守天下；秦是以诈力取天下，守天下；汉是以诈力取天下而以仁义守天下；而诸葛亮是"仁义诈力杂用以取天下者，此孔明之所以失也"。他认为在"曹操因衰乘危，得逞其奸"时，诸葛亮"欲伸大义于天下"，这是行仁义；而主张袭杀刘表[①]之后，夺取刘璋[②]之国，则"不能全其信义，以服天下之心"（《东坡应诏集》卷一〇《诸葛亮论》）。从以上不难看出，孔孟的仁义礼智，往往是苏轼评论历史人物的标准。值得注意的是，这些几乎都是他青年时代为应试而作的史论。后来他曾说："轼少好议论古人，既老，涉世更变，往往悔其言之过。"（《东坡后集》卷一四《答王庠书》）

　　《苏氏易传》是苏轼世界观的集中表现。这部书耗费了苏轼一生很多精力，而且可以说是苏轼父子三人共同完成的。苏辙在《亡兄子瞻端明墓志铭》中说：

　　先君（苏洵）晚岁读《易》，玩其爻象，得其刚柔、远近、喜怒、逆顺之情，以观其词，皆迎刃而解。作《易传》未完，疾革，命公（苏轼）述其志，公泣受命，卒以成书。然后千载之微言，焕然可知也。

---

①　刘表（142—208）字景升，东汉远支皇族，任荆州牧，死后，其子刘琮投降曹操。
②　刘璋（？—219）字季玉，为益州牧，据有四川。后迎刘备入蜀攻张鲁，反为刘备袭取。

《四库全书总目提要》说：

> 苏洵作《易传》，未成而卒，属二子述其志。轼书先成，辙乃送所解于轼，今蒙卦犹是辙解，则此书实苏氏父子兄弟合力为之，题曰轼撰，要其成耳。

这里既肯定了这部书是苏轼父子三人"合力为之"，又肯定了苏轼的主要功绩，这是符合实际的。

苏轼早在青年时代就对《周易》颇有研究，他在应进士试所作《御试重巽申命论》，就对《周易》作了虽是局部的却是精辟的论述。以后他在许多文章中也经常运用《周易》论证自己的观点。如前所述，由于平时政务缠身，抽不出时间从事学术著述，他写《易传》主要集中在黄州和贬官岭南期间。

《易经》是产生于殷周之际的占筮书，含有一定的哲理；《易传》是孔子之后至汉初的儒家学者对《易经》所作的解释，含有比较丰富的哲学思想，它成了历代儒家学者的世界观的主要依据之一。汉人解《易》，偏重象数；晋人解《易》，偏重义理；宋人解《易》成风，当时的重要学者几乎都有解《易》的专著，或沿象数之学解《易》，或沿义理之学解《易》。《苏氏易传》偏重于义理分析，走的是晋人王弼的路子。《四库全书总目提要》说，《苏氏易传》"推阐理势，言简易明，往往足以达难显之情，而深得曲譬之旨。盖大体近于王弼，而弼之说惟畅玄风，轼之说多切人事。其文辞博辩，足资启发。"这就是说，《苏氏易传》在观点上接近王弼。王弼是西晋著名的思想家，他的《周易注》一扫汉人的象数之学，而开始了对《周易》的义理分析。《苏氏易传》"推阐理势"，同王弼的偏重义理分析是比较一致的。但苏轼与王弼也有不同，这就是王弼"惟畅玄风"，而苏轼之说"多切人事"。这"多切人事"四字，确实是《苏氏易传》的特点和优点，它对《周易》的很多分析，都是直接为论证其政治主张服务的。而且，苏轼以文豪解《易经》，自然是"文辞博辩"，"言简意明"，"足以达难达之情，而深得曲譬之旨"。

《苏氏易传》的"多切人事"，首先表现在它的运动观上。乾卦的《象辞》

说："天行健，君子以自强不息。"苏轼阐释道："夫天岂以刚故能健哉？以不息故健也。流水不腐，用器不蛊。故君子庄敬日强，安肆日媮，强则日长，媮则日消。"（《苏氏易传》卷一。下引此书，只括注卷数）这就是说，天之健并不是靠刚，而是靠"不息"，靠不停地运动变化。只有"不息"，才能"日强""日长"；否则就会"日媮""日消"。《易经》说："蛊者事也。"苏轼解释道："夫蛊，非事也。以天下为无事而不事事，则后将不胜事矣。此蛊之所以为事也。"意思是说，蛊本来不算回事，但因天下无事就无所作为，以后就将出现层出不穷的问题，危害就大了。苏轼还说："器久不用而蛊生之，谓之蛊；人久宴溺而疾生之，谓之蛊；天下久安无为而弊生之，谓之蛊。"这就是说，器久不用而生虫叫蛊，人久宴安沉溺而生病，天下久安，无所作为而生弊也叫作蛊，一切静止不变，因循苟且都会产生蛊。只有动才能止蛊，他说："器欲常用，体欲常劳，天下欲常事事，故曰巽而止蛊。"巽是《易经》八卦之一，代表风。风总是在不停地运动着，所谓"巽而止蛊"，实际就是动而止蛊，只要不停地运动变化，就能做到"上下大通，而天下治"。天下为什么会乱？苏轼说："治生安，安生乐，乐生媮，而衰乱之萌起矣。蛊之灾非一日之故也，必世而后见。故爻皆以父子言之，明父养其疾，至子而发也。""父养其疾，至子而发"，是苏轼向他历仕的仁宗、神宗、哲宗经常发出的警告，要他们居安思危，注意后患。要怎样才能防乱达治呢？他认为虽处治世也应像徒步过河那样涉于艰险："人之情，无大患难，则日入于媮。天下既以治矣，而犹以涉川为事，则畏其媮也。"又说："君子见蛊之渐，则涉川以救之。"（卷二）也就是要居安思危，以艰苦奋斗防止苟且偷安。苏轼政治上的革新主张正是建立在这一"不息故健"的基础上的。不过苏轼主张的变是渐变，他反对骤变。他说："穷而后变，则有变之形；及其未穷而变，则无变之名。"他认为，只有"未穷而变"，才是无形的渐变："阳至于午，未穷也，而阴已生；阴至于子，未穷也，而阳已萌。故寒暑之际，人安之。如待其穷而后变，则生物无类矣。"（卷四）白天变成黑夜，黑夜变成白天，寒变暑，暑变寒，都是逐渐发生的，故"人安之"；如果突变，人们就无法生活。前已述及，苏轼的《论养生》（卷六四），也阐述了同一思想。而这种渐变论正是他反对王安石的激进变法的理论基础。

《苏氏易传》的"多切人事"还表现在它的矛盾观,特别是中庸论上。我国古人常以阴阳表示矛盾,表示对立统一,《周易》也是这样。苏轼在阐释《系辞传》"一阴一阳之谓道"时说:

阴阳果何物哉?虽有娄旷①之聪明,未有得见其仿佛者也。阴阳交然后生物,物生然后有象,象立而阴阳隐矣。凡可见者皆物也,非阴阳也。然谓阴阳为无有可乎?虽至愚知其不然也。物何自生哉?是故,指生物而谓之阴阳,与不见阴阳之仿佛而谓之无有者,皆惑也。圣人知道之难言也,故借阴阳以言之,曰一阴一阳之谓道。(卷七)

苏轼这段话告诉我们,第一,阴阳是看不见,摸不着的,对立统一规律作为事物发展变化的客观规律与事物本身确实是有区别的,可见的是事物而不是规律。第二,但不能因此就认为"阴阳为无有",阴阳虽然不可见,但它仍然客观存在着。把事物与阴阳等同,或借口阴阳不可见而"谓阴阳为无有",都是错误的。苏轼的上述意见基本上是正确的。但他的表述有不够准确的地方,他因强调客观事物同客观事物规律的区别而忽略了他们之间的联系,如说"阴阳交然后生物,物生然后有象,象立而阴阳隐矣",仿佛阴阳不是事物的内在规律,而是另一种外在的东西。又如说"圣人知道之难言也,故借阴阳以喻之",仿佛阴阳不是道(规律)本身,而只是借来喻道的,阴阳与道仿佛是两个东西。朱熹②正是抓住苏轼这些漏洞,指责苏轼说:"以为借阴阳以喻道之似,则是道与阴阳各为一物,借此而况彼也。""道外无物,物外无道。今曰道与物接,则是道与物为二,截然各据一方,至是而始与物接,不亦谬乎?""达阴阳之本者,固不指生物而谓之阴阳,亦不别求阴阳于物象闻见之外也。"(《杂学辨·苏氏易传》)除"道外无物"属客观唯心主义论题外,

---

① 娄,离娄,相传是古代眼力最好的人。旷,师旷,春秋晋平公时的乐师,耳力最好,善审音辨律。

② 朱熹(1130—1200)字元晦,号晦庵,徽州婺源(今属江西)人,南宋著名思想家,是宋代理学的集大成者,建立了理先气后的客观唯心主义体系。

朱熹关于物虽不等于阴阳，阴阳却存在于物中的观点是合理的，他对苏轼的指责有一定的合理因素。

以上说的是道（阴阳）与物的关系。关于阴阳即矛盾双方的关系，苏轼一方面看到矛盾是事物发展的动力，认为"阴阳相蕴而生物，乾坤者，生生之主也"，认为"刚柔相推而变化生"；同时又强调统一是变化的条件，他说："变者两之，通者一之。不能一，则往者穷于伸，来者穷于屈也。"强调"刚柔变化本出于一"。在苏轼看来，进是由退做好准备的，明是由晦做好准备的，进退明晦是矛盾，但双方又是统一的。所以他说："见其今之进也，而以为非向之退者，可乎？见其今之明也，而以为非向之晦者，可乎？圣人以进退观变化，以昼夜观刚柔。二观立，无往而不一者也。"（卷七）

苏轼强调矛盾双方的统一调和，尤其表现在他的中庸观上。"中庸"一词始见于《论语·雍也》："中庸之为德也，其至矣乎！"中是不偏不倚，无过无不及的意思；庸即用，中庸就是用中，就是"执其两端，用其中于民"（《礼记·中庸》），即掌握着过与不及两个极端而采用中道。"中庸"一词虽然出自《论语》，但这种尚中思想在《周易》中就表现得很充分。谦卦《象辞》说："地中有山，谦。君子以哀多益寡，称物平施。"苏轼阐释道："哀，取也。一之为名，生于过也。物过然后知有谦。使物不过，则谦者及其中尔。过与中相形，而谦之名生焉。圣人即世之所名而名之，而其实则反中而已矣。地过乎卑，山过乎高，故地中有山。谦，君子之居是也。多者取之，谦也；寡者益之，亦谦也。"（卷二）谦是《易经》中六十四卦之一。本来是山高地卑，"地中有山"就是卑下中含有崇高，取其中叫谦；取多的以增益少的，使物之多寡得其平而均其施，也叫作谦；谦就是使物不过，就是"反中"，就是"不敢为过正之行"（卷三）。苏轼还研究了不能"守中"的原因："知之未极，见之不全，是以有过。"（卷七）也就是说，认识的片面性，不能全面地把握矛盾双方，是产生"过正之行"的重要原因。苏轼还指出："夫无守于中者，不有所畏则有所忽。忽者常失于太早；畏者常失于太后；既失之，又惩而矫之，则终身未尝及事之会矣。"（卷八）这就是说，那些轻率的人（"忽者"）常常失于太早，超越了客观事物的发展；而那些畏首畏尾的人（"畏者"），又常常

"失于太后",落后于客观事物的发展;出现这种过与不及的情况后,他们又来矫正,由一个极端走向另一个极端,结果是"终身"不能"守中"。

中庸思想对苏轼一生的政治活动有着深刻的影响。他在应制科试时,除献了二十五篇《进策》外,还献了二十五篇《进论》,其中前三篇就是《中庸论》。如果说《进策》系统提出了他的革新主张,那么《中庸论》可说就是他的革新主张的理论基础。苏辙说他的《中庸论》,"其言微妙,皆古人所未喻"(《亡兄子瞻端明墓志铭》)。苏轼在《中庸论下》(《东坡应诏集》卷二)中说:"不知中庸,则其道必穷。"他认为有的人"遵道而行,半途而废",原因不在于"信道之不笃",或"力行之不至",而在于"得其偏而忘其中",即不能保持中庸。他正是从中庸思想出发,既反对守旧派的因循守旧,又反对王安石的激进变法,而提出了他自认为符合中庸之道的革新主张。在人治与法治的关系上,他主张"人与法并行而不相胜";在择吏问题上,他主张"兼用考试、察举之法",既要防止失于仓促,又要防止请托之风;在丰财问题上,他既主张兴修水利,发展生产,又强调"节用以廉取";在强兵的问题上,既反对"岁以金缯数十百万以资强虏",又强调"深戒用兵",反对"构隙四夷";在对待人民态度问题上,他一面主张"磨刀入谷追穷寇",坚决镇压人民的反抗,一面又"洒涕循城拾弃孩",非常关心民间疾苦。总之,苏轼政治主张的特点就是"执其两端而用其中"。他力图防止过或不及,保持中庸之道。他是主张革新的,但强调改革要"求其分义,务适厥中"(《东坡奏议集》卷五《转对条上三事状》)。

儒家学派的"执其两端而用其中"是控制过与不及两个极端而保持适中,并不是毫无原则地调和对立双方。无原则地调和对立双方,儒家并不认为符合中庸之道,而另外给他取了一个名字叫乡愿。孔子说:"乡愿,德之贼也。"(《论语·阳货》)所谓乡愿,按孟子的解释就是"同乎流俗,合乎污世,居之似中信,行之似廉洁,众皆悦之,自以为是,而不可入于尧舜之道。"(《孟子·尽心下》)可见乡愿貌似中庸,而实际是胆小怕事,不分是非,毫无原则,同流合污。苏轼是反对这种乡愿的,他说:"小人贪利而苟免,而亦欲以中庸之名私自便也。此孔子、孟子之所谓乡愿也。"(《中庸论下》)苏轼在

《进策·策略四》中还指出："古之所谓中庸者，尽万物之理而不过"；"后之所谓中庸者，循循焉为众人之所能为，斯以为中庸，此孔子、孟子之所谓乡愿也。"苏轼这里指出了中庸的特点是"尽万物之理而不为过"；乡愿的特点是"贪利而苟免"，是"以中庸之名私自便"，是"循循焉为众人之所能为"。苏轼一生都在同这种貌似中庸的乡愿作斗争。

《苏氏易传》在本体论上有唯心主义倾向，相信天命："死生病福，莫非命者，虽有圣知，莫知其所以然而然。"（卷一）苏轼的《三槐堂铭》（《东坡集》卷一九）还表现出他对天命的信仰很笃实。有人根据"贤者不必贵，仁者不必寿"，认为"天不可必"。苏轼却认为这样论天是"不待天定而求之，故以天为茫茫"。他说："善恶之行，至于子孙，而其定也久矣。吾以所见所闻所传闻考之，而其可必也审矣。"这简直是佛教因果报应思想的说教了。苏轼《问养生》（《东坡集》卷二三）中的一段话也是颇唯心的："凡病我者举非物也。食中有蛆，见者莫不呕也……请察其所从生。论八珍者必咽（吞口水），言粪秽者必唾（吐口水）。二者未尝与我接也，唾与咽从何生哉？果生于物乎？果生于我乎？知其生于我也。"其实，"论八珍者必咽，言粪秽者必唾"，虽然这时只是"论"与"言"，"未尝与我接"；但这是从前曾与二物接所引起的条件反射。如果是从来没有接触过的东西，那是决不会引起咽与唾的反应的。

但是，苏轼在一些具体问题上，往往又是唯物主义的，并提出了一些非常深刻和精辟的见解。《周易》乾卦文言说："利者义之和。"又说："利物足以和义。"苏洵认为这两句话讲得很全面，他感慨道："呜呼，尽之矣！"君子耻言"利"，也耻言"徒义"，君子欲行义必即于利："即于利则其为力也易，戾（违反）于利则其为力也难。利在则义存，利亡则义丧。"像伯夷、叔齐那样的人，"乐以趋徒义"；但一般人却"悦怿以奔义利"，追求既合义又有利的事。只有"天下无小人，而后吾之徒义始行"；但天下不可能无小人，因此，就不可能只讲义，不讲利。《周易》所谓"利者义之和"，"利物足以和义"，就是讲的"义必有利而义和"，要治理好国家，就必须懂得义利不可缺一的道理："义利、利义相为用，天下运诸掌矣"；"义非利，则惨洌而不和。"（卷一）与苏轼对立的道学家程颐对这句的解释却是："和于义乃能利物，岂有不得其宜而能利物者乎？"（程颐《易传》卷一）表面看似乎只是讲的顺序不同，实际上是两种根本对立的观点。苏轼是把利放在首位，比较符合《周易》原意。程颐则把义放在首位，虽与《周易》原意不合，却符合历代正统儒家的义利观，他们都把义和利对立起来，或把义放在首位。孔子说："君子喻于义，小人喻于利。"（《论语·里仁》）孟子说："何必言利，亦有仁义而已矣。"（《梁惠王》上）朱熹推崇程颐而贬低《苏氏易传》，这是重要原因之一。正因为苏轼是结合利来讲义的，因此他就与讲"饿死事极小，失节事极大"的程颐不同，他比较强调关心人民的物质利益。他在解释"圣人之大宝曰位"时说："位之存亡寄乎民，民之生死寄乎财。故夺民财者，害其生者也；害其生者，贼其位者也。甚矣，斯言之可畏也，以是亡国者多矣！夫理财者，疏理其出入之道，使不壅尔，非取之也。"（卷八）

在认识论方面，苏轼不满足于间接知识，而比较强调同事物直接接触。《苏氏易传》说："古之言性者，如告瞽者，以其所不识也。瞽者未尝有见也，欲告之以是物；患其不识也，则又以一物状之（描述它）。夫以一物状之，则又一物也，非是物矣。彼唯无见，故告之以一物而不识，又可以多物患之乎？"（卷一）这里讲到了"告"与"见"的作用，"无见"而仅凭人"告"，是很难准确认识事物的。苏轼的《日喻说》进一步阐明了这一道理，他的《石钟山记》也明确反对"事不目见耳闻而臆断其有无"。

陆游[①]对《苏氏易传》作了很高的评价，认为"自汉以来，未见此奇特"（《苏氏易传》附录）。与陆游同时的道学家朱熹对《苏氏易传》却很不满意，"作《杂学辨》，以轼是书为首"（《四库全书总目提要·苏氏易传》）。朱熹在《杂学辨》中指责苏轼的观点"乃释老之说，圣人之言岂尝有是哉"！其实，程颢、程颐、朱熹虽然以纯儒自居，实际却"出入于佛老"，只是他们口头上否认这点罢了。苏轼兄弟都以儒家思想为主，而又主张儒释道相通。有人说苏轼对儒释道的态度，前后期不同，前期（贬官黄州以前）主异，后期主同。

① 陆游（1125—1210）字务观，号放翁，山阴（今浙江绍兴）人，南宋著名爱国诗人，一生坚决主张抗金。

南宋汪应辰说："东坡初年力辟禅学，其后读释氏书，见其汗漫而无极……始悔其少作。于是凡释氏之说，尽欲以智虑臆度，以文字解说。"今人多采此说，如刘乃昌《论佛老思想对苏轼文学的影响》也说："汪氏的说法是有根据的，苏轼由辟佛老到融合佛老大抵经历了一个发展过程。"我对此说不完全赞同，说苏轼随着仕途的失意，受释道影响越来越深是对的，但是，如果说苏轼前期才辟佛老，后期则融合佛老，根据似不充分。实则苏轼一生在政治上都在辟佛老，而在其他方面则都在融合佛老。总之，他在融其所认为可融，辟其所认为不可不辟。

在政治上，苏轼曾用老庄清静无为的思想作为反对王安石变法和司马光复制的武器。前已述及，他知密州时曾作《盖公堂记》，盛赞盖公"贵清静而民自定"的思想，指责秦国"立法更制，以镌磨锻炼其民"，希望出现盖公式的人物来代替"立法更制"的人，这都是针对王安石变法而发的。元祐年间，当司马光党徒尽废新法，尽复旧制时，苏轼又写了《上清储祥宫碑》（《东坡后集》卷一五），再次表示了对清静无为政治的向往。他说："道家者流，本出于黄帝、老子，其道以清静无为为宗，以虚明应物为用，以慈俭不争为行，合于《周易》'何思何虑'，《论语》'仁者静寿'之说。""汉兴，盖公治黄老而曹参师其言……其后文景之治，大率依本黄老，清心省事，薄敛缓狱，不言兵而天下富。"

在处世态度上，苏轼受老庄思想影响更深。他在《韩魏公醉白堂记》（《东坡集》卷三二）中，称颂韩琦说："方其寓形于一醉也，齐得丧，忘祸福，混贵贱，等贤愚，同乎万物而与造物者游。"这既是在称颂韩琦，也是苏轼的夫子自道。他也正是通过"一醉"来使自己忘记现实的痛苦，用庄子"万物齐一"的观点来自我安慰。既然得丧、祸福、贵贱、贤愚都一样，自己屡遭贬斥，也就不足挂齿了。他在《超然台记》（《东坡集》卷三二）中说"人之所欲无穷，而物之可以足吾欲者有尽，美恶之辨战乎中，而去取之择交乎前，则可乐者常少，而可悲者常多。"人们之所以忧患无穷，就在于不懂得"万物齐一"，有"美恶之辨"，有"去取之择"，不能超然物外。而他自己则要超然物外，置美恶去取于度外。他说："余之无所往而不乐者，盖游于物之外也。"

苏轼不仅用老庄"万物齐一"的观点安慰自己，而且还用佛教"万物皆幻"的思想麻醉自己。他在《后怪石供》（《东坡集》二三）中说，他向佛僧供献怪石是"幻"；寺僧接受他的怪石"亦幻"；寺僧以其言刻石"亦幻"。既然万物皆幻，则喜怒虽存而根亡，什么升降沉浮，喜怒哀乐都无所谓了（"无不可者"）。他在《黄州安国寺记》（《东坡集》卷三三）中，叙述了他"归诚佛僧"的原因。这段文字颇能说明他的思想变化过程，现录于下：

元丰二年十二月，余自吴兴（湖州）守得罪，上不忍诛，以为黄州团练副使，使思过而自新焉。其明年二月至黄，舍馆初定，衣食稍给，闭门却扫，收召魂魄。退伏思念，求所以自新之方。反观从来举意动作，皆不中道，非独今之所以得罪者也。欲新其一，恐失其二，触类而求之，有不可胜悔者。于是喟然叹曰："道不足以御气，性不足以胜习，不锄其本而耘其末，今虽改之，后必复作。盍（何不）归诚佛僧，求一洗之？"得城南精舍曰安国寺，有茂林修竹，陂池亭树。间一二日，辄往焚香默坐，深自省察，则物我相忘，身心皆空，求罪垢所从生而不可得。一念清净，染污自落，表里翛然（自由自在），无所附丽。私窃乐之，旦往而暮还者，五年于此矣。

这段话表明，苏轼归诚佛僧的时间是在贬官黄州之后。他在黄州闭门思过，感到其过改不胜改，"欲新其一，恐失其二"，"今虽改之，后必复作。"于是干脆归诚佛僧，彻底洗涤，通过"物我相忘，身心皆空"，"一念清净，染污自落"的办法，来解脱他那无法解脱的痛苦。

在文学上苏轼受老庄佛释的影响也很明显。苏轼诗文笔力纵横，挥洒自如，幻想奇特，富有庄子的浪漫主义色彩。他称颂文与可的画竹技艺说："与可画竹时，见竹不见人。岂独不见人，嗒然遗其身。其身与竹化，无穷出清新。庄周世无有，谁识此疑神。"（《东坡集》卷一六《晁补之所藏画竹》）文与可画竹，精神高度集中，既"不见人"，又"遗其身"，而"身与竹化"，即忘人忘己，把全部注意力都集中到所要画的竹子上。苏轼认为只有庄子才懂得这种"用志不分，乃疑于神"的境界。苏轼在《送参寥师》（《东坡集》卷一〇）中说："欲令诗语妙，无厌空且静。静故了群动，空故纳万境。阅世走人间，观身卧云岭。咸酸杂众好，中有至味永。诗法不相妨，此语当更请。"苏轼认为诗法与佛法是相通的，佛教讲空静，作诗也要空静，静才能看清动，空才能包涵各种境界。苏轼经常与诗僧往来，以诗说禅。

苏轼虽然深受佛老思想影响，特别是在政治上失意之后，但是，他的思想的主流仍然是儒家思想。他吸收的释老思想，主要是吸收他认为与儒家思想相通的部分。如前所述，他认为老庄的清静无为思想是"合于《周易》'何思何虑'，《论语》'仁者静寿'之说"的。他在《庄子祠堂记》（《东坡集》卷三二）中，否认庄子诋訾孔子，认为庄子是赞助孔子的。他说：《史记》说庄子"作《渔父》《盗跖》《胠箧》以诋訾孔子之徒，以明老子之术，此知庄子之粗者；余以为庄子盖助孔子者。""庄子之言皆实予（赞许孔子）而文不予，阳挤而阴助之。"他甚至认为《庄子·天下篇》论天下道术，"自墨翟、禽滑厘、彭蒙、慎到、田骈、关尹、老聃之徒，以至于其身，皆以为一家，而孔子不与"，都是对孔子尊崇到极点的表现（"其尊之也至矣"）。苏轼还认为，儒释也有相通的一面，"儒释不谋而同"，"相反而相用"："宰官行世间法，沙门行出世间法。世间即出世间，等无有二。"（《东坡后集》卷二〇《南华长老题名记》）苏辙著《老子解》，朱熹指责这部书"合吾儒于老子，以为未足，又并释氏而弥缝之。"（《杂学辨·老子解》）即指责苏辙以儒学和佛学解老子。苏轼却说："子由寄《老子新解》，使战国有此书，则无商鞅、韩非；使汉初有此书，则孔老为一；晋宋间有此书，则佛老不为二。"（《仇池笔记·老子解》）这段话更鲜明地表现了苏轼关于儒、释、道可以相通的观点。他的上述看法，不管能否完全成立，但至少表明他没有把自己嗜好某些佛老思想同维护儒道对立起来。

相反，就在苏轼常常以佛道的处世哲学作为自己解脱烦恼的工具，认为儒、释、道的某些思想可以相通的时候，仍未放弃在政治上对释道思想的批判。在元祐年间所作的《居士集叙》（《东坡集》卷二四）中，仍在大力倡导儒家学说，排斥异端。他认为秦以申商韩非之学"丧天下"，"晋以老庄亡，梁以佛亡",并指责王安石的新学是"以佛老之似,乱周孔之真"。如果我们把他这篇文章与早年他所作的《韩非论》《议学校贡举状》比较,观点是完全一致的。这充分说明,苏轼吸收老庄思想主要是吸收其与儒道相通的部分,而且主要是在处世态度上吸收老庄思想,在政治上他还是维护儒道的。

苏轼与和尚往来密切,主要是喜欢同他们谈诗说文,或者谈佛论道,借以消除自己的烦恼。他对佛教那套清规戒律是不相信的。他在《中和相胜院记》(《东坡集》卷三一)中说,佛教那些多如牛毛的戒条都是为"愚夫未达者设"的,他自己是不管这一套的("若我何用是为");他对和尚的"荒唐之言",作过一番研究,认为都是一些"不可知","不可捕捉"的谎言;他对这些和尚是大不恭的,"辄反复折困之",弄得他们"往往面颈发赤"。他说:"吾之于僧,慢侮不信如此。"这就是苏轼对佛僧的真正态度。

苏轼在学佛道的超脱达观的处世哲学的时候,也清醒地认识到学得不好,反而有害无益。他说:"学佛老者本期于静而达。静似懒,达似放,学者或未至其所期,而先得其所似,不为无害。"(《东坡集》卷三〇《答毕仲举书》)他晚年远谪海南期间曾说:"莫从老君言,亦莫用佛语。仙山与佛国,终恐无是处。甚欲随陶翁(陶潜),移家酒中住。"(《东坡续集》卷三《和陶·神释》)苏轼本想用佛老思想来解脱自己的烦恼,但烦恼仍无法解脱,于是只好像陶潜那样以酒浇愁。苏轼从一面在政治上排斥佛老,一面用佛老思想来麻醉和安慰自己,到最后对佛老的"仙山""佛国"也感到"无是处",充分反映了封建社会一位不得志的知识分子的精神苦闷,说明他对佛老那套处世哲学也是有怀疑的。

二三　"得乎吾心而言"

——苏轼的文艺思想

苏轼更看重自己的学术著作，即他的《易传》《书传》《论语说》，但他对后世影响最大的还是他的文学成就。

北宋的诗文革新家都以提倡古文，反对时文相标榜。但在不同时期，他们所反对的时文往往具有不同的内容和对象。宋初柳开①（947—1000）所反对的"时文"主要是指"五代文弊"。但是，由于他们的创作成就不高，不但未能完全战胜"五代文弊"，反而出现了名噪一时的西昆体。柳开说："开之学为文章不类于今者余三十年，始者诚为立身行道必大出于人上而遍及于世间，岂虑动得憎嫌，挤而斥之。"（《河东先生集》卷九《再与韩洎书》，四部丛刊本）这表明他们所倡导的古文革新还没有多少人响应。

其后穆修②（979—1032）、石介（1005—1045）、尹洙（1001—1047）、宋祁（998—1061）等所反对的"时文"，主要是反对标榜晚唐体，攀扯李义山的西昆派。石介对西昆体的代表作家杨亿作了极其尖锐的指责："今杨亿穷妍极态，缀风月，弄花草，浮巧侈丽，浮华纂组，刻镂圣人之经，破碎圣人之言，离析圣人之意，蠹伤圣人之道。"（《怪说》）但是，他们中的一些人所作的古文往往"辞涩言苦"，不可卒读。

梅尧臣（1002—1060）、欧阳修（1007—1072）等所反对的"时文"，当然包括西昆体。欧阳修说："天圣之间，予举进士于有司，见时学者务以言语声偶摘裂，号为时文，以相夸尚。而子美（苏舜钦）独与其兄才翁及穆参军

---

① 柳开字仲涂，大名（今属河北）人。宋太祖开宝六年进士，曾任监察御史、殿中侍御史等职。认为五代文格浅弱，慕韩愈、柳宗元之文。宋代为古文者自柳开始。

② 穆修字伯长，郓州（今山东东平）人。赐进士出身，仕途不遇，穷困以死。与苏舜钦等游，以古文称。

伯长（即穆修）作为古歌诗杂文，时人颇共非笑之，而子美不顾也。其后天子患时文之弊，下诏书讽勉学者以近古，由是其风渐息，而学者稍趋于古焉。"（《文忠集》卷四一《苏氏文集序》）这里所说的"时文"就是指西昆体。同时，欧阳修已经开始反对古文派中追逐奇险古怪的不良倾向。他曾书"宵寐匪祯，札闼洪庥"，嘲讽宋祁用字追逐怪僻；还曾向苏洵表示对尹洙、石介之文，"意常有所未足"，原因也在于他们文章的生涩。嘉祐二年欧阳修知贡举，梅尧臣参与其事，他们用行政手段所打击的"时文"，就是古文派中出现的这种"险怪奇涩之文"。《宋史·欧阳修传》说："时士子尚为险怪奇涩之文，号太学体。修痛排抑之，凡如是者皆黜"；"毕事，向之嚣薄者伺修出，聚噪于马首，街逻不能制。然场屋之习，从是遂变。"由此可见当时斗争之激烈，但也说明对"险怪奇涩之文"的"辄黜"确实起了作用。科举考试的衡文标准是指挥棒，能促进文风改变。加之欧阳修及其门人曾巩、王安石、三苏都创作出了大量的堪称典范的作品，遂使北宋的诗文革新从此立于不败之地。

北宋诗文革新，在欧阳修之后也产生了分化。欧阳修论文道关系强调道，他说："道胜者，文不难而自至也"（《文忠集》卷四七《答吴充秀才书》）；"中充实（有道）则发为文者辉光。"（《文忠集》卷六八《答祖无择书》）欧阳修所谓道当然是儒家之道，但在具体论述时又很重视事功，他反对"弃百事不关心"而专门"职于文"，认为"勤一世以尽心于文字间者皆可悲也"（《文忠集》卷四三《送徐无党南归序》）。欧阳修还说："君子之所学也，言以载事，而文以饰言。事信言文，乃能表见于后世。"（《文忠集》卷六七《代人上王枢密求先集序书》）"事信"是指文章内容的真实性，"言文"是指文章语言的艺术性，认为只有二者兼备，文章才能流传下去。由此可见欧阳修既重道，又重事功，既重内容的真实性，又重语言的艺术性。他这一面面俱到的文论体系，给他的门生留下了充分发挥的余地，曾巩、王安石和三苏实际形成了三种文论倾向。

曾巩论文重道而轻辞章。他在《答李沿书》（《元丰类稿》卷一六）中，批评李沿"欲至乎道也，而所质（询问）者则辞"，认为这是"务其浅，忘其深；当急者，反徐之"，即颠倒了主次本末。他主张应"志乎道"，反对"汲汲乎词"。曾巩的文论颇有道学气，"朱文公（朱熹）评文专以南丰（曾巩）为法者，盖以其于周、程之先，首明理学也"（刘壎《隐居通义》）。

王安石论文重事功而轻文辞。在他看来，文章就是政教，政教就是文章。他说："文者，礼教治政云尔"（《临川文集》卷七七《上人书》）；"治教政令，圣人之所谓文也。"（《临川文集》卷七七《与祖择之书》）

苏轼的文论与欧、曾、王有很大不同，他重功用，也重辞章，但有些轻道。他不但公开赞美"不能尽通于圣人"的战国诸子散文，甚至公然嘲弄只知鹦鹉学舌，重复孔孟之道的"世之儒者"（《进策·策略第一》）。三苏的文论思想，确实有些离经叛道的倾向，因此被王安石讥为"纵横之学"（邵博《邵氏闻见后录》卷一四），被朱熹骂为"杂学"（《杂学辨》）。但现在看来这正是他们的可贵之处。

文章是社会现实生活的反映，必须忠于现实，真实地反映现实。苏轼很强调艺术的真实性，称赞龙眠居士李伯时的画说："龙眠居士作《山庄图》，使后来入山者信足而行，自得道路；如见所梦，如悟前世。见山中泉石草木，不问而知其名；遇山中渔樵隐逸，不名而识其人。"（《东坡集》卷九三《书李伯时〈山庄图〉后》）这是在称颂李伯时绘画的逼真，如实地反映了山庄的一草一木。

苏轼在如实反映客观事物的问题上，还区别了外表的真实与精神实质的真实，这集中表现在他关于形似和神似的绘画理论上。苏轼在《书吴道子画后》（《东坡集》卷九三）中说："道子画人物如以灯取影，逆来顺往，旁见侧出，横斜平直，各相乘除，得自然之数，不差毫末。"绘画必须真实地反映客观对象，做到如像"以灯取影"，"不差毫末"。但这还仅仅是形似。"论画以形似，见与儿童邻。"（《东坡集》卷一六《书鄢陵王主簿所画折枝》）仅仅做到形似还不够，还必须进一步做到神似。苏轼对画工画是不大看得起的，认为画工画一般只能做到形似，不能做到神似。他对吴道子很推崇，认为吴道子远远高出一般画工，善于"出新意于法度之中，寄妙理于豪放之外"（《东坡集》卷九三《书吴道子画后》）。但当他把吴道子的画同王维的画作比较时，却更推崇王维。他说："吾观画品中，莫如二子尊……吴生虽妙绝，犹以画工论。摩诘得之于象外，有如仙翮谢笼樊。吾观二子皆神骏，又于维也敛衽无间言。"所谓"犹以画工论"，就是吴道子画仍以形似见长；所谓"得之于象外"，就是不满足于形似，而做到了神似，画出了客观对象的精神境界。苏轼兄弟对韩幹画马的评价有过一次争论。苏辙称赞韩幹"画马不独画马皮"，而能"画出三马腹中事"（《栾城集》卷一五《韩幹三马》），也就是赞美韩幹不仅能做到形似，而且能做到神似。苏轼却认为："幹惟画肉不画骨，而况失实空余皮。"（《东坡集》卷一六《次韵子由书李伯时所藏韩幹马》）"画肉""画皮"就是只做到形似；"画骨""画出腹中事"就是指神似，画出了马的神情意态。

文艺创作不仅要真实地反映客观事物的外表，而且要揭示客观事物的本质。苏轼在《画水记》（《东坡集》卷九三）中说："古今画水多作平远细皱，其善者不过能为波头起伏，使人至以手扪之，谓有洼隆，以为至妙矣。然其品格特与印板水纸争工拙于毫厘间耳。"苏轼把这种仅仅形似的水叫作"死水"。他认为高明的画家应画出水的气势，"画奔湍巨浪，与山石曲折，随物赋形，尽水之变"，这样的水才叫作活水。这种活水可给人以"汹汹欲崩屋"的感觉，"挂之高堂素壁"，能产生"阴风袭人，毛发为立"的艺术效果。这是仅仅满足于形似的画工画根本无法达到的。

与形似和神似、死水和活水的观点相联系，苏轼在《净因院画记》（《东坡集》卷三五）中还提出了常形与常理的问题。常形是指器物所具有的固定形状，常理是指客观事物所固有的规律。他说："人禽宫室器用皆有常形，至于山石竹木、水波烟云，虽无常形而有常理。"前者是死物，能做到形似也就够了；后者是活动的，变化不定的，就应"随物赋形"，画出它的变化规律。苏轼说："常形之失，人皆知之"；"常理之不当，虽晓画者有不知。"黄筌画雀就是"常理之失"的典型例子。黄筌是五代后蜀著名画家，他画的飞鸟"颈足皆展"；而实际情况是"飞鸟缩颈则展足，缩足则展颈，无两展者"（《书黄筌画雀》）。这样的名画家之所以闹了笑话，就因为他没有掌握鸟飞的规律。画得不像，做局部修改也可由不像到像，如苏轼在《传神记》（《东坡

225

集》卷三八）中所说的："僧惟真画曾鲁公，初不甚似……乃于眉后加三纹，隐约可见，作俯首仰视眉扬而额蹙者，遂大似。"如果画得不符合客观事物的规律，如黄筌所画的"颈足皆展"的飞鸟，改都没法改，只有推倒重来。因此，苏轼说："常形之失，止于所失，而不能病其全；若常理之不当，则举废之矣。"

文艺创作毕竟不是机械地复制现实，所谓似并非要求举体皆似，而是要把握住客观事物的基本特征，做到传神："优孟学孙叔敖抵掌谈笑，致使人谓死者复生。此岂举体皆似？亦得其意思所在而已。"（《传神记》）

要真实反映现实，就必须深入了解现实，苏轼提出了以下重要观点：

第一，凡事必须"目见耳闻"。苏轼在《石钟山记》（《东坡集》卷三七）中，说他到石钟山做了实地考察，证明郦道元关于石钟山"下临深潭，微风鼓浪，水石相搏，声如洪钟"的说法是正确的，缺点只是"言之不详"。而李渤关于石钟山得名于潭上有双石，"扣而聆之"，"铿然有声"的说法是错误的。苏轼由此感慨道："事不目见耳闻而臆断其有无，可乎？郦元之所见闻，殆与余同，而言之不详；士大夫终不肯以小舟夜泊绝壁之下，故莫能知；而渔工水师虽知而不能言，此世所以不传也。而陋者乃以斧斤考击而求之，自以为得其实。"在这里苏轼明确主张凡事要"目见耳闻"，反对"臆断"。苏轼还在其他很多文章中谈及这点。例如：

陶靖节云："平畴返远风，良苗亦怀新。"非古之耦耕植杖者不能道此语，非余之世农（世世代代都是农家）亦不能识此语之妙也。（《题渊明诗》）

"两边山木合，终日子规啼。"此老杜云安县诗也。非亲到其处，不知此诗之工。（《书子美云安诗》）

"棋声花院静，幡影石坛高。"吾尝游五老峰，入白鹤观，松阴满庭，不见一人，惟闻棋声，然后知此句之工也。（《书司空图诗》）

仆为吴兴（知州），有《游飞英寺》诗云："微雨止还作，小窗幽更妍。盆山不见日，草木自苍然。"非至吴越，不见此景也。（《自记吴兴诗》）

以上这些话表明，"目见耳闻"不仅对文艺创作是必需的，而且对文艺欣赏也是不可少的。没有实际生活体验，不但写不出真切的作品，也体会不到他人诗文的妙处。

第二，必须虚心向有丰富生活经验的人学习。苏轼在《书戴嵩画牛》中说，蜀中有一处士非常宝爱戴嵩画的斗牛图，一位牧童见了这幅画，拊掌大笑道："牛斗力在角，尾搐入两股间。今乃掉尾而斗，谬矣！"这表明戴嵩画斗牛图，并未对牛斗的特征做过认真的观察，也没有向熟习牛斗的牧童请教，结果画得不符合实际情况。苏轼感慨道："古语有云：耕当问奴，织当问婢，不可改也！"这里就明确主张要向奴婢、牧童这些有实际经验的人学习。

第三，"目见耳闻"应深入细致，不能看到一点就妄下结论。苏轼有两首游庐山的诗。《初入庐山》（《东坡集》卷一三）诗说："要识庐山面，他年是故人。"既是"故人"，当然不是初次接触庐山，这里强调了反复考察对认识庐山真面目的作用。《题西林壁》（《苏轼诗集》卷二三）说：

> 横看成岭侧成峰，远近高低各不同。
>
> 不识庐山真面目，只缘身在此山中。

仅看后两句，会认为这首诗与前一首的观点是矛盾的，其实并不矛盾。这首诗是说身在庐山未必就能真正认识庐山。"目见耳闻"应该是全面的，要真正认识庐山，就必须横看、侧看、远看、近看、高处看、低处看，对庐山做全面的考察。

第四，客观事物规律只能通过长期实践逐步掌握。他在《日喻》（《东坡集》卷一〇）中以学习游泳为例说："南方多没人（会潜水的人），日与水居也，七岁而能涉，十岁而能浮，十五而能没矣……北方之勇者，问于没人，而求其所以没。以其言试之河，未有不溺者也。"南方之人之所以会潜水就是因为"日与水居",长期与水打交道,认识了水性,掌握了潜水的规律。北方人,"生不识水,则虽壮,见舟而畏之",仅凭一堂游泳课,是不可能学会潜水的。苏轼说:"道可致而不可求。"道,就《日喻》一文讲的具体内容看,指客观事物的规律;致,通过长期实践自然而然地达到;求,求教于知"道"的人,苏轼认为"道"不可能通过"达者告之"而一下子掌握。这里他强调了长期实践的重要性。这对于文艺创作也是非常重要的,只有长期深入生活,才可能认识社会现实生活的本质。

文学作品是社会现实生活的反映,这种反映是通过人的头脑进行的,是外界事物触动了人们的思想感情而进行的主观抒发。作者笔下的现实都是作者所感知的现实,都打上了作者的主观烙印。《乐记》说,乐"本于人心之感于物也"。钟嵘《诗品序》说:"气之动物,物之感人,故摇荡性情,形诸歌咏。"这些话既强调了文艺是现实生活的反映,又强调了这种反映是通过物之感人进行的。苏轼在《南行前集叙》(《东坡集》卷三四)中说:"山川之秀美,风俗之朴陋,贤人君子之遗迹,与凡耳目之所接者,杂然有触于中而发于咏叹。"意思是说他们父子由川赴京途中所作诗文都是山川、风俗、遗迹等耳目所接的客观事物的反映,这种反映是通过客观事物"有触于中",才发"于咏叹"的。文学作品以情感人,离开了"有触于中",自己都没有被客观事物所感动,是谈不上感动别人的。因此,苏轼论文很强调主观的抒情写意。

文学作品要抒发情意,首先就必须承认人情的合法性。传统的儒家观点总是以礼抑情,以义抑利。宋代的理学家更进一步宣扬"存天理,灭人欲","饿死事极小,失节事极大"(程颐)。苏轼与理学家程颐闹得冤冤不解,形成所谓洛蜀党争,重要原因之一就是苏轼厌恶程颐不近人情:"颐在经筵,多用古礼,苏轼谓其不近人情,每加玩侮。"(《宋史纪事本末》卷四五)总之,由于苏轼敢于公开承认人情的正当性、合法性,因此,他的论文敢于强调文艺作品要抒发真实的强烈的感情。

论写物,苏轼强调事真;论写意,他强调情真。苏轼反对"言有浮于其意,而意有不尽于其言。"(《进策·策略第一》)言为心声,说的应该是自己所想的。如果说的不是自己所想的,想的又不敢全说出来,这都是自欺欺人的行为。苏轼不满意孟郊诗的艰涩，却称赞孟郊诗的情真，因为他"诗从肺腑出，出辄愁肺腑。"（《东坡集》卷九《读孟郊诗》）这两句话讲得很深刻，前句讲诗要情真，要发自肺腑；后句讲只有情真，才能感人。苏轼不满东晋名士们的逐名："道丧士失己，出语辄不情。江左风流人，醉中亦求名。"所谓"不情"，也就是没有真实感情。苏轼非常推崇陶潜，重要原因之一就是陶诗感情真挚："有士常痛饮，饥寒见真情"；"渊明独清真，谈笑得此生。"（《东坡集》卷三一《和（陶渊明）饮酒》）他在《书李简夫诗集后》中把这一观点讲得更深刻，他说："孔子不取微生高，孟子不取于陵仲子，恶其不情也。陶渊明欲仕则仕，不以求之为嫌；欲隐则隐，不以去之为高；饥则扣门而乞食，饱则鸡黍以延客，古今贤之，贵其真也。"苏轼自己作诗作文也以情真为特点，想说什么就说什么。他在《思堂记》（卷一一）中说："言发于心，而冲于口，吐之则逆人（不合人意），茹之则逆余（不合己意）。以为宁逆人也，故卒吐之。"苏轼因写诗讥刺朝政而被捕贬官，但一出狱照样写诗讥刺朝政，这正是他言发于心，冲口而出，与其逆己，宁肯逆人的表现。

文艺作品所表现的感情不仅应该是真实的，还应该是炽烈的。苏轼反对为文造情，无病呻吟，无话找话说："夫昔之为文者，非能为之为工，乃不能不为之为工也……自少闻家君之论文，以为古之圣人有所不能自已而作者。故轼与弟辙为文至多，而未尝敢有作文之意。"（《东坡集》卷三四《南行前集叙》）这里明确区别了两种情况：一种是抱有"作文之意"，以"能文"自诩，实际是在那里为文而文，为文造情；一种是"未尝敢有作文之意"，他们的文章都是"不能不为之文"，都是"不能自已"之作。对那些为文造情，无话找话说的人来说，作文当然是绞尽脑汁的苦差事；但对感情强烈到"不能自已"，文思"垒然溢出"的人来说，作文却是不吐不快，一吐为快是非常适意的事。因此，苏轼论文又有所谓"适意"说，认为作文是非常快乐的事："某平生无快意事，惟作文章，意之所到，则笔力曲折，无不尽意，自谓世间乐事无逾此者。"（何薳《春渚纪闻》卷六）写字作画更是快乐的事："自言其中有至乐，适意无异逍遥游。"（《东坡集》卷二《石苍舒醉墨堂》）

苏轼论文、论书、论画，都特别强调要有言外之意、题外之旨、弦外之音。关于书法，苏轼特别称赏钟繇、王羲之的"萧散简远，妙在笔画之外"（《东坡集》卷九三《书黄子思诗集后》）；论绘画，他特别称赏"摩诘（王维）得之于象外"（《东坡集》卷一《王维吴道子画》）；论诗，他特别欣赏司空图《诗品》关于"梅止于酸，盐止于咸，饮食不可无盐梅，而其美常在咸酸之外"的理论。他推崇陶潜诗，除了因为陶诗情真外，还因为陶诗余味无穷，"质而实绮，癯而实腴"，即表面质朴而实际绮丽，表面清瘦而实际丰腴。这也就是他在《评韩柳诗》中所说的"外枯而中膏"。他说："所贵乎枯澹者，谓其外枯而中膏，似淡而实美，渊明、子厚之流是也。若中边皆枯澹，亦何足道！"总之，文艺作品应给读者留下想象的余地，回味的余地，抒情写意不可太露太尽。

苏轼论文既重功用又重辞章。苏洵经常以文章贵于有用的思想教育苏轼兄弟，苏轼、苏辙都有这方面的记载。苏轼说：

昔吾先君适京师，与卿士大夫游，归……以鲁人兖绎先生之诗文十余篇语轼曰："小子识之，后数十年，天下无复为斯文者也。"先生之诗文皆有为而作，精悍确苦，言必中当世之过。凿凿乎如五谷必可以疗饥，断断乎如药石必可以伐病。其游谈以为高，枝词以为观美者，先生无一言焉。（《东坡集》卷三四《兖绎先生文集叙》）

苏辙说：

予少而力学。先君，予师也；亡兄子瞻，予师友也。父兄之学，皆以古今成败得失为议论之要。以为士生于世，治气养心，无恶于身。推是以施之人，不为苟生也；不幸不用，犹当以其所知著之翰墨，使人有闻焉。（《栾城后集》卷七《历代论引》）

这两段话集中表现了苏氏父子积极用世的思想。他们"议论"的中心是"古今成败得失"，也就是研究治国安民的经验教训；写作目的是为了"施之人",是要为国为民"疗饥""伐病";这就决定了写作的内容:"言必中当世之过。"翻翻苏轼的集子就不难发现他确实实践了自己的理论。苏轼晚年贬官岭南,途经虔州(今江西赣州)所作的《答虔倅俞括奉议书》(《东坡集》卷七六)仍然说:"今观所示议论,自东汉以下十篇,皆欲酌古以御今,有意于济世之用,而不志于耳目之观美。此正平生所望于朋友与凡学道之君子也。"信中还引了一位医工的话说:"人所以服药,端为病耳。若欲以适口,则莫如刍豢,何以药为!"这封信强调文章应"有意于济世",反对"志于耳目之观美",以及以治病为喻,都与当年苏洵教育他的话如出一辙。

正因为三苏主张诗文应"有为而作",强调"言必中当世之过",因此,他特别推崇西汉的贾谊和唐代的陆贽,因为这两人的文章都是切中时弊的。他说:"儒者之病多空文而少实用,贾谊、陆贽之学殆不传于世。"(《东坡集》卷七五《与王庠书》)这里以"儒者之病"与"贾谊、陆贽之学"作对比,前者既是"多空文而少实用",后者自然是少空文而多实用。苏轼在《乞校正陆贽奏议上进札子》(《东坡集》卷六四)中称其"论深切于事情",他的奏议"进苦口之药石,针害身之膏肓",堪称"治乱之龟鉴"。苏辙在《亡兄子瞻端明墓志铭》中说:"(苏轼)少与辙皆师先君,初好贾谊、陆贽书,论古今治乱,不为空言。"可见,"不为空言"是苏轼推崇贾谊、陆贽的根本原因。

苏轼对创作过程特别是对创作中的灵感的论述十分具体和深刻。在创作过程的起始阶段,苏轼认为最重要的是"胸有成竹"。苏轼说:"画竹必先得成竹于胸中,执笔熟视,乃见其所欲画者。"(《东坡集》卷一一《文与可画筼筜谷偃竹记》)所谓"熟视",就是仔细观察所要画的竹子,所要表现的客观对象;同时进行艺术构思,使所欲画的竹子,所要表现的对象完整地呈现于胸中。这就是他所说的"得之于心"。

苏轼根据自己和他人的创作经验,相当全面地论述了创作中的灵感问题,尽管他并没有用这一术语。在苏轼看来,灵感并不是从天下掉下来的,也不是从自己头脑中产生的,而是建立在对客观对象"熟视"的基础上的,是客观事物"有触于中"而激发起来的强烈的创作欲望,创作冲动。他在《画水记》(《东坡集》卷九三)中说:"始(孙)知微欲于大慈寺寿宁院壁,作湖滩水石四堵，营度经岁，终不肯下笔。一日仓皇入寺，索纸墨甚急，奋袂如风，须臾而成，作输泻跳蹙之势，汹汹欲奔屋也。"仓皇""甚急""如风""须臾"，正是灵感爆发，创作激情高涨的表现；而这种灵感突发是建立在"营度经岁"，即长期酝酿的基础上的，没有"营度经岁"就不可能"须臾而成"。灵感是创作中精神高度集中的表现，有时简直到了忘物忘我，神与物游的境界。文与可谈自己的画竹体会说："始也余见（竹）而悦之，今也悦之而不自知也。忽乎忘笔之在手与纸之在前，勃然而兴而修竹森然。"（见苏辙《墨竹赋》卷一七）除了森然的修竹，他什么都"不自知"了，甚至连画具纸笔和自己的手在绘画也"忘"了。苏轼总结文与可的画竹经验时说："与可画竹时，见竹不见人。岂独不见人，嗒然遗其身。其身与竹化，无穷出清新。庄周世无有，谁知此疑神。"（《东坡集》卷一六《书晁补之所藏与可画竹三首》。疑通凝，下同）这是一种忘物忘己，身与竹化，精神高度集中的境界。庄子把它叫作"疑神"。"疑神"，按庄子的解释就是"用志不分"（《庄子·达生》），精神高度集中；也就是庖丁解牛，只见骨缝，不见全牛，"以神遇而不以目视，官知止而神欲行"的神化境界。灵感又是一种强烈的感情爆发，具有不能自我克制，不吐不快的特点，苏轼谈到自己画竹情况时说："空肠得酒芒角出，肝肺槎牙生竹石。森然欲作不可回，吐向君家雪色壁。"（《东坡集》卷一四《郭正祥家醉，画竹石壁上》）酒意正浓，画兴大发，成竹生于胸中，创作冲动有"不可回"之势。精神的高度集中，激情的突然爆发，都不可能持久，因此，必须不失时机，一挥而就。文与可说他当得成竹于胸中时，就"急起从之，振笔直遂，以追其所见，如兔起鹘落"。为什么这样"急"呢？因为灵感"稍纵即逝"。孙知微画壁画，终岁不肯下笔，一旦要画，"索笔甚急"，原因也在此。作诗也是这样，"作诗火急追亡逋，清景一失后难摹"（《东坡集》卷三《腊日游孤山访惠勤惠思二僧》）。

灵感既然是稍纵即逝的，需要"急起"追踪，"火急"地描绘客观事物和抒发主观情感，因此，没有熟练的艺术技巧就不可能办到。苏轼在《书李伯时山庄图后》（卷七〇）中讲到李伯时作画"神与物交"时，接着就说："虽然，有道有艺。有道而无艺，则物虽形于心，不形于手。""有道"就是掌握了"神与物交","身与竹化"的创作规律;"有艺"就是要有熟练的艺术技巧;"形于心"就是"得成竹于胸中";"形于手"就是把胸中的成竹"书之纸";有道而无艺,就不可能准确地把心中所要写的东西表达出来。苏轼说他对文与可的"胸有成竹"说,"稍纵即逝"说,只是"心识其所以然",还"不能然"。为什么"既心识其所以然而不能然"呢?他说这是因为"内外不一,心手不相应,不学之过也"。苏轼并由此推而论之,认为不仅画竹如此,而且做其他事情也是这样:"故凡有见于中而操之不熟者,平居自视了然,而临事忽焉丧之,岂独竹乎?"(《东坡集》卷一一《文与可画筼筜谷偃竹记》)这里苏轼提出了得心和应手,意会和言传的关系问题。如果没有纯熟的艺术技巧,得之心未必就能就应之手,意会了未必就能言传。在苏轼看来,认识事物固然不容易,但要把已经认识的事物准确地表达出来更加不容易。他在《与谢民师推官书》(《东坡集》卷七五)中说:"求物之妙,如系风捕影,能使是物了然于心者,盖千万人而不一遇也,而况能使了然于口与手乎?"

得之心而不能应之手的根本原因在于"操之不熟",因此,苏轼很强调实践对掌握写作技能的重要。的确,苏轼论画曾说:"高人岂学画,用笔乃其天。譬如善游人,一一能操船。"(《东坡集》卷二七《次韵水官诗》)论书法曾说:"吾虽不善书,晓书莫如我。苟能通其意,常谓不学可。"(《东坡集》卷一《与子由论书》)好像绘画和书法都无须学。但问题在于如何才能"善游",如何才能通书法之意呢?这就非练不可。"善游人"在水中好像非常自由,无施不可;但他这种自由是通过长期刻苦练习,掌握了水性才获得的。要通书法之意也离不开长期的实践,他之所以能成为宋代四大书法家之一,是与他"幼而好书,老而不倦"(苏辙《亡兄子瞻端明墓志铭》)分不开的。他曾说:"我书意造本无法,点画信手烦推求。"(《东坡集》卷二《石苍舒醉墨堂》)这种信笔书写,无须推求的"无法"境界,是通过长期的依"法"练习获得的,是以"堆墙败笔如山丘"的艰苦劳动为前提的。正因为如此,他在《书唐氏六家书法后》中才批评那些没有学会正楷就在那里胡乱作草书的人。他说:"今世称善草书者,或不能真(楷书)行(行书),此大妄也。真生行,行生草;真如立(立正),行如行,草如走(跑)。未有未能行立而能走者也。"这段话充分说明了"无法"必须以有法为前提，"意造"必须以苦练为基础。苏辙《石苍舒醉墨堂》(《栾城集》卷六)诗也说："石君得书法，弄笔岁月久。经营妙在心，舒卷功随手。"同样说明了只有"弄笔久"，才能"得书法"，只有苦心"经营"，才能"舒卷功随手"。

苏轼论文，首先贵立意。他晚年贬官儋州，曾经对葛立方讲作文之法。他说，商店里的商品无所不有，只有一样东西可以换取，这就是钱。"作文亦然，天下之事散在经、子、史中，不可徒使，必有一物以摄之，然后为己用。所谓一物者，'意'是也。不得钱不足以取物，不得'意'不可以明事。此作文之要也。"(《韵语阳秋》卷三)"为文若能立意则古今所有翕然并起，皆赴吾目。"(《梁溪漫志》卷四)苏轼以生动的比喻阐明了"立意"乃"作文之要"，对全篇具有统率作用。

但"立意"之后，接着还有一个以辞"达意"的问题。"辞，达而已矣"是《论语·卫灵公》中的话，过去一般都把这句话解释为轻视辞章，如何晏《论语集解》引安国曰："辞达则足矣，不烦文艳之辞。"与苏轼同时的司马光也说："今之所谓文者，古之辞也。孔子曰：'辞，达而已矣。'明其足以达意斯止矣，无事于华藻宏辩也。"(《答孔文仲司户书》)苏轼却对这句话作了新的解释，他把这句话与孔子另一句话"言之无文，行而不远"联系起来，认为孔子的辞达说是重视文辞的表现。他在《与谢民师书》(卷四九)中说："孔子曰：'言之不(无)文，行之(而)不远。'又曰：'辞，达而已矣。'夫言止于达意，即疑若不文。是大不然……辞至于能达，则文不可胜用矣。"这显然更符合孔子的原意，因为孔子还说过"情欲信，辞欲巧"(《礼记·表记》)的话，把孔子的辞达说看作忽视辞章是不符合孔子的原意的。有趣的是王安石论文从重功利轻辞章出发，对"言之不文，行而不远"这一明白无误地强调文辞重要性的话也解释为轻视辞章。他说："'言之不文，行之不远'云者，徒谓辞之不可以已也，非圣人作文之本意也。"(卷七七《上人书》)由此可看出苏、王在文艺思想上的分歧：苏轼把历来解作轻文辞的话解释为重文辞，王安石则把明明是重文辞的话解释为轻文辞，以论证各自的观点。在《答虔倅俞括书》(《东坡集》卷七六)中，苏轼对孔子的辞达说作了更深刻的解释。他说："孔子曰：'辞，达而已矣。'物固有是理，患不知；知之患不能达于口与手。所谓文者，能达是而已。""理"是"物"所"固有"的，"知"是对客观事物之"理"的主观反映，"达"就是要准确地表现主观的"知"，而归根结底要准确地表达客观事物固有之"理"。如果说苏轼给谢民师的信强调了辞达说的重要性，那么，给俞括的信则对辞达说作了科学的解释，即"辞达"不仅是"达意"，而且是达客观事物之"理"。

从辞贵达意出发，苏轼对文章的语言提出了以下具体要求：

第一，反对艰涩，提倡平易。苏轼在《与黄鲁直书》中说："凡人文字，当务使平和，至足之余，溢为怪奇，盖出于不得已。"在《与谢民师书》中，他指责"扬雄好为艰深之词以文浅易之说"。孟郊作诗生涩，苏轼嘲笑道，读孟郊诗"初如食小鱼，所得不偿劳"（《东坡集》卷九《读孟郊诗》）。在《评柳子厚诗》中也说："好新务奇，乃诗之病。"新奇险怪是宋初诗文革新中的一股逆流，苏轼以上这些话很明显是针对文坛的不良倾向而发的。

第二，反对雕琢，提倡自然。苏轼说自己的文章"不志于耳目之观美"。关于文贵自然，苏轼说："山川之有云雾，草木之有华实，充满勃郁而见于外。夫虽欲无有，其可得耶？"（《南行前集叙》）风水相遭而成的波纹，山川的云彩，草木的花果，都是"无营"之文，没有经过"刻镂组绣"，他认为这是天下最美之文。苏轼评诗僧辩才的诗说："辩才诗，如风吹水，自成纹理；吾辈与参寥（另一诗僧），如巧妇织锦耳。"（黄彻《巩溪诗话》卷五，《历代诗话续编》本）"巧妇织锦"，再巧都有织绣痕迹，缺乏风水相遭自成文理的自然美。苏轼论画也反对雕琢而贵自然，他在《书韩干牧马图》中说："金羁玉勒绣罗鞍，鞭箠刻烙伤天全……不如此图近自然。"在《李潭六马图赞》中也说："络以金玉，非马所便。乌乎，各适其适，以全吾天。"就是要尽量体现自然本色。苏轼评画雁说："野雁见人时，未起意先改。君从何处看，得此无人态？"（《东坡集》卷一四《高邮陈直躬处士画雁》）论画人说："欲得其人之天（天然神态），法当于众中阴察之。今乃使人具衣冠坐，注视一切，彼方敛容自持，岂复见其天乎？"（《东坡集》卷三八《传神记》）画雁贵"无人态"，这才是雁的自然本色；画人贵"阴察之"，这才能得人的自然本色。

第三，要"词理精确"。反对雕琢，并非意味着不需要文字加工，相反，要做到辞能达意，就需要审慎地选用词语。苏轼曾说："子由之文，词理精确有不及余。"（《书子由〈超然台赋〉后》）可见他对"词理精确"的重视。据唐庚《唐子西文录》载："东坡作《病鹤》诗，尝写'三尺长胫瘦躯'，缺其一字，使任德翁辈下之，凡数字。东坡徐出其稿，乃'阁'字也。此字既出，俨然如见病鹤也。"从这一趣闻可看出苏轼对炼字的重视，他强调要选用最恰当、最准确的词来表现客观事物的特征。苏轼曾向幼子苏过讲"写物之功"，其《付过》说，《诗经》写桑树有"桑之未落，其叶沃若"之句，认为"他木殆不可以当此"，因为"沃若"二字，写出了桑叶繁茂润泽之状，颇能传桑叶之神；林逋写梅花，有"疏影横斜水清浅，暗香浮动月黄昏"之句，认为"决非桃李诗也"，因为"疏影""暗香"颇能传梅之神，桃李不可能具有这一特征。可见"写物之功"，就在善于选词炼字，准确表达客观事物的特征。

苏轼论文，特别强调风格的多样化，反对单一化。他论书法也特别重视各家不同的艺术风格。他说永禅师的书法"骨气深稳，体兼众妙，精能之至，反造疏淡"；称赞欧阳询的书法"妍紧拔群"，"劲险刻厉"；褚遂良的书法"清远萧散，微杂隶体"；张旭的草书"颓然天放"，"号称神逸"；颜真卿的书法"雄秀独出，一变古法"；柳公权的书法"本出于颜，而能自出新意"（《东坡集》卷九三《书唐氏六家书后》）。所用"拔群""独出""自出新意"等语，表明苏轼特别强调风格新颖。杜甫论书法曾提出"书贵瘦硬方通神"（《八分小篆歌》）。苏轼表示异议说："杜陵评书贵瘦硬，此论未公吾不愚。短长肥瘠各有态，玉环飞燕谁敢憎？"（《东坡集》卷三《孙莘老求墨妙亭诗》）杨玉环长得丰满，赵飞燕"身轻不胜风"，但她们都不失为美女，这证明"长短肥瘠"各有妙处，不能只承认一种美而否定另一种美。"瘦硬"只是书法上的一种风格，从苏轼对各个书法家的评价看，他也并不反对"瘦硬"，但他反对只贵瘦硬，而否定别的风格。不同流派的作家应有不同的风格，同一流派的作家也应有各自不同的风格。苏轼自称"东坡虽是湖州派，竹石风流各一时。"（卷四七《次韵子由题憩寂图后》）在绘画上，他与文与可均属湖州画派，但他们所画竹石也各有各的"风流"。关于文章，他同苏洵一样，强调"一家之言"。他在《答张嘉父书》中说:"凡人为文,至老多有所悔,仆尝悔其少作矣。然著成一家之言,则不容有所悔。"人们为什么悔其少作?因为少作往往还没有形成独特风格,还没有"成一家之言"。苏轼作词也自觉地在婉约词外另辟蹊径,创立豪放词。他在《与鲜于子骏书》中说:"近作小词,虽无柳七郎(永)风味,亦自是一家。"

二四　"天下之至文"

——苏文特色

苏轼兄弟皆受学于苏洵，但三苏父子的文风却迥然不同：明允之文雄，子瞻之文奇，子由之文稳。苏轼的文风比较接近苏洵，他的辞赋、四六、散文都以雄奇豪放为特征。

宋代以诗赋取士，所试赋都是律赋。王安石变法主张废除诗赋考试，苏轼则反对废除诗赋考试，他在《议学校贡举状》（《东坡集》卷五一）中说："自唐至今，以诗赋为名臣者，不可胜数，何负于天下，而必欲废之！"神宗晚年曾欲恢复诗赋考试，未及行而薨。

苏轼曾说："予见章子厚（惇），言裕陵（神宗）元丰末，欲复以诗赋取士。及后作相，为蔡卞所持，卒不能明裕陵之志，可恨也。"又云："科举自罢诗赋，士趋时好，专以三经为捷径，非不观史，而于所习经外，他经及诸子，无复有读之者，故古今人物，及时世治乱兴衰之迹，亦漫不省。"甚至到了"古有董仲舒，不知何代人"的程度（朱弁《曲洧旧闻》卷三引知不足斋丛书本）。哲宗元祐初恢复诗赋考试，苏轼在《复改科赋》（《东坡集》卷三三）中说："祖宗百年而用此，号曰得人；朝廷一旦而革之，不胜其弊。"

根据李调元《赋话》卷五《新话五》对唐宋律赋演变的论述，宋代律赋发展经历了以下几个阶段：宋初"犹杂五代衰陋之气"；真宗、仁宗朝的律赋，步武前贤，犹存唐人矩绳；古文运动兴起以后的律赋才有较大变化，专尚理趣，气盛于辞，横骛别趋，好为恢廓，流丽有余而琢炼不足，呈现出宋代律赋特有的风格；而宋末律赋纤靡新巧，再次出现了衰陋之气。苏轼律赋就属于"横骛别趋"一路。

苏轼现存赋二十五篇，含律赋七篇，均以议论胜。其中写得最好的应为以"神圣功用，无捷于酒"为韵的《浊醪有妙理赋》（《东坡集》卷三三），赋题为杜甫《晦日寻崔戢、李封》诗成句："当歌欲一放，泪下恐莫收。浊醪有妙理，庶用慰沉浮。"为苏轼晚年贬官海南时所作（释惠洪《冷斋夜话》卷一）。"浊醪有妙理，庶用慰沉浮"正是此赋主旨，赋一开头即予点明："酒勿嫌浊，人当取醇。失忧心于卧梦，信妙理之疑神。浑盎盎以无声，始从味入；杳冥冥其似道，径得天真。伊人之生，以酒为命。常因既醉之适，方识此心之正。"全赋围绕这一主旨，驱使与酒有关的典故："得时行道，我则师齐相之饮醇；远害全身，我则学徐公之中圣"；"酷爱孟生，知其中之有趣；犹嫌白老，不颂德而言功"；"又何必一石亦醉，罔间州闾；五斗解酲，不问妻妾。结袜廷中，观廷尉之度量；脱靴殿上，夸谪仙之敏捷。阳醉遍地，常陋王式之编；乌歌仰天，每讥杨恽之狭。我欲眠而君且去，有客何嫌？人皆劝而我不闻，其谁敢接"；"独醒者，汨罗之道也；屡舞者，高阳之徒欤？恶蒋济而射木人，又何狷浅；杀王敦而取金印，亦自狂疏"。以上几乎句句用典，而所有典故都在借"外寓于酒"说明"内全其天"，以抒发他贬官海南时的心境。李调元《赋话》卷三《新话》云："宋苏轼《浊醪有妙理赋》云：'得时行道，我则师齐相之饮醇；远害全身，我则学徐公之中圣。'穷通皆宜，才是妙理。通篇豪爽，而有隽致，真率而能细入，前无古人，后无来者。"

　　他的以"明则知远，能受忠告"为韵的《明君可与为忠言赋》（《东坡集》卷三三）。此赋从君、臣两个角度，论臣进谏与君纳谏的关系。赋一开头就点明了全赋主旨："臣不难谏，君先自明。智既审乎情伪，言可竭其忠诚。虚己以求，览群心于止水；昌言而告，恃至信于平衡。"这就是说，臣之谏是以君之明为前提的，臣之"昌言而告"是以君之"虚己以求"为基础的。全赋就围绕这一论点展开，人君不能从善若转丸，言臣则有莫测之患："言之虽易，听之实难；论者虽切，闻者多惑。苟非开怀用善，若转丸之易从；则投人以言，有按剑之莫测。"只有"上之人闻危言而不忌，下之士推赤心而无损……苟其聪明蔽于嗜好，智虑溺于爱憎，因其所喜而为善，虽有愿忠而孰能……目有眯则视白为黑，心有蔽则以薄为厚。遂使谀臣乘隙以汇进，智士知微而出走。"李调元《赋话》卷五评此赋云："宋苏轼《明君可与为忠言赋》云：

'非开怀用善，若转丸之易从；则投人以言，有按剑之莫测。'又：'有汉宣之贤，充国得尽破羌之计；有魏明之察，许允获申选吏之公。'横说竖说，透快绝伦，作一篇史论读，所谓偶语而有单行之势者，律赋之创调也。"

以"通物之变，民用无倦"为韵的《通其变使民不倦赋》（《御定历代赋录》卷四三），表现了他一贯的变革主张："物不可久，势将自穷。欲民生而无倦，在世变以能通。器当极弊之时，因而改作；众得日新之用，乐以移风。"然后他列举各种变革，表现出他特有的雄辩之风："下迄尧舜，上从轩羲。作网罟以绝禽兽之害，服牛马以纾手足之疲。田焉而尽百谷之利，市焉而交四方之宜。神农既没，而舟楫以济也；后圣有作，而弧矢以威之。至贵也，而衣裳之有法；至贱也，而臼杵之不遗。居穴告劳，易以屋庐之美；结绳既厌，改从书契之为……以瓦屋则无茅茨之敝漏，以骑战则无车徒之错综。更皮弁以圜法，周世所宜；易古篆以隶书，秦民咸共。"但他反对王安石的骤变，而主张渐变，在此赋中也有反映："如地也，草木之有盛衰；如天也，日星之有晦见。皆利也，孰识其所以为利；皆变也，孰诘其所以制变？五材天生而并用，或革或因；百姓日用而不知，以歌以抃。岂不以俗狃其事，化难以神。疾从古之多弊，俾由吾而一新。观《易》之卦，则圣人之时可以见；观卦之象，则君子之动可以循。"李调元《赋话》卷五评此赋云："宋苏轼《通其变使民不倦赋》云：'制器者皆出于先圣，泥古者盖生于俗儒。昔之然今或以否，昔之有今或以无。将何以鼓舞民志，周流化区？王莽之复井田，世滋以惑；房琯之用车战，众病其拘。'""以策论手段施之帖括，纵横排奡，仍以议论胜人，然才气豪上，而率易处亦多，鲜有通篇完善者。""寓议论于排偶之中""偶语而有单行之势"，这是苏轼律赋的特点，只是他比欧阳修更加才气纵横，更加不为律赋之律所拘，纵横排奡，随心所欲，句式尤为灵活多变，大量使用"之乎者也"之类的虚词，有些律句几与散文无别。

文赋是兴起于唐，而成熟于宋的新兴赋体，它是对俳赋、律赋的反动，是对秦汉古赋的复归，但又不同于秦汉古赋。文赋既为赋，它就具有赋的共同特点，多用对话的形式结构全文，虽押韵不严而一般仍押韵。既称文赋，它又具有不同于其他赋体的特点，这就是专尚于理而遂略于辞，骚骈散句式并用，多单行散句，句式参差，有散文之风。本此以衡量宋代文赋，正如北宋古文运动后，四六文仍大量存在，苏轼创立豪放词后，婉约词仍大量存在一样，杜牧、欧阳修、苏轼创作新兴文赋后，这种赋体并未成为宋及宋以后赋的主体。宋代现存辞赋约一千四百篇，堪称文赋者不足百篇。就宋代文学的发展过程看，北宋初年很少有人作文赋。文赋的出现主要是在北宋古文运动兴起以后，但存世文赋也远较其他赋体为少。唐宋古文八大家中的宋六家，苏洵与曾巩无赋存世。欧阳修现存赋十九篇，真正可算文赋的就只有《秋声赋》；苏轼现存二十五篇赋，文赋仅有六篇（《滟滪堆赋》、前后《赤壁赋》、《秋阳赋》、《黠鼠赋》、《天庆观乳泉赋》）。苏轼以后作文赋者也不多，文赋之所以继之者寥寥，是因为多数赋家并不认可这种赋体，元人祝尧的《古赋辨体》颇能代表这一看法："杜牧《阿房宫赋》古今脍炙，但大半是论体，不复可专目为赋矣。毋亦恶俳律之过，而特尚理以矫其失与？"又云："宋之古赋往往以文为体，则未见其有辨其失者……赋若以文体为之，则专尚于理，而遂略于辞，昧于情矣……赋之本义当直述其事，何尝专以论理为体邪？以论理为体，则是一片之文，但押几个韵尔，赋于何有？今观《秋声》《赤壁》等赋，以文视之，诚非古今所及；若以赋论之，恐教坊雷大使舞剑，终非本色……本以恶俳，终以成文，舍高就下，俳固可恶，矫枉过正，文亦非宜……虽能脱于对偶之文，而不自知入于散语之文。"

前后《赤壁赋》前已论及，此不赘述。苏轼现存最早的文赋不是大家熟知的前后《赤壁赋》，而是嘉祐四年（1059）南行赴京途中所作的《滟滪堆赋》（《东坡集》卷三三）。其自叙云："世以瞿塘峡口滟滪堆为天下之至险，凡覆舟者，皆归咎于此石。以余观之，盖有功于斯人者。夫蜀江会百水而至于夔，涨漫浩汗，横放于大野，而峡之大小，曾不及其十一。苟先无以齟齬于其间，则江之远来，奔腾迅快，尽锐于瞿塘之口，则其崄悍可畏，当不啻于今耳。因为之赋，以待好事者试观而思之。"论滟滪堆的功罪，就是此赋主旨。赋中多为散句："天下之至信者，唯水而已。江河之大与海之深，而可以意揣。惟其不自为形，而因物以赋形，是故千变万化而有必然之理……余泊舟乎瞿塘之口，而观乎滟滪之崔嵬，然后知其所以开峡而不去者，固有以

241

也……方其未知有峡也，而战乎滟滪之下，喧豗震掉，尽力以与石斗，勃乎若万骑之西来……于是滔滔汩汩，相与入峡，安行而不敢怒。"但间杂有骚句，多用于描写："掀腾勃怒，万夫不敢前兮；宛然听命，惟圣人之所使……蜀江远来兮，浩漫漫之平沙。行千里而未尝龃龉兮，其意骄逞而不可摧。忽峡口之逼窄兮，纳万顷于一杯……忽孤城之当道，钩援临冲，毕至于其下兮，城坚而不可取。矢尽剑折兮，迤逦循城而东去。"或用于抒发感慨："嗟夫，物固有以安而生变兮，亦有以用危而求安。得吾说而推之兮，亦足以知物理之固然。"

《黠鼠赋》（《东坡集》卷三三）也是一篇典型的文赋。前写黠鼠之黠："苏子夜坐，有鼠方啮。拊床而止之，既止复作。使童子烛之，有橐中空。嘐嘐聱聱，声在橐中。曰：'嘻！此鼠之见闭而不得去者也。'发而视之，寂无所有。举烛而索，中有死鼠。童子惊曰：'是方啮也，而遽死耶？向为何声，岂其鬼耶？覆而出之，堕地乃走。虽有敏者，莫措其手。"后写作者的感叹，先叹鼠之黠足以骗人："苏子叹曰：异哉！是鼠之黠也。闭于橐中，橐坚而不可穴也。故不啮而啮，以声致人；不死而死，以形求脱也。吾闻有生，莫智于人，扰龙伐蛟，登龟狩麟。役万物而君之，卒见使于一鼠。堕此虫之计中，惊脱兔于处女。乌在其为智也？"然后进一步感叹"不一"之患："坐而假寐，私念其故。若有告余者曰：'汝惟多学而识之，望道而未见也。不一于汝，而二于物，故一鼠之啮而为之变也。人能碎千金之璧，不能无失声于破釜；能搏猛虎，不能无变色于蜂虿。此不一之患也。言出于汝，而忘之耶？'余俛而笑，仰而觉。使童子执笔，记余之作。"全文多为四言散句，但也有长句，如"此鼠之见闭而不得去者也"，"橐坚而不可穴也"，"故一鼠之啮而为之变也"等。

文赋一般也押韵，苏轼《天庆观乳泉赋》（《东坡集》卷三三）的开头一段云："阴阳之相化，天一为水，六者其壮，而一者其穉也。夫物老死于坤，而萌芽于复。故水者，物之终始也。意水之在人也，如山川之蓄云，草木之含滋，漠然无形而为往来之气也。为气者水之生，而有形者其死也。死者咸而生者甘，甘者能往能来，而咸者一出而不复返，此阴阳之理也。"初读似与无韵的散文无异，实为押韵之文赋，以稗、始、气、死、理为韵，或四句一押韵，或两句一押韵，韵足都在末句的虚词前，似乎颇为自由，给人以未用韵的感觉。总之，文赋用韵不太严，不拘韵目、韵数；可以是句末韵，也可以是句中韵；既可以是平声韵，也可以是仄声韵；既可句句押韵，也可隔句押韵、隔数句押韵；可以换韵，甚至不押韵。

四六文是骈文的一种，骈文在发展过程中，逐渐形成句式更加整齐的四字六字句式，被称为四六文。中国文学史上有所谓骈散之争。在不同的时期，其势力互有消长，但谁也未能取代谁。宋代四六文的发展大体可分为四个阶段：宋初前八十年，骈骊之风盛行，但大体未脱唐人窠臼（所谓"犹沿于古意"）；经过北宋古文运动，骈文、散文形成了分疆而治的局面，骈文受古文运动的影响而散文化，形成所谓新式四六；在两宋之际和南宋前期，是这种新式四六的鼎盛期，出现了大量四六名家、名作以及总结四六文写作经验的四六话；南宋后期专精四六者也不少，但唯以流丽稳帖为宗，体格卑弱，好博务新，转伤繁冗。这就是宋代四六文发展的概貌。

经过唐宋两次古文运动的冲击，说理叙事之文确实多用散体，少用四六。但各种内容的文章，都可用四六文写作，也都有用四六文写作的。仅就专用四六的文体而言，四六文的用途，在宋代就很广泛。正如洪迈《容斋四六丛话》所说："四六骈俪，于文章家为至浅，然上自朝廷命令诏册，下而缙绅之间笺书祝疏，无所不用。"在宋代，皇帝所下的各种诏令制册，臣僚向皇帝所上表章，官府间的往来公文，个人间的往来笺启，公私宴会的乐语、致语，一般都用四六文。凡涉人际关系者，确实是"无所不用"。由于上自朝廷，下至各种人际关系，几乎"无所不用"四六文，因此宋代士人例能四六。专精四六的骈文大家不用说了，古文大家也无一不精四六。在宋代有不长古文的骈文家，但没有不能四六的古文家。

北宋古文运动对四六文的影响是深远的，不仅古文家，而且专精四六的骈俪名家，其四六文风格，均为之一变。唐宋散文八大家中的宋六家，四六文成就最高、最能代表宋四六文革新特色的，应算苏轼。他在《谢制科启》（《东坡集》卷七〇）中论察举、考试各有利弊说：

制治之要，惟有取人之难。用法者畏有司之不公，故舍其平生，而论其一日；通变者恐人才之未尽，故详于采听，而略于平时。兹二者之相形，顾两全而未有。一之于考试，而掩之于仓卒，所以为无私也，然而才行之迹，无由而深知；委之于察举，而要之于久长，所以为无失也，然而请属之风，或因而滋长。此隋唐进士之所以为有弊，魏晋中正之所以为多奸。

　　“用法者”一联长达三十八字，“一之于考试”一联竟长达五十六字，这确实是此前的四六文所很少见的。其他如“古之明天子，信其臣而不惑于多言，故有司执法而无所忌；古之良有司，忧其君而不恤于私计，故天下归怨而不敢辞”（《东坡集》卷七〇《谢韩舍人启》）；“任法而不任人，则责轻而忧浅，庸人之所安；任人而不任法，则责重而忧深，贤者之所乐。凡吾君所以推心忘己，一切不问，而听其所为；盖其后必将责报成功，三年有成，而底于至治”（《东坡集》卷七〇《贺韩丞相再入启》）；“朝廷之上，号为无讳，而太平之美，终不能全；台谏之列，岁不乏人，而众弊之原，犹或未去”（《东坡集》卷七〇《贺杨龙图启》）；“陋彼素餐，是闻也，非达也；凛然遗直，惟有之，则似之”（《东坡集》卷七〇《答陈斋郎启》）等等。所谓东坡四六“雄深浩博，出于准绳之外”，就是指他的这类四六文。陈维崧《四六金针》引元陈绎曾之言云：“务在辞简而意明，此唐人四六之故规，而苏子瞻之所取则也。后世益以文华，喜工致而新奇，于是以用事亲切、属对的巧为精妙，而王介甫之所取则也。”“唐人四六之故规”并不严，只要辞简意明即可；四六新规却越来越严，追求工致新奇，用典精巧，为宋代各种四六话所津津乐道。苏轼“雄深浩博，出于准绳之外”，常常不管什么“法度”不“法度”。《云庄四六余话》云：“本朝四六……至东坡，于四六曰：‘禹治兖州之野，十有三载乃同；汉筑宣防之宫，三十余年而定。方其决也，本吏失其防，而非天意；及其复也，盖天助有德，而非人功。’其力挽天河而涤之，偶俪甚恶之气一除，而四六之法亡矣。”原有四六之法确实“亡”了，而新式四六产生了。

　　中国是封建君主专制国家，欲置政敌于死地，最厉害的武器就是诬其讪谤皇帝，无人臣之礼。在乌台诗案中，李定、舒亶对苏轼的诬谤就是如此。

受诬者往往有口难辩，只好承认自己罪该万死，还得感谢皇恩浩荡。苏轼的《致黄州谢表》（《东坡集》卷六七）就是如此："臣早缘科第，误忝缙绅。亲逢睿哲之兴，遂有功名之意。亦尝召对便殿，考其所学之言；试守三州，观其所行之实。而臣用意过当，日趋于迷。赋命衰穷，天夺其魄。叛违义理，辜负恩私。茫如醉梦之中，不知言语之出。虽至仁屡赦，而众议不容。案罪责情，固宜伏斧锧于两观；推恩屈法，犹当御魑魅于三危。岂谓尚玷散员，更叨善地。投畀麇䴥语之野，保全樗栎之生。臣虽至愚，岂不知幸？"

上梁文是为营造房屋，选择吉日上梁所作的庆贺之辞，也多为四六文。如苏轼远谪惠州所作的《白鹤新居上梁文》："南迁万里，侨寓三年。不起归欤之心，更作终焉之计。越山斩木，溯江水以北来；古邑为邻，绕牙墙而南峙。送归帆于天末，挂落月于床头。方将开逸少（王羲之）之墨池，安稚川（葛洪）之丹灶。去家千岁，终同丁令（威）之来归；有宅一区，聊记扬雄之住处。今者既兴百堵，爰架两楹。道俗来观，里闾助作。愿同父老，宴乡社之鸡豚；已戒儿童，恼比邻之鹅鸭。何辞一笑之乐，永结无穷之欢。"这是一篇富有文采的作品，可见"宏肆"的四六文往往比"谨严"的庙堂四六文更有可读性。

苏轼的各体散文取得了更大的成就。他一生写了很多政论和奏议，其中以二十五篇《进策》、《思治论》、《上神宗皇帝书》等最有名。他的这类文章确实"有孟轲之风"，说理透辟，气势雄浑，洋洋洒洒，滔滔不绝，纵横恣肆，雄辩服人。宋仁宗嘉祐八年（1063）苏轼所作的《思治论》（《东坡集》卷四四），劈头就提出"方今天下何病哉"这一尖锐的问题，认为当时的"病"就在于"其始不立，其卒不成，惟其不成，是以厌之，而愈不立"，也就是开始没有一定的奋斗目标，最后自然不可能取得成功，正因为不成功，就更不敢提出宏伟目标，所以就事事因循苟且。他指出人们修房子都要有一定的计划，而治理国家却没有计划，各自为政，自行其是（"人各有心，好大者欲王，好权者欲霸，而媮者欲休息。文吏之所至则治刑狱，而聚敛之臣则以货财为急"）；前政未废，新政复发，胸无成竹，屡试屡变，虎头蛇尾，有始无终。通篇或分析形势，或征引史实，或作比喻，淋漓尽致地揭露了当时朝政的混乱状态，从多方面阐述了治理国家要"先定其规模（计划）而后从事"的主张。全文既平易流畅，又气势磅礴，颇能代表苏轼政论文的风格。

苏轼一生写了大量史论，其中以应制科试所作的二十五篇《进论》和以后写的《志林》中的史论部分最为有名。苏轼善于读书得间，从浩如烟海的史书中，发掘一些他人不易见到的新颖见解。人们读司马迁《史记·留侯世家》，往往觉得圯上老人授书张良一段，"其事甚怪"，甚至"以为鬼物"。而苏轼却从中看出是秦世的"隐君子"，见张良"以盖世之才，不为伊尹、太公之谋，而特出于荆轲、聂政之计"，"故深折其少年刚锐之气，使之忍小忿而就大谋"（《东坡集》卷四三《留侯论》）。这样，苏轼就把人们"以为鬼物"的事，解释得合情合理，全文紧扣一个"忍"字，征引史实，若即若离，忽放忽收，舒卷自如，议论风生，确实是一篇雄辩有力的文章。

苏轼很善于用一些浅显、生动、贴切的比喻，阐明一些深刻的道理。他的《日喻》《稼说》等杂论，就属这类文章。他在《日喻》（《东坡集》卷一〇〇）中说，有一个生下来就失明的人（"眇者"），有人告诉他"日之状如铜盘"，铜盘有声，以后他听见钟声就误认为是日；又有人告诉他"日之光如烛"，烛形如笛，后来他就把笛误认为是日。认识来自实践。眇者之所以闹笑话，就在于他"未尝见而求之人"。文中还作了另一个比喻，南方人"日与水居"，故"七岁而能涉（徒步渡水），十岁而能浮，十五而能没（潜水）"；"北方之勇者"，"生不识水，则虽壮，见舟而畏之"，即使有人告诉他应该如何游泳，但他们"以其言试之河，未有不溺者"。苏轼通过一反一正的比喻，说明了"道可致而不可求"，真理只可能在实际接触事物的过程中逐步获得，而不可能通过"达者告知"而求得。他说："即其所见而名之，或莫之见而意之，皆求道之过也。"所谓"即其所见而名之"，意思是仅仅根据自己的一得之见来解释事物；所谓"莫之见而意之"，是说根本没有耳闻目见而对事物进行主观臆测；苏轼认为这两种情况"皆求道之过也"，对寻求真理来说都是错误的。这种以浅近的比喻来说明深刻的哲理的方法，是很值得借鉴的。

苏轼说他"平生不为行状碑传"，比起韩愈来，他确实很少作墓志碑传等应酬文字。但就在他寥寥数篇碑传中，也有一些脍炙人口的篇章。在他贬官黄州时写的《方山子传》(《东坡集》卷三九),开头概述了方山子(陈季常)少、壮、晚时的为人:少慕豪侠,壮欲"驰骋当世",晚乃隐居岐亭,点出了谓之方山子的原因。接着写他们在岐亭的相遇。陈季常得知苏轼贬官黄州"之故",先是"俯而不答",继是"仰而笑",生动形象地刻画了这位"隐人"蔑视宦海浮沉的神情。陈季常之家"环堵萧然",而全家却有"自得之意",表现了"隐人"安于淡泊生活的精神。然后文章转入对陈的回忆。陈季常少时,"使酒好剑,用财如粪土";西山游猎,他"怒马独出","马上论用兵及古今成败";今虽隐居穷山僻壤,但"精悍之色,犹见于眉间"。寥寥数语就为我们烘托出这位"一世豪士"的形象。他虽"世有勋阀,当得官";有"壮丽与公侯等"的园宅,有"岁得帛千匹"的良田;但"皆弃不取,独来穷山中"。这就进一步刻画了这位"隐人"视富贵如浮云的精神境界。这篇传记才四百来字,并没有详细记叙陈季常的生平事迹,仅仅散记了他早年游侠生活和晚年隐居生活中的二三事,这个"异人"的形象已跃然纸上。

元祐年间,苏轼应潮州知州王涤之请,作了一篇《潮州韩文公庙碑》(《东坡集》卷八六),对韩愈推崇备至。他说:"公之精诚能开衡山之云,而不能回宪宗之惑;能驯鳄鱼之暴,而不能弭皇甫镈、李逢吉之谤;能信于南海之民,庙食百世,而不能使其身一日安于朝廷之上。"很明显,这里既是在赞韩愈,也是在借韩愈以寄慨,因为他自己也"不能使其身一日安之于朝廷之上"。他还称颂韩愈"匹夫而为百世师,一言而为天下法","文起八代之衰,道济天下之溺"。文章虽有褒扬过分之嫌,但写得气势磅礴,风格雄浑,在所有称颂韩愈的文章中,确实堪称压卷之作。正如洪迈所说:"刘梦得、李习之、皇甫持正、李汉,皆称颂韩公之文,各极其势……及东坡之碑一出,而后众说尽废。"(《容斋随笔》卷九)"身行万里半天下"(《东坡集》卷二六《龟山》),"人间胜绝略已遍,匡庐南岭并西湖。"(《东坡集》卷二六《赠昙秀》)苏轼一生,南北东西,确实走遍了大半个中国,写了大量游记。前人的游记大都以景物描写为主,寄情于景,借景抒情,以情景交融的传统手法,来表达思想感情。苏轼好议论,他的游记往往以描写、记叙、议论、抒情的错综并用为特点。有先议论而后进入记叙的,如《超然台记》;有先记叙而后议论的，如《凌虚台记》；有记叙在中间，前后为议论的，如《石钟山记》；有议论在中间，前后为记叙的，如《放鹤亭记》；甚至有除用寥寥数语交代本事外，几乎通篇都是议论的，如《清风阁记》《思堂记》。

《石钟山记》（《东坡集》卷三七）是一篇带有考辨性质的游记，是一篇具有某些论说文（特别是驳论文）特点的游记。通篇围绕着石钟山山名的由来，先写郦道元和李渤对山名由来的看法，摆出要证明的观点和要反驳的靶子；接着用亲访石钟山的所见所闻，证实并补充了郦道元的观点，推翻了李渤的观点，使形象的景物描写为证明和反驳服务。最后，在此基础上得出了"事不目见耳闻而臆断其有无"是不行的这一中心论点，交代了写作意图。全文思路清晰，结构严谨，说理透辟，文笔流畅。其中夜游石钟山一段，写得非常生动形象：

至暮夜月明，独与迈（苏迈）乘小舟至绝壁下。大石侧立千尺，如猛兽奇鬼，森然欲搏人；而山上栖鹘，闻人声亦惊起，磔磔（鸟鸣声）云霄间。又有若老人欬且笑于山谷中者。或曰："此鹳鹤也。"余方心动欲还，而大声发于水上，噌吰（形容洪亮声音的象声词）如钟鼓不绝，舟人大恐。徐而察之，则山下皆石穴罅（裂缝），不知其浅深，微波入焉，涵澹澎湃而为此也。舟回至两山间，将入港口，有大石当中流，可坐百人，空中而多窍，与风水相吞吐，有款坎（击物声）镗鞳（钟鼓声）之声，与向之噌吰者相应，如乐作焉。因笑谓迈曰："汝识之乎？噌吰者，周景王之无射（钟名）也；款坎镗鞳者，魏庄子之歌钟也，古之人不余欺也。"事不目见耳闻而臆断其有无，可乎？

这里，以生动的比喻（大石"如猛兽奇鬼"，鹳鹤"若老人欬且笑者"，水声"如钟鼓不绝"，"如乐作"），形象化的拟人（大石"森然欲搏人"），贴切的象声词（"磔磔""噌吰""款坎镗鞳"），对夜游石钟山的所见所闻作了绘声、绘色、绘形的描写，使人如临其境，如闻其声。行文有缓有急，抑扬顿挫，波澜起伏，诙谐风趣。大石"森然欲搏人"，上有云霄间栖鹘的惊啼，下有山谷中鹳鹤的怪叫,写得阴森恐怖,寒气袭人。"余方心动欲还",暂缓紧张气氛;突然又听见"大声发于水上,舟人大恐",又重趋紧张。经过"徐而察之",原来是微波冲击石缝发出的声音,又趋缓和,确实写得舒张有致。文笔也变幻多姿,毫不板滞,写栖鹘,是先点鸟名,再写惊飞,最后写其惊叫;写鹳鹤,是先写怪叫,然后交代是鹳鹤在叫。前者用象声词"磔磔"形容其惊叫,后者用比喻"若老人欬且笑"形容其怪叫。两处水声的写法,作者也不肯雷同一笔,表现了苏轼驾驭语言的非凡能力。《石钟山记》确如后人所评,是"坡公第一首记文",是"子瞻诸记中特出者"。

《东坡集》中还有大量书信,其中也不乏佳作,前面已经提到的《答李端叔书》(《东坡集》卷七三),就"信笔抒意",写得非常动人。苏轼一生作赋较多,现存还有二十多篇。赋是一种兼有韵文和骈文特点的文体,经先秦的骚体赋,两汉的辞赋,六朝的骈赋,限制越来越严,内容越来越贫乏。特别是唐宋用以取士的试体赋(又叫律赋),不但讲骈偶,还要讲平仄,限押韵,限字数,束缚很紧,把赋推进了死胡同。晚唐杜牧的《阿房宫赋》,开始冲破了这种牢笼,苏轼更不受这种限制,形成了一种以散代骈,句式参差,用典较少,押韵不严的文赋。前面已经谈到的前后《赤壁赋》,就是这种文赋的代表作。可见苏轼对赋体文学的发展也做出了自己的贡献。

明人袁宏道说:"坡公之可爱者,多其小文小说。使尽去之,而独存高文大册,岂复有坡公哉?"(《苏长公合作引》)的确如此,苏轼在散文方面的成就,不仅在于高文大册,还在于"小文小说"。苏轼《东坡志林》和《仇池笔记》中的许多随笔,就是这种"小文小说"的代表作。如《记承天夜游》(《东坡集》卷一〇一):

元丰六年十月十二日夜,解衣欲睡。月色入户,欣然起行,念无与为乐者。遂至承天寺,寻张怀民。怀民亦未寝,相与步于中庭。庭下如积水空明,水中藻荇交横,盖竹柏影也。何夜无月,何处无竹柏,但少闲人如吾两人者耳。

短短八十余字，先写两人夜不能寐，相与步于中庭；次写庭中月光如水，竹影纵横，给人以清凉孤寂的感觉；最后发出明月竹柏处处有，但少闲人欣赏的感慨。寥寥数语，不仅再现了深秋月夜的景色，而且寄慨万端，表现了他贬官黄州时那种强作轻松愉快的苦闷心境。

从上述可以看出，苏轼无论政论、史论、杂说，还是游记、碑传、书信、随笔，都写得"行云流水"，平易自然，明晰轻快，挥洒自如。他在《自评文》（《东坡集》卷一○○）中总结自己的写作经验说：

吾文如万斛泉源，不择地皆可出。在平地滔滔汩汩，虽一日千里无难。及其与山石曲折，随物赋形，而不可知也。所可知者，常行于所当行，常止于不可不止，如是而已矣。其他，虽吾亦不能知也。

所谓"如万斛泉源"，是说他的文章都是在"不能不为"的时候写的，心中有很多话不吐不快，所以一下笔就文如泉涌；所谓"不择地而出"，是说他的文章都是"信笔抒意"，千变万化，姿态横生，没有固定格式；所谓"在平地滔滔汩汩，虽一日千里无难"，是说他有些文章气势磅礴，思路开阔，纵横恣肆，大有一泻千里之势；所谓"与山石曲折，随物赋形"，是说他的另一些文章观察缜密，文笔细腻，状景摹物，无不皆肖；所谓"常行于所当行，常止于所不可不止"，是说他的文章自然流畅，有意而言，意尽言止，毫无斧凿痕迹。要论苏轼散文的特点，恐怕没有比他自己的这一归纳更准确的了。

二五　"诗从肺腑出"

——苏诗特色

"诗从肺腑出，出辄愁肺腑"，苏轼评孟郊诗的这两句话正好用来评他自己的诗。

苏轼在《书黄子思诗集后》（《东坡后集》卷五）中写道：

苏①李②之天成，曹③刘④之自得，陶谢⑤之超然，盖亦至矣。而李太白、杜子美以英玮绝世之姿，凌跨百代，古今诗人尽废。然魏晋以来高风绝尘亦少衰矣。李杜之后，诗人继作，虽间有远韵，而才不逮意。独韦应物⑥、柳宗元发纤秾于简古，寄至味于淡泊，非余子所及也。唐末司空图⑦崎岖兵乱之间而诗文高雅，犹有承平之遗风，其论诗曰："梅止于酸，盐止于咸，饮食不可无盐梅，而其美常在咸酸之外。"

---

① 苏指苏武（？—前60）字子卿，西汉杜陵（今陕西西安东南）人，奉命出使匈奴，被扣十九年才返汉。

② 李指李陵（？—前74）字少卿，李广孙，西汉陇西成纪（今甘肃秦安）人，同匈奴战，败降，死于匈奴。今存苏李诗，内容不合苏李事迹，不是他们的作品。

③ 曹指曹植（192—232）字子建，曹操之子，沛国谯（今安徽亳州）人，富有文学才华，后受其兄曹丕父子排斥，郁郁而死。

④ 刘指刘桢（？—217）字公干，东平（今属山东）人，为曹（操）丞相掾属。其诗风格遒劲。

⑤ 谢指谢灵运（385—433），陈郡阳夏（今河南太康县附近）人，东晋名将谢玄之孙，以山水诗见长。

⑥ 韦应物（737?—789?），京兆长安（今陕西西安）人，早岁尚豪侠，进士及第后历官滁州、江州、苏州刺史。他的诗以写田园山水著称，部分作品反映了民间疾苦，他的作品清丽淡雅，自成一体。

⑦ 司空图（837—908）字表圣，虞乡（今属山西）人。曾任中书舍人，后因世乱退隐。写有《诗品二十四则》，强调诗歌应有"韵外之致，味外之旨"。

这段话颇能代表苏轼的诗歌见解。诗贵韵味，要有弦外之音，言外之意。苏轼很欣赏钟繇①、王羲之②的书法："萧散简远，妙在笔画之外。"他认为诗也应该这样，梅的味道只是酸，盐的味道只是咸，"饮食不可无盐梅，而其美常在咸酸之外"。他正是根据这一观点来衡量两汉至隋唐的诗人的。他称颂传说的李陵、苏武诗的"天成"，曹植、刘桢诗的"自得"，陶渊明、谢灵运的"超然"，韦应物、柳宗元的"简古""澹泊"，司空图的"高雅"。他特别推崇李白和杜甫，认为他们一出，"古今诗人尽废"。李杜二人中，他更推崇杜甫，他说："古今诗人众矣，而杜子美为首。"（《东坡集》卷二四《王定国诗集叙》）到了晚年，他又特别喜欢陶潜的诗，写了一百多首和陶诗，几乎把陶诗全和完了。

苏轼的诗歌创作正是他的论诗见解的体现。他的诗既具有杜甫诗的现实主义精神，又具有李白豪放不羁的浪漫主义风格，他的某些诗还具有陶潜诗的"质（质朴）而实绮（绮丽），癯（清瘦）而实腴（丰腴）"，清新淡雅，托意高远的特征。东坡诗的许多名篇，我们在论述他的生平事迹时已经征引过了，这里再作一些归纳和补充。

东坡诗的现实主义精神，首先表现在他对民间疾苦的关心和对穷奢极欲的统治者的不满方面。他的《许州西湖》（《东坡续集》卷一）揭露了在"许州七不登"连年歉收的情况下，当地官吏竟大量动用民力，为其"春游"开浚许州西湖："使君欲春游，浚沼役千掌。纷纭具畚锸，闹若蚁运壤。"《李氏园》（《东坡续集》卷一）揭露了官僚贵族兼并土地的罪行，他们为了建筑"美园圃"，不惜"夺民田"，"破千家"。特别是晚年远谪惠州期间写的《荔支叹》（《东坡续集》卷五），揭露了历代官僚（包括本朝）为了赢得"宫中美人一破颜"，不惜造成"惊尘溅血流千载"的丑态和罪行，甚至对当权的哲宗也有讥刺。

苏轼在长期担任地方官的过程中，对危害人民的水、旱、蝗灾，一直十

---

① 钟繇（151—230）字元常，颍川长社（今河南长葛东）人。东汉末为黄门侍郎。曹丕代汉后，位至太傅。工书，兼善各体，尤精隶楷。

② 王羲之（321—379）字逸少，晋琅琊临沂（今属山东）人，曾任右军将军，世称王右军。著名书法家，工草隶。

分关注："三年东方旱，逃户连歃栋"（《东坡集》卷八《除日大雪，元日早晴，遂行》）；"水旱行十年，饥疫遍九土。"（《东坡集》卷一〇《答郡中同僚贺雨》）他很希望能消除自然灾害给人民带来的痛苦："安得云如盖，能令雨翻盆。"（《东坡集》卷一《自磻溪憩翠麓亭》）他常常为不能消除天灾给人民带来的痛苦而深感内疚："永愧此邦人，芒刺在肤肌。平生五千卷，一字不救饥。"（《东坡集》卷八《和孔郎中荆林马上见寄》）

问题的严重还在于天灾常常与人祸交织在一起。那些高高在上的统治者"居高忘下"，对严重的自然灾害毫不关心："农夫辍耒女废筐，白衣仙人在高堂。"（《东坡集》卷三《雨中游天竺灵感观音院》）统治者不仅对自然灾害毫不关心，而且还强迫人民在雨中服役，使他们过着猪鸭不如的生活："天雨助官政，泫然淋衣襟。人如鸭与猪，投泥相溅惊。"（《东坡集》卷四《汤村开运盐河，雨中督役》）徭役繁重，赋税更繁重，贪官污吏深更半夜都在催征赋税，闹得鸡犬不宁："而今风物那堪画，县吏催钱夜打门"（《东坡集》卷一一《陈季常所蓄朱陈村嫁娶图》）；"人间行路难，踏地出赋租"（《东坡集》卷一三《鱼蛮子》）；"卖牛纳税拆房屋，虑浅不及明年饥。"（《东坡集》卷四《吴中田妇叹》）残酷的剥削必然引起人民的反抗。苏轼作为封建统治阶级中的一员，必然要参与镇压反抗者和惩治触犯刑律的人。但他又明明知道，许多人身系囚笼是由乖谬腐败的吏治造成的，他们是无辜的，因此，他又经常感到内疚和自责："平生所惭今不耻，坐对疲民更鞭箠。"（《东坡集》卷三《戏子由》）

苏轼还有些诗篇客观上反映了当时严重的阶级对立："池台信宏丽，贵与民同赏。但恐城市欢，不知田野怆"（《东坡集》卷一《许州西湖》）；"市人争夸斗巧智，野人喑哑遭欺谩"（《东坡集》卷一《和子由蚕市》）；"富人事华靡，采绣光翻座。贫者愧不能，微挚出春磨"（《东坡集》卷一《馈岁》）；"檐楹飞舞垣墙外，桑柘萧条斤斧余"（《东坡集》卷一五《筑高丽亭馆》）。在这些诗篇里，诚实的乡村农民和巧诈的城市商人的尖锐对立，宏丽豪华的池台楼阁与萧条荒凉的田野山村的鲜明对比，都表现很突出。读到这些诗句，我们会很自然地联想到杜甫的名句"朱门酒肉臭，路有冻死骨"。

东坡诗的现实主义精神除表现在对民间疾苦的关心外，还表现在对国家、民族命运的关心上。如前所述，辽和西夏的骚扰，一直是北宋王朝的心腹之患。苏轼那些主张抗击辽和西夏的诗篇，洋溢着强烈的爱国主义感情。青年时代，他就表示了"与虏试周旋"（《东坡集》卷一《和子由苦寒见寄》）的决心。以后，他又经常表示愿意效命疆场："圣朝若用西凉簿，白羽犹能效一挥。"（《东坡集》卷七《祭常山回小猎》）他甚至在贬官黄州期间，在政治上极不得意之时，也没有忘记"臂弓腰箭何时去，直上阴山取可汗"（《东坡集》卷一三《谢陈季常惠一揞巾》）。

出于对抗击辽和西夏的爱国感情，苏轼对那些从征将士进行了热烈的歌颂。其中有歌颂"将官雷胜"的："胡骑入云中，急烽连夜过。短刀穿虏阵，溅血貂裘涴。"（《东坡集》卷一〇《将官雷胜得过字，代作》）有歌颂"战西羌"的沈逵的："君随幕府战西羌，夜渡冰河斫云垒。飞尘涨天箭洒甲，归时妻孥真梦耳。"（《东坡集》卷一四《送沈逵赴广南》）他对当时"屡战有功"，后来却"贫不能归"，在嘉州监税的"河西弓箭手"郭纶，寄予了深切的同情和期望："河西猛士无人识，日暮津亭阅过船。路人但觉骢马瘦，不知铁槊大如椽。因言西方久不战，截发愿作万骑先。我当凭轼与寓目，看君飞矢射蛮毡。"（《东坡续集》卷一《郭纶》）

苏轼时常关心着边事，因此，每当他得知边境告捷，常常表现出由衷的高兴。熙宁五年（1072）他得知洮西大捷时写道："汉家将军一丈佛，诏赐天池八尺龙。露布（紧急文书）朝驰玉关塞，捷烽夜到甘泉宫。似闻指挥筑上郡，已觉谈笑无西戎。放臣不见天颜喜，但惊草木回春容。"（《东坡集》卷二《闻洮西捷报》）元丰四年（1081）种谔率兵深入敌境，破杀西夏六万余人，获马五千匹。苏轼得知这一消息，为收复失地而非常兴奋："闻说官军取乞阘，将军旗鼓捷如神。故知无定河边柳，得共中原雪絮春。"（《东坡集》卷二《闻捷》）元祐二年（1087）擒获吐蕃首领鬼章，苏轼也写诗称颂道："坚垒千兵破，连航一炬烧。擒奸从窟穴，奏捷上烟霄。"但他也清醒地告诫说："羌情防报复，军胜忌矜骄。慎重关西将，奇功勿再要。"（《东坡集》卷二《获鬼章二十韵》）骄兵必败，轻敌必败，因此他很强调将帅的选择。元丰七年

（1084）西夏大寇兰州，苏轼焦急地写道："西方正苦战，谁补将帅缺？（《东坡集》卷一四《岐亭五首》）元祐八年（1093）苏轼知定州，他又说："守边在得士，此语要而简。"（《东坡后集》卷四《次韵李端叔谢送牛戬鸳鸯竹石图》）这些诗句都反映了苏轼对边防的关心。

苏轼还有一些抒发个人感慨，探索人生奥秘的诗篇，从中我们也可看出封建社会不得志的知识分子的精神苦闷和对现实的不满。苏轼一生的际遇是坎坷不平的，在他的诗中经常接触到人生意义的问题。像他这样一个封建文人，当然不可能对这一问题做出正确的解答，在他的诗、词、赋中经常发出"人生如梦"的感叹。例如他在《和子由渑池怀旧》（《东坡集》卷一）中写道：

> 人生到处知何似？应似飞鸿踏雪泥。
>
> 泥上偶然留指爪，鸿飞那复计东西。
>
> 老僧已死成新塔，坏壁无由见旧题。
>
> 往日崎岖还记否？路长人困蹇驴嘶。

这首诗的思想无非是人生太渺小了，有如"飞鸿踏雪泥"，只能偶然留下一些爪痕而已；人生太短促了，瞬息之间，人也死了，壁上的题诗也"无由见"了。这是苏轼二十七岁时的作品。"往日崎岖还记否？路长人困蹇驴嘶"，与其说是总结他往日生活道路的"崎岖"，还不如说是预示了未来生活道路的坎坷。他一生中经常发出类似的感慨。

苏轼少有壮志，才气横溢，却屡遭贬斥。而一些酒囊饭袋，却能扶摇直上，安于朝廷。因此，他在《洗儿》（《东坡集》卷二）诗中愤慨地写道：

> 人皆有子望聪明，我被聪明误一生。
>
> 惟愿孩儿愚且鲁，无灾无难到公卿。

骂得何等痛快！寥寥四句，充满了作者的满腔悲愤，揭露了封建官僚制度的黑暗，像他这样"有笔头千字，胸中万卷"的"聪明"人，往往一生穷愁潦倒，坎坷不平，有的甚至丢掉脑袋；而那些愚鲁之辈，倒能无灾无难，青云直上。《宋史》苏轼本传说他的"嬉笑怒骂之词，皆可书而颂之"。这首《洗儿》诗就属这种"嬉笑怒骂"之词。苏轼这类作品的现实意义就在于它反映了封建社会怀才不遇的知识分子的共同愤懑情绪，有助于我们从一个侧面认识封建社会的黑暗。

游山玩水、吟风赏月、宴宾遣兴的作品，表现了封建士大夫的思想、感情、兴趣。其中也有一些糟粕，这里就不去细说了。

钱锺书先生《宋诗选注》说：苏轼"曾经说过：'出新意于法度之中，寄妙理于豪放之外。'从分散在他的著作里的诗文评看来，这两句话也许可以现成的应用在他自己身上，概括他的诗歌的理论和实践……李白以后，古代大约没有人赶得上苏轼这种'豪放'。"

苏轼确实像李白一样，是一位富有浪漫主义色彩的诗人。他的不少诗篇有着磅礴的气势，如《游径山》（《东坡集》卷三）：

> 众峰来自天目山，势若骏马奔平川。
> 中途勒破千里足，金鞭玉镫相回旋。

又如《八月十五日看潮》（《东坡集》卷五）：

> 江神河伯两醯鸡，海若东来气吐霓。
> 安得夫差水犀手，三千强弩射潮低。

苏轼有着丰富的想象力，他看见天上的明月，就觉得似乎是谁用银河之水为老天爷洗亮了眼睛："谁为天公洗眸子，应费明河千斛水"（《东坡集》卷九《和子由中秋见月》）；他看见石屏上画的松树，就觉得是已死的画家毕宏、韦偃的"神机巧思"都化于石中了："我恐毕宏、韦偃死葬虢山下，骨可朽烂心难穷。神机巧思无所发，化为烟霏沉石中"（《东坡集》卷二《欧阳少师令赋所蓄石屏》）；他看见金山寺下白天、黄昏、月夜和月落后的不同的瑰丽景色，觉得江神都似乎在责怪自己不归隐山林："江山如此不归山，江神见怪惊我顽。"（《东坡集》卷三《游金山寺》）

在苏轼的笔下，万物好像都具有人的感情和行为，如海棠会睡：

> 东风嫋嫋泛崇光，香雾空濛月转廊。
> 只恐夜深花睡去，故烧高烛照红妆。

（《东坡集》卷一二《海棠》）

牡丹怕羞：

> 人老簪花不自羞，花应羞上老人头。
> 醉归扶路人应笑，十里珠帘半上钩。

（《东坡集》卷三《吉祥寺赏牡丹》）

龟鱼识声：

> 朱栏画柱照湖明，白葛乌纱曳履行。
> 桥下龟鱼晚无数，识君拄杖过桥声。

（《东坡集》卷七《湖桥》）

风解人意：

> 东风知我欲山行，吹断檐间积雨声。
> 岭上晴云披絮帽，树头初日挂铜钲。

（《东坡集》卷四《新城道中》）

"子瞻作诗，长于比喻。"（宋魏庆之《诗人玉屑》卷一七）苏轼诗中大量生动贴切的比喻，也大大增强了他的诗歌的形象性。如《百步洪》（同上，卷一〇）：

> 长洪斗落生跳波，轻舟南下如投梭。
>
> 水师绝叫凫雁起，乱石一线争蹉磨。
>
> 有如兔走鹰隼落，骏马下注千丈坡。
>
> 断弦离柱箭脱手，飞电过隙珠翻荷。

这里用了舟如投梭，兔走鹰落，骏马下坡，断弦离柱，利箭离弦，电光闪烁，露珠翻荷等来形容汇流湍急。这种连珠炮式的比喻，甚至一句连用两个比喻，把"险中得乐"形容得淋漓尽致，给人以强烈的印象。其他如《凤翔八观》接连以多种形象写石鼓文字的模糊，《读孟郊诗》以一连串比喻形容"夜读孟郊诗……佳处时一遭"，均以博喻见长。

李白诗除以豪放为特征外，还具有清新明静、华美自然的风格，所谓"清水出芙蓉，天然去雕饰"。东坡诗也具有这一特点，他作诗也追求清新和自然："诗画本一律，天工与清新"（《东坡集》卷一六《书鄢陵王主簿所画折枝》）；"新诗如洗出，不受外垢蒙"（《东坡集》卷六《僧惠勤初罢僧职》）。苏轼的写景咏物诗尤其清新自然，如《惠崇春江晓景》（《东坡集》卷一五）：

> 竹外桃花三两枝，春江水暖鸭先知。
>
> 蒌蒿满地芦芽短，正是河豚欲上时。

桃花初放，江水渐暖，蒌蒿满地，芦芽破土，群鸭戏水，河豚（产于海）随潮水涌入春江，一派生机勃勃的景色。

所谓苏轼"晚喜陶渊明"，主要是指苏轼晚年贬官岭南期间特别喜好陶诗。但是，苏轼喜好陶诗并非自贬官岭南开始。一个成熟的作家往往既有统一的特殊的艺术个性，一望而知其为某人诗；又有多样化的艺术风格，他们的作品往往有截然相反的两种情趣。写"采菊东篱下，悠然见南山"（《饮酒》）的是陶潜，写"雄发指危冠，猛气冲长缨"的也是陶潜。苏轼除豪放浪漫之作外，他从步入诗坛开始就有不少清新淡远之作，风格酷似陶潜、王维。如《次韵子由岐下诗》中的《横池》（《苏诗补注》卷三）写其疏懒：

> 明月入我池，皎皎铺纡缟。
>
> 何日变成缁，《太玄》吾懒草。

《短桥》（《苏诗补注》卷三）写其闲情：

> 谁能铺白簟，永日卧朱桥。
>
> 树影栏边转，波光版底摇。

《鱼》（《苏诗补注》卷三）则颇富哲理：

> 湖上移鱼子，初生不畏人。
>
> 自从识钩饵，欲见更无因。

同作于凤翔的《和子由记园中草木十首》（《苏诗补注》卷五），正如纪昀所评："首首寓慨而不露怒张，句句涉理而不入迂腐，音节意境皆逼真古人，亦无刻画之迹。"所谓"逼真古人"，汪师韩点破了：此数诗格调具有"柴桑（陶潜）淡远"的特点。苏轼有意追求平淡当然是从黄州开始的，有意学习陶诗风格更在晚年，但若追本溯源，则至迟在赴杭州通判任的途中就开始了。他的《出都来陈，所乘船上有题小诗八首，不知何人有感于余心者，聊为和之》（《东坡集》卷二）其八写道：

> 我诗虽云拙，心平声韵和。
>
> 年来烦恼尽，古井无由波。

所谓"烦恼尽"，他当时因与王安石政见不合而离京，实际是很烦恼的时候；所谓古井无波，实际是他心情很不平静的时候。但他强压怒火，这八首诗确实写得心平气和，意在言外，可以看成是他追求平淡风格的开始。其三云：

　　烟火动村落，晨光尚熹微。
　　田园处处好，渊明胡不归？

　　这里苏轼以陶潜自况，隐括陶潜《归去来辞》（"问征夫以前路，恨晨光之熹微"）入诗，风格也酷似陶诗。正是在杭、密时期，苏轼曾无数次表示过对陶潜的仰慕或以陶潜自比：

　　胡不归去来，滞留愧渊明。
　　　　　　（《苏轼诗集》卷八《汤村开运盐河雨中督役》）

　　陶令思归久未成，远公不出但闻名。
　　　　　　（《苏轼诗集》卷一〇《佛日山荣长老方丈》）

　　功名一破甑，弃置何用顾。
　　更凭陶靖节，往问征夫路。
　　（《苏轼诗集》卷一〇《与周长官、李秀才游径山，二君先以诗见寄，次其韵二首》）

　　不独江天解空阔，地偏心远似陶潜。
　　　　　　（《苏轼诗集》卷一一《远楼》）

　　陶潜一县令，独饮仍独醒。
　　　　　　（《苏轼诗集》卷一二《莫笑银杯小答乔太博》）

且待渊明赋归去，共将诗酒趁流年。

（《苏轼诗集》卷一一《寄黎眉州》）

苏轼仰慕陶潜的超脱，但有时还嫌他超脱得不够：

君且归休我欲眠，人言此语出天然。

醉中对客眠何害，须信陶潜未若贤。

（《苏轼诗集》卷一二《李行中秀才醉眠亭》）

我笑陶渊明，种秫二顷半。

妇言既不用，还有责子叹。

无弦则无琴，何必劳抚玩？

（《苏轼诗集》卷一三《和顿教授见寄，用除夜韵》）

苏诗既存在豪放和平淡两种风格，故从黄州开始追求平淡风格，晚年有意学陶，与他的艺术个性并不矛盾，只不过是他前期仰慕陶渊明，追求平淡诗风的继续和发展。贬官黄州的苏轼把自己躬耕的东坡比作陶潜游过的斜川，并把陶潜的《归去来辞》隐括入诗词中。苏轼写作和陶诗也不是从贬官岭南开始的，在任扬州知州时就曾和陶潜《饮酒》诗二十首。但苏轼大量写作和陶诗是在贬官岭南期间。他在给苏辙的信中说：

古之诗人有拟古之作矣，未有追和古人者也。追和古人则始于东坡。吾于诗人无所甚好，独好渊明之诗。渊明作诗不多，然其诗质而实绮，癯而实腴，自曹（植）刘（桢）鲍（照）①谢（灵运）李杜诸人，皆莫及也。吾前后和其诗凡百数十篇，至其得意，自谓不甚愧渊明……然吾于渊明，岂独好其诗也哉？如其为人，实有感焉。渊明临终，疏告俨（陶俨，渊明子）等："吾

---

① 鲍照（414—466），字明远，东海（今山东临沂）人，南朝宋文学家。长于乐府，尤擅七言歌行，有《鲍参军集》。

少而穷苦，每以家弊东西游走，性刚才拙，与物多忤。自量为己，必贻后患，
黾勉辞世，使汝等幼而饥寒。"渊明此语，盖实录也。吾今真有此病，而不早
自知。半生出仕，以犯世患，此所以深服渊明，欲以晚节师范其万一也。（苏
辙《子瞻和陶渊明诗集引》）

　　从苏轼这段话可看出，苏轼之所以大量写作和陶诗，除了因为陶潜诗确
实写得好以外，还与他在政治上的失意是分不开的。他有感于陶潜的"为
人"，有感于陶潜"不肯为五斗米一束带见乡里小儿"，深悔自己不该"半生
出仕，以犯世患"，所以，"欲以晚节师范其万一"。

　　苏轼说他的和陶诗"不甚愧渊明"，这是合乎实际的。苏轼的和陶诗也同
陶诗一样，具有"质而实绮"的特点，即表面质朴而实际绮丽，不用华丽的
辞藻却能形象地刻画出客观事物。在《和移居》中，苏轼说，他对惠州嘉祐
寺很喜欢："昔我初来时，水东有幽宅。晨与乌鹊朝，暮与牛羊夕。"从早到
晚都与乌鹊牛羊共同居处，"幽宅"之幽也就可想而知了。可惜后来迁到了合
江楼，即惠州东门楼："谁令迁近市，日有造请役。歌呼杂闾巷，鼓角鸣枕
席。"拜往迎来，喧嚣嘈杂，厌烦之情，跃然纸上。苏轼赞王维"诗中有画"，
他自己也当得起这样的评价。和陶诗中那些描写岭南风光的诗句就有如山水
画一般的形象，如"飕作海浑，天水溟濛"（《和停云》）；"环州多白水，际海
皆苍山"（《和归田园居》）；"登高望云海，醉觉三山倾"（《和九日闲居》）；
"稍喜海南州，自古无战场。奇峰望黎母，何异嵩与邙①。飞泉泻万仞，舞鹤
双低昂"（《和拟古》）；"海南无冬夏，安知岁将穷。时时小摇落，荣瘁俯仰
中"（《和陶戴主簿》）等等。这些诗句都形象地描绘了海南的地理和气候
特征。

　　苏轼的和陶诗也像陶诗一样"癯而实腴"，即表面清瘦而实际丰腴，在自
然平淡的话语中有着丰富的内涵。他在《和陶归园田居》中写道：

---

　　①　海南岛有黎母山。嵩山、邙山在河南。

> 新浴觉身轻，新沐感发稀。
>
> 风乎悬瀑下，却行咏而归。
>
> 仰观江摇山，俯见月在衣。
>
> 步从父老语，有约吾敢违？

无官一身轻，摆脱官场如释重负之感，溢于字里行间，读起来确实是"极平淡而有深味"（纪昀评《苏文忠公诗集》）。他在《和陶贫士》之三中写道：

> 谁谓渊明贫？尚有一素琴。
>
> 心闲手自适，寄此无穷音。
>
> 佳辰爱重九，芳菊起自寻。
>
> 疏巾叹虚漉，尘爵笑空斟。
>
> 忽馈二万钱，颜生良足钦。
>
> 急送酒家保，勿违故人心。

谁说渊明贫？他既有素琴可弹，又有芳菊可赏，而当他无米酿酒，酒杯生尘时，颜延之①又送来"二万钱"，作他的沽酒之资。纪昀说这首诗是在"寄友朋莫助之慨"。若不细细体味，就容易当作一般叙事放过，而看不出其中的寄慨。苏轼贬官岭南，虽有很多朋友待他很好，但也有不少势利鬼生怕连累自己，避之唯恐不及。苏轼在《和陶九日闲居》中就曾发出"坎坷见天意，滞留见人情"的感叹。读苏轼的和陶诗要注意透过他那平淡的语言，体会他的弦外之音，言外之意。

苏轼说："观陶彭泽诗，初若散缓不收，反复不已，乃识其奇趣。"（《东坡集》卷二三《书唐氏六家书后》）苏轼和陶诗也具有这种表面散实际不散，反复咀嚼，奇趣盎然的特点。《和陶贫士》之二写道：

---

① 颜延之（384—456）字延年，琅琊临沂（今属山东）人，官至金紫光禄大夫，是与谢灵运齐名的诗人。他在浔阳时，日与陶潜饮酒，临去，留钱二万。陶潜悉送酒家。

夷齐耻周粟，高歌颂虞轩。

产禄彼何人，能致绮与园。

古来避世士，死灰或余烟。

末路益可羞，朱墨手自研。

渊明初亦仕，弦歌本诚言。

不乐乃径归，视世羞独贤。

伯夷、叔齐宁肯饿死首阳山，也不肯食周粟，似乎够高雅了；但他们却高歌虞舜、轩辕，说明他们并没有忘怀世事。商山四皓（绮里季、东园公、夏黄公、甪里先生），因刘邦待人"侮慢"，逃匿深山，"义不为汉臣"；但吕产、吕禄算什么东西，却以"卑辞厚礼"把他们罗致来了。陶潜不愿为五斗米折腰，但他也曾奔走仕途。表面看，这里平行列举了伯夷、叔齐、商山四皓和陶渊明等高士的事迹，似乎"散缓不收"。但"古来避世士，死灰或余烟"十字，却把这几件事紧紧地绾在一起，使全诗主题很鲜明：自古以来的高士们都未能忘怀世事，何况我苏轼呢？《和陶乞食》一诗也是列举许多古人乞贷的事来同自己"幸有余薪米，养此老不才"作比较，说明他已比他们幸运得多；而全诗以"呜呼天下事，死生寄一杯"把各自独立的事件联系起来，对人生的艰难发出了深沉的感叹。和陶诗中还有不少组诗，初看也像是各自独立的，细味却往往有内在联系。如《和陶杂诗》十一首，前两首写自己贬官海南；中间八首是以古方今，以古人况自己；最后一首仍以收到海南作结。"题曰《杂诗》，诗不杂也。十一首以我字作骨，一线穿成。"（王文诰《苏文忠公诗编注集成》）

宋人魏庆之《诗人玉屑》说："余观东坡自南迁以后诗，全类子美（杜甫）夔州以后诗，精深华妙，正所谓'老而严'者也。子由云：'东坡谪居儋耳，独善为诗，精深华妙，不见老人衰惫之气。'鲁直（黄庭坚）亦云：'东坡岭外文字，读之使人耳目聪明，如清风自外来也。'观二公之言如此，则余非过论矣。"诗穷而后工，苏轼贬官黄州特别是贬官岭南以后，他的诗确实写得更好了。

宋人严羽的《沧浪诗话》说:"盛唐诗人惟在兴趣,言有尽而意无穷。近代诸公,以文为诗,以才学为诗,以议论为诗。夫岂不工,终非古人之诗也。"就苏诗而论,可说有三种情况:

一是苏诗也具有"以文为诗,以才学为诗,以议论为诗"的特点,如《观鱼台》(《东坡集》卷二):

> 欲将同异较锱铢,肝胆犹能楚越如。
>
> 若信万殊归一理,子今知我我知鱼。

全诗都是隐括《庄子》,说理谈玄,枯燥无味,没有新的思想,没有鲜明的形象,没有诗的意境,读起来晦涩难懂。

二是在以议论为主的诗篇中,也有一些虽无鲜明形象,但却耐人寻味的作品。有的甚至成了家喻户晓的名篇。前面已经征引过的《题西林壁》《洗儿》等诗,都不是以形象取胜,而是以理趣取胜,读起来仍觉得"言有尽而意无穷",就在于它善于从人们司空见惯的事物中,发掘出一些颇富哲理的思想。

三是在东坡诗中也有不少堪与唐诗媲美的作品,前面所举的大量作品均足以说明这点。苏诗有的感情奔放,气势雄浑,粗犷豪迈;有的文笔细腻,自然流利,清新隽永。正如沈德潜所指出的:苏轼诗如"天马脱羁,飞仙游戏,穷极变化,而适如意中之所欲出"(《说诗晬语》)。这段话道出了苏轼豪放不羁的浪漫主义特点及其风格的多样性。

二六 "一洗香罗绮泽之态"

——苏词特色

以东坡词为代表的豪放词，在北宋中叶的形成，绝不是偶然的。它是当时国内阶级矛盾和民族矛盾尖锐化的产物，是苏轼少年得志，一生坎坷的产物，也是词自中唐产生以来长期发展的产物。北宋中叶内外矛盾的激化，已不允许奋厉有当世志的苏轼，像宋初太平宰相晏殊①那样雍容典雅，"一曲新词酒一杯"了；也不可能再像潦倒放荡的柳永那样"偎红倚翠"，"浅斟低唱"了。而苏轼一生坎坷不平的复杂经历，也为他创作豪放词提供了广阔的生活基础。但是，如果没有词自中唐以来的长期发展，苏轼要创立豪放词也是不可能的。

清人刘熙载②说："太白《忆秦娥》，声情悲壮；晚唐五代，惟趋婉丽；至东坡始能复古。后世论词者或转以东坡为变调，不知晚唐五代乃变调也。"（《艺概》卷四《词曲概》）这话是颇有道理的。词的发展经历了三个阶段，走了一个"之"字路，来了一个否定之否定。词在中唐初兴的时候，因为来自民间，虽然形式短小，还不成熟，但内容还比较广泛，格调也较清新。其中有声情悲壮的"伤别"，如传说李白所作的《忆秦娥》；有轻松愉快的渔歌，如张志和③的《渔歌子》；有雄浑旷远的边塞风光，如韦应物的《调笑令》；有情景交融的江南风光，如白居易的《忆江南》。这时的词并非专写儿女情长。词言情，词为艳科，是在晚唐，特别是五代，经过封建文人的所谓"提高"

---

① 晏殊（991—1055）字同叔，临川（今江西抚州市临川区）人。官至同中书门下平章事兼枢密副使。所作词内容比较单调，主要抒写达官贵人的闲情逸致，语言婉丽，音韵和谐。

② 刘熙载（1813—1881）字伯简，号融斋，江苏兴化人。清代文学家，著有《艺概》《昨非集》。

③ 张志和（约730—810）字子同，婺州金华（今属浙江）人。唐肃宗时待诏翰林，授左金吾录事参军。后坐事贬官，居江湖，自称烟波钓徒。

之后。这时，词的内容越来越狭窄，几乎到了专写女人风姿的地步；格调越来越低下，充满了寄情声色的脂粉气；语言越来越华艳，剪翠裁红，铺金缀玉，着重雕饰。晚唐的温庭筠①，五代的"花间词"，就是这种词风的代表，被称为婉约词。一时间，它似乎倒成了词的正宗。宋初的词基本上承袭了晚唐五代"绮丽香泽"，"绸缪婉转"的风气，直至苏轼以前没有根本转变。但苏轼以前的词人也为苏轼创立豪放词创造了条件。一是经过他们的努力，使词这种形式日趋成熟，他们陆续创造了很多成功的词调，使苏轼能够运用自如。二是他们中的一些人，对词的题材、内容也作了一些开拓工作，如李煜②以词抒写亡国的悲痛，范仲淹以词抒写苍凉悲壮的边塞生活。特别是柳永以词抒写个人的怀才不遇（如《鹤冲天》），羁旅离情（如《雨霖铃》）和城市繁华（如《望海潮》），无论在内容上和形式上，都好像把婉约词发展到了登峰造极的地步。

物极必反，苏轼在前人成就的基础上另辟蹊径，创立了词风迥然不同的豪放词，把似乎"不可复加"的以柳永为代表的婉约词远远地抛到了后面。正如胡寅所说："唐人为之最工，柳耆卿后出，掩众制而尽其妙，好之者以为不可复加。及眉山苏氏一洗绮罗香泽之态，摆脱绸缪宛转之度，使人登高望远，举首高歌，而逸怀浩气超然乎尘垢之外。于是《花间》为皂隶（奴仆），而柳氏为舆台（奴隶）矣。"（《题酒边词》）

苏轼确实是自觉地要在柳词之外别树一帜，他在《与鲜于子骏书》中说："近却颇作小词，虽无柳七郎风味，亦自是一家。呵呵，数日前，猎于郊外，所获颇多。作得一阕，令东州壮士抵掌顿足而歌之，吹笛击鼓以为节，颇壮观也。"这封信写于熙宁八年密州任上，信中所说"作得一阕"即指著名的《江城子·密州出猎》，这是一首典型的豪放词，是苏轼本人豪放词风形成的重要标志。李清照的《词论》，强调词"别是一家"，词要写得与诗不同；苏轼强调他的词"自是一家"，与北宋前期把婉约词发展到登峰造极的柳永不

---

① 温庭筠（约812—866）字飞卿，太原祁县（今属山西）人，官国子助教。诗词均著名，辞藻华丽，风格浓艳。

② 李煜（937—978）字重光，南唐后主。在位十五年，纵情声色，不修政事。国亡，为宋所俘。工于词，早期作品反映了他荒淫腐朽的生活，晚期作品主要抒写亡国的感伤，艺术价值较高。

同。这"自是一家"显然就是他在《答陈季常书》中所说的豪放一家。柳永的词是写给酒筵上的歌女唱的，苏轼的词却是供"东州壮士抵掌顿足而歌之，吹笛击鼓以为节"。苏轼在黄州作《哨遍》，也"使家僮歌之，时相从于东坡，释耒而和之，扣牛角而为之节"，并感到"不亦乐乎"。这就难怪幕士说他的词"须关西大汉"演唱，人以为讥，他却"为之绝倒"。过去的词多以婉丽为美，他却以自己的词"颇壮观"自豪。这封信无可置疑地证明苏轼创作豪放词并非偶尔心血来潮，而是相当自觉的；苏、秦论词的故事，即使是后人杜撰，但其观点至少与这封并非杜撰的书信是一致的。

豪放词与婉约词有什么不同？苏轼有件轶事颇能说明这个问题。苏轼曾问一位善歌的幕士："我词何如柳七（柳永）？"幕士回答说："柳郎中词，只合十七八女郎，执红牙板，歌'杨柳岸，晓风残月'；学士词，须关西大汉，铜琵琶，铁绰板，唱'大江东去'。"（俞文豹《吹剑录》）苏轼听后，笑得前翻后仰。这位"善歌"的幕士，用非常形象的语言，道出了以柳永为代表的婉约词和以苏轼为代表的豪放词的不同特点，婉约词香而软，豪放词粗而豪。

无论赞颂或讥刺苏词的人都说苏轼"以诗为词"："退之以文为诗，子瞻以诗为词"（陈师道《后山诗话》）；"少游（秦观）诗似小词，先生（苏轼）小词似诗"（胡仔《苕溪渔隐丛话》前集卷四二引《王直方诗话》）；东坡词"皆句读不葺之诗耳"（李清照《词论》）。所谓苏轼"以诗为词"究竟是什么意思呢？从内容方面看，主要是指苏轼大大扩大了词的题材。诗的内容几乎是无所不包的，东坡词的内容也几乎是无所不包的。他以词的形式记游吟物，怀古伤今，歌颂祖国的山川景物，描绘朴实的农村风光，抒发个人的豪情和苦闷，刻画各阶层的人物。在他的笔下，有"雄姿英发，羽扇纶巾"的豪杰（《念奴娇·赤壁怀古》）；有"帕首腰刀"的"投笔将军"（《南乡子》）；有"垂白杖藜抬醉眼"的老叟，也有"旋抹红妆看使君，三三五五棘篱门，相排踏破倩罗裙"的农村少女形象（《浣溪沙·徐门石潭谢雨》）。苏轼的词确实做到了"无事不可入，无意不可言"（《艺概》卷四《词曲概》）。

历代文人往往只以诗的形式来抒写自己的理想、怀抱、志向，而词似乎是不能登这大雅之堂的。但苏轼打破了"诗言志，词言情"的传统藩篱，到了他的手里，词也可以言志了。他经常用词抒写他那激昂排宕、不可一世的气概和壮志难酬、仕途多艰的烦恼，充满了理想同现实的矛盾。苏轼的《江城子·密州出猎》抒发了渴望驰骋疆场，为国立功的豪情；《水调歌头·丙辰中秋》抒发了"我欲乘风归去，又恐琼楼玉宇，高处不胜寒"，既希望回到朝廷，又怕朝廷难处的矛盾心情；《念奴娇·赤壁怀古》更充满了美妙的理想同可悲的现实的矛盾。他希望像"千古风流人物"，三国时的"多少豪杰"，特别是像"公瑾当年"那样，建立功名；但是，可悲的现实却是"早生华发"，一事无成，反被贬官黄州。全词无论是状景写人，还是怀古伤今，都写得苍凉悲壮，慷慨激昂，是豪放词的代表作。以上这些豪放词的名作，我们在论述苏轼生平时已详尽介绍，这里就不重复了。

苏轼在词的发展史上的主要贡献，自然在于他创立了豪放词。同时，苏轼对婉约词的发展也不容忽视。

苏轼对柳永词风是不满的，决心另辟蹊径："近颇作小词，虽无柳七郎风味，亦自是一家。"（《东坡集》卷五《与鲜于子骏书》）但苏轼不满柳词，并非不满婉约词，而是不满柳词中的淫词艳语。苏门四学士之一的秦观作《满庭芳》词，中有"销魂，当此际，香囊暗解，罗带轻分。漫赢得青楼，薄幸名存"等语。秦观自会稽入京见苏轼，苏轼对秦观表示不满说："不意别后，公却学柳七作词！"秦观回答道："某虽不学，亦不如是。"苏轼反问道："'销魂，当此际'，非柳七语乎？"（《高斋诗话》）由此可见，苏轼不愿其门人写柳永式的艳词。柳永也有一些格调较高的作品，苏轼也十分推崇。柳永的《八声甘州》无疑是婉约词的代表作，苏轼认为其中的"渐霜风凄紧，关河冷落，残照当楼"等语，"不减唐人高处"。由此可见，苏轼并不因为自己另创豪放词，就贬低婉约词。相反，在现存三百四十余首东坡词中，真正堪称豪放词的并不多，东坡词的绝大多数仍属婉约词。就艺术水平看，苏轼不仅豪放词写得好，他的婉约词也不亚于任何婉约词人。王士禛①评苏轼《蝶恋花》（"花褪残红青杏小"）说："恐柳屯田缘情绮靡未必能过。孰谓彼但解'大江东去'

---

① 王士禛（1634—1711）号阮亭，又号渔洋山人，山东新城（今桓台）人。清代诗人，论诗创神韵说，著有《带经堂集》等。

耶?"（《花草蒙拾》）张炎①认为苏轼《水龙吟》（"似花还似非花"）等词，"周（邦彦）②秦（观）诸人所不能到"（《词源》）。陈廷焯③也说："东坡词寓意高远，运笔空灵，措语忠厚，其独到处，美成（周邦彦）、白石（姜夔）④亦不能到。"（《白雨斋词话》）柳永、秦观、周邦彦、姜夔均是两宋婉约词的名家，苏轼某些以婉约见长的词，不但不逊于他们，而且时有过之。有些论者往往只看到苏轼对豪放词形成的巨大作用，而忽视了他对婉约词发展的影响。其实，不仅辛弃疾⑤等豪放词人深受苏轼的影响，姜夔等婉约词人也受了苏轼影响。在苏轼以前咏物词不多；苏轼成功地创作了一些咏物词，其后姜夔等人大量创作咏物词，这与苏轼的影响，显然是分不开的。因此，无论就苏轼婉约词的数量、质量，还是就它对后世的影响看，都应引起我们的重视。

苏轼咏物词的共同特点是"似花还似非花"，好像是在咏物，但又不全是在咏物，而是托物拟人，把人与物写得若即若离，含蓄蕴藉，意在言外。咏孤鸿的《卜算子·黄州定惠院寓居作》是苏轼贬官黄州期间写的：

> 缺月挂疏桐，漏断人初静。谁见幽人独往来，缥缈孤鸿影。　　惊起却回头，有恨无人省。拣尽寒枝不肯栖，寂寞沙洲冷。

缺月、疏桐、漏断、人静、缥缈的孤鸿独往独来，词一开头就为我们烘托出清凄、寂寞、孤独、高洁的气氛。下阕集中描写孤鸿形象：因惊起飞而又频频回顾，满含幽恨而又无人理解，寒枝拣尽而不屑栖身，倍觉寂寞、凄

---

① 张炎（1248—1314）字叔夏，号玉田，浙江杭州人，南宋词人，著有《词源》《山中白云》词集。

② 周邦彦（1057—1121）字美成，钱塘（今浙江杭州）人，北宋词人，精通音律，有《片玉集》。

③ 陈廷焯（1853—1892）字亦峰，江苏丹徒人。著有《白雨斋词话》，鼓吹常州词派的理论，强调寄托，"意在笔先，神余言外"。

④ 姜夔（约1155—约1221）字尧章，号白石道人，鄱阳（今属江西）人，南宋词人、音乐家，著有《白石道人歌曲》《白石道人诗集》等。

⑤ 辛弃疾（1140—1207）字幼安，号稼轩，历城（今山东济南）人。南宋著名爱国词人。艺术风格多样，而以豪放为主，与苏轼并称苏辛词派。

冷。爱讲寄托而流于穿凿附会的张惠言①解释这首词说："缺月，刺明微也；漏断，暗时也；幽人，不得志也；独往来，无助也；惊鸿，贤人不安也；回头，爱君不忘也；无人省，君不察也；'拣尽寒枝不肯栖'，不偷安于位也；'寂寞沙洲冷'，非所安也。"（转引自《东坡乐府笺》卷二）我们今天大可不必这样寻求字字句句的寄托，但总观全词无疑是有寄托的。那"惊起却回头，有恨无人省。拣尽寒枝不肯栖，寂寞沙洲冷"的孤鸿，正是贬官黄州，无人理解自己，但仍孤高自赏，坚持不与世俗同流的苏轼的自我写照。黄庭坚对这首词极其赞赏："语意高妙，似非吃烟火食人语。非胸中有万卷书，笔下无一点尘俗气，孰能至此！"（转引自《东坡乐府笺》卷二）

《水龙吟·次韵章质夫杨花词》也是苏轼咏物词的代表作。章质夫，福建浦城人，曾与苏轼同官京师。他的原词"命意用事，清新可喜"，如写柳絮欲坠不坠之态说："傍珠帘散漫，垂垂欲下，依前被，风扶起。"从这里，"便觉质夫词有织绣工夫"。而苏轼和词却"如毛嫱、西施，净洗却面，与天下妇人斗好"（南宋朱弁《曲洧旧闻》）。也就是说，苏轼和词以本色美见长：

似花还似非花，也无人惜从教坠。抛家傍路，思量却是，无情有思。萦损柔肠，困酣娇眼，欲开还闭。梦随风万里，寻郎去处，又还被，莺呼起。

不恨此花飞尽，恨西园、落红难缀。晓来雨过，遗踪何在？一池萍碎。春色三分，二分尘土，一分流水。细看来，不是杨花，点点是离人泪。

落花是有人同情的，而柳絮似花却又非花，所以无人怜惜，任它飘来坠去。韩愈《晚春》诗说杨花是没有"才思"的："杨花榆荚无才思，惟解漫天作雪飞。"苏轼反用其意，说杨花离开枝头（"抛家"），流落路旁（"傍路"），看似"无情"，却有情意（"有思"）。为什么说它有情意呢？你看那柔软的柳枝，正像那被愁思萦绕坏了的柔肠；那嫩绿的柳叶，正像美人困极时欲开还闭的娇眼；那随风飘荡的柳絮，正像那梦中万里寻夫的思妇。令人生恨的不

---

① 张惠言（1761—1802）字皋文，江苏武进（今常州）人。清代经学家、文学家，著有《茗柯文编》《茗柯词》，编有《词选》。论词强调比兴，为常州词派创始人。

仅是柳絮飞尽，而且是万花纷谢，难以收拾，到处是残春景象。加之一夜风雨，早晨寻找杨花遗踪，化作了一池浮萍，多数已委身尘土，少数身逐流水。这哪里是什么杨花，简直是斑斑点点的离别之人的眼泪呀！全词构思巧妙，一气呵成；以人拟物，刻画细腻；语言清新舒徐，情调幽怨缠绵；以"似花还似非花"开头，起笔突兀，引人入胜；以"点点是离人泪"结尾，画龙点睛，余味无穷。张炎《词源》说："东坡次章质夫杨花《水龙吟》韵，机锋相摩，起句便合让东坡出一头地。后片愈出愈奇，真是压倒古今！"王国维也说："咏物之词，自以东坡《水龙吟》为最工。"

如果说咏孤鸿的《卜算子》通篇是借物拟人，咏杨花的《水龙吟》通篇是以人拟物，那么《贺新郎》的特点则是先分写人和物，再合写其共同处境。《贺新郎》的上阕，先为我们塑造了一位高风绝尘而又孤独寂寞的美女形象：

> 乳燕飞华屋，悄无人、桐阴转午，晚凉新浴。手弄生绡白团扇，扇手一时似玉。渐困倚、孤眠清熟。帘外谁来推绣户，枉教人梦断瑶台曲。又却是，风敲竹。

在盛夏（"乳燕飞华屋"）午后（"桐阴转午"），寂悄无人，只有一位"新浴"美人，摇着白色生丝织成的团扇，渐感困倦，倚枕侧卧，独自很香甜地睡着了。突然间不知谁来敲门，打断了她仙游的美梦。醒来一看，什么人也没有，原来是"风敲竹"的声音。这是一幅动态的（"新浴""孤眠""梦断"）美人图。下阕前半是石榴独芳图：

> 石榴半吐红巾蹙，待浮花、浪蕊都尽，伴君幽独。秾艳一枝细看取，芳心千重似束。

石榴花真是多情，她在"浮花浪蕊都尽"即万花均谢的时节，以她那好像摺皱了的红巾一样的花朵和紧紧束在一起的千重芳心来"伴君幽独"。"半吐红巾蹙"，"芳心千重似束"，简直把石榴花写活了。最后是一幅美人、石榴的合图：

> 又恐被、西风惊绿。若待得君来向此，花前对酒不忍触。共粉泪，两簌簌。

这里以秋风起，榴花凋谢而只剩绿叶，喻美人怕年华易逝而容颜渐老。她们同病相怜，美人来到石榴花前饮酒却无心饮酒，只有美人的盈盈粉泪和石榴的片片落花一起簌簌坠地而已。胡仔《苕溪渔隐丛话》认为："东坡此词，冠绝古今，托意高远。"说这首词"冠绝古今"或许有些过誉，说它"托意高远"却是事实。这首词写于何时，难以确考。《宋六十名家词》说是作于苏轼"倅杭日"，倅为副职，那就是写于熙宁年间任杭州通判时。《古今词话》说是作于"苏子瞻守钱塘"时，那就是作于元祐年间任杭州知州时。前一次是因为受新党的排挤而出任杭州通判的，后一次是因受旧党的排挤而出任杭州知州的。而无论哪一次，苏轼的处境可说都与美人、石榴的处境相似，他是在借物抒愤，抒发他那被西风摧残而怀才不遇的苦闷。

言情是婉约词的传统题材。苏轼言情词，自然也有一些无聊之作，如赠徐君猷三侍人（妩卿、胜之、庆姬）的《减字木兰花》。但是，苏轼多数的言情词，格调较高，他往往用白描手法，而不用某些婉约词人爱用的香词艳语，来抒写真挚、浓烈、纯朴的爱情。除前面已经讲到的《江城子·记梦》对亡妻的深切怀念，《蝶恋花》写墙外行人对墙里佳人的单相思以外，我们还可举出写离情的《少年游·润州代人作》：

> 去年相送，余杭门外，飞雪似杨花。今年春尽，杨花似雪，犹不见还家。对酒卷帘邀明月，风露透窗纱。恰似姮娥怜双燕，分明照，画梁斜。

这首词写于熙宁七年（1074）春末，当时苏轼行役在外，借佳人对行客的怀念来抒写自己对佳人的怀念，巧妙地用"雪似杨花"，"杨花似雪"这种循环往复的修辞手法，来描写离别，写得回肠荡气，情深意远。又如《洞仙歌》写后蜀孟昶同花蕊夫人的爱情故事：

> 冰肌玉骨，自清凉无汗。水殿风来暗香满，绣帘开、一点明月窥人；人未寝，欹枕钗横鬓乱。　　起来携素手，庭户无声，时见疏星渡河汉。试问夜如何？夜已三更，金波淡、玉绳低转。但屈指西风几时来，又不道流年，暗中偷换。

上阕写花蕊夫人，寥寥数语，就为我们刻画出这位贵妇人的形象：冰肌玉骨，清凉无汗，水殿风来，暗香扑鼻，绣帘开处，明月入窗，只见她斜欹绣枕，钗横鬓乱。下阕写她和孟昶"夜纳凉摩诃池上"，他们漫步在寂静的庭户中，只见疏星闪烁，银河低垂，月色淡明，玉绳（星名）低转，表明"流年暗中偷换"，产生了一种时光易逝的淡淡哀愁。全词描写花蕊夫人形象和摩诃池夜景，均历历如画，使人如临其境，如见其人。

在苏轼的三百四十余首词中，直接、间接涉及歌妓姬妾的约一百八十来首，占全部苏词的一半有余。这是因为在中国的封建社会里，官僚贵族本来就广蓄歌妓舞女，特别是在宋代，开国皇帝赵匡胤为了换取兵权，就公开提倡享受，他对为他打天下的石守信等说："卿等何不释去兵权，出守大藩，择便好田宅市之，为子孙立永远不可动之业，多置歌儿舞女，日夕饮酒相欢，以终天年？"在最高统治者的倡导下，不仅私家蓄伎，官府也蓄妓。《西湖游览志余》载："唐宋间，郡守新到，营妓皆出境而迎。"我们从苏轼《菩萨蛮·杭妓往苏，迓新守杨元素，寄苏守王规甫》《菩萨蛮·西湖席上代诸妓送陈述古》等词，就可见当时的社会风气。就苏轼本人说，他也不是什么道学先生，他吃得苦，但也会享受，用他自己的话来说，就是"自古相从休务日，何妨低唱微吟。"（《临江仙·送李公恕》）加之他为人正直，才气横溢，放达善谑，深得歌妓们的爱戴，她们常向他索词。这就是苏轼赠歌妓的词较多的原因。苏词格调的高低不在于是否写了歌妓词以及写作的多少，而在于他写的歌妓词的内容，以及他对歌妓的态度。柳永恋恋于歌妓的是："洞房饮散帘帏静，拥香衾，欢心称。"这就叫"词语尘下"。而苏轼所欣赏的，除了她们的美妙歌喉和优美舞姿外，更是这些地位卑贱的人的崇高品质。苏轼贬官黄州，他的朋友王定国坐贬岭南，王有一歌女叫宇文柔奴，随之南迁。后来，王定国北归，苏轼关切地问柔奴："广南风土，应是不好？"柔奴却说："此心安处，便是吾乡。"苏轼深受感动，赞美这位心地高尚的柔奴道："万里归来年愈少，微笑，笑时犹带岭梅香。试问岭南应不好，却道：此心安处是吾乡。"（《定风波》）苏轼除欣赏她们的好义之外，还欣赏她们情真。他有一首《阮郎归》，上阕写歌妓对他的依依惜别之情："一年三度过苏台，清尊长是开。佳人相问苦相猜，这回来不来？"下阕是苏轼的答词："情未尽，老先催，人生真可咍。他年桃李阿谁栽，刘郎双鬓衰。""佳人"情真，因苏轼离去，"其色凄然"，问语虽质朴，感情却很真挚；苏轼也情真，他没有正面回答来不来的问题，却感叹人生短促，而担心后会无期的感情已溢于言外。当苏轼把她们的真情厚意与官场中的人情冷暖，世态炎凉作对比时，尤其感到她们的友情可贵。他在《醉落魄·苏州阊门留别》中写道："苍颜华发，故山归计何时决？旧交新贵音书绝，惟有佳人，犹作殷勤别。　　离亭欲去歌声咽，潇潇细雨凉吹颊。泪珠不用罗巾裛，弹在罗衫，图得见时说。"上阕一二句写他厌倦官场，盼归故山；次三句即把"旧交新贵"的薄情同"佳人"的"殷勤"作对比；下阕前二句进一步补写"佳人""殷勤"的形象；最后三句是作者对"佳人"的安慰，留下泪痕以便将来重话旧情，寄予对方以还有重见的希望。可见他对"歌声咽"的"佳人"是多么体贴。苏轼还对歌伎的不幸遭遇，特别是对那些小小年纪就遭蹂躏的歌妓寄予了深切同情，这集中表现在《减字木兰花·赠小鬟琵琶》一词里："琵琶绝艺，年纪都来十一二。拨弄么弦，未解将心指下传。　　主人瞋小，欲向春风先醉倒。已属君家，且更从容等待他。"上阕一二句写小鬟年小艺高；三四句写她正因为年龄太小，故不懂得指下传情；下阕前二句写主人因此而嗔怒，对这样一位幼女也想糟蹋；最后两句是苏轼对主人的劝告，不，简直是抗议。如果对不幸的小鬟没有深厚的同情心，是写不出这样的辞章的。至于苏轼以词帮助歌妓"郑容落籍，高莹从良"的佳话（《减字木兰花·赠润州守许仲涂》）因人熟知，这里就不细说了。苏轼这些歌妓词，与柳永的"锦帐里，低语偏浓，银灯下，细看俱好"(《两同心》"嫩脸修娥"),是不可同日而语的。

言情词和咏物词是苏轼婉约词的主体,但苏轼的婉约词远不止这些内容,他的许多怀古词、赠人词、写景词、纪行词也以婉约见长。苏轼知徐州时作有《永遇乐·彭城夜宿燕子楼,梦盼盼》。盼盼是唐代尚书张建封的爱妓,"善歌舞,雅多风态"。张建封纳盼盼于燕子楼,三日乐不息;后又另筑新燕子楼,专供盼盼居住。张建封死后,"盼盼念旧爱而不嫁,居是楼十余年。"(白居易《燕子楼诗序》)苏轼在徐州筑有黄楼,他有感于张建封事,写下了这首著名的《永遇乐》:

明月如霜,好风如水,清景无限。曲港跳鱼,圆荷泻露,寂寞无人见。纮如三鼓,铿然一叶,黯黯梦云惊断。夜茫茫,重寻无处,觉来小园行遍。

天涯倦客,山中归路,望断故园心眼。燕子楼空,佳人何在,空锁楼中燕。古今如梦,何曾梦觉,但有旧欢新怨。异时对,黄楼夜景,为余浩叹。

这首怀古词的突出特点在于并没有花多少笔墨来怀古,而是偏重于写景抒慨,但却充满了怀古之情。上阕写"夜宿燕子楼,梦盼盼"。词一开头就描绘出清凉寂静、朦胧迷离的残秋月夜景色。三更鼓响后,寂静得一片落叶坠地也能听见"铿然"之声,以致把作者从夜梦盼盼中惊醒。作者醒来,行遍小园,重寻梦中的盼盼,但只见夜气茫茫,再也找不到了,不禁黯然心伤。为什么黯然心伤呢?下阕作了回答。因为他已倦于宦游天涯,很想回到山中去过田园生活,但故乡渺渺,枉自望眼欲穿。眼前的燕子楼空空如也,当年的美人再也不见影子,真是物是人非。古往今来俱如此,总是梦不醒,只为后人留下一些旧欢新怨的遗迹罢了。当年张建封在这里筑燕子楼,今天自己在这里筑黄楼;此时自己为"燕子楼空"而感叹,异时谁又对着黄楼夜景,为我长叹呢?全词直接写张建封事的只有"燕子楼空,佳人何在,空锁楼中燕"三句,具有高度的概括性。晁补之对此极为叹赏,认为"只三句便说尽张建封事"(《历代诗余》引《高斋诗话》)。苏轼对自己这三句也很得意,据说他曾"以'燕子楼空'三句语秦淮海(即秦观),殆以示咏古之超宕,贵神情，不贵迹象也"（郑文焯《手批东坡乐府》）。"贵神情，不贵迹象"，这是苏轼重要的美学思想，他对诗、词、书、画都很强调这点。他一向反对过分胶着，强调神韵，强调弦外之音，言外之意，这首《永遇乐》就从创作实践上为我们提供了范例。

苏轼对词的革新除创立了豪放词，发展了婉约词以外，还在于他使词摆脱了附属于音乐的地位，使词发展成为独立的抒情诗。刘熙载的《艺概·词曲概》指出："乐歌，古以诗，近代以词。如《关雎》《鹿鸣》，皆声出于言也，词则言出于声矣。故词，声学也。"这段话阐明了诗、词与音乐的关系：古代以诗为乐歌，唐宋则以词为乐歌；古代的乐歌是"声出于言"，即按词谱曲；唐宋的乐歌是"言出于声"，即按谱填词；"故词，声学也"，词是附属于音乐的。苏轼作词虽然也遵守词律，但他又敢于不受词律束缚。贬抑苏词的人常说它"不入腔"，"不协律"，是"句读不葺之诗"。苏轼自己也说："平生不善唱曲，故间有不入腔处。"（胡仔《苕溪渔隐丛话》后集卷二六）所谓"不善唱曲"，并非不能唱曲。据晁以道说，哲宗绍圣初，"与东坡别于汴上，东坡酒酣，自歌《阳关曲》"（《历代诗余》卷一一五）。这是讲的"自歌"。苏轼贬黄州期间，作《临江仙·夜归临皋》，"与客大歌数过而散"（叶梦得《避暑录话》卷上）。显然，苏轼是参与了"大歌"的。所谓"间有不入腔处"，说明他的词一般还是入腔的，只是偶尔不入腔。偶尔不入腔，并非因为不懂音律所造成。相反，许多材料证明苏轼是精通音律的。例如，太常博士沈遵作《醉翁操》，节奏疏宕，音指华畅，知琴者以为绝伦；但有其声而无其词。欧阳修曾为之作词，可惜"与琴声不合"。后来苏轼为《醉翁操》重新填词，音韵谐婉。郑文焯说："读此词，觉苏之深于律可知。"（《东坡乐府笺》卷二）再如，苏轼知定州，宴席间有人唱《戚氏》，"调美而词不典"。苏轼为之重新填词，"使歌妓再歌之，随其声填写，歌竟篇就，才点定五六字而已"（吴曾《能改斋漫录》）。这不仅说明苏轼文思敏捷，而且也说明他精通音律。以上两例都是依声填词。此外，苏轼还常常改词以就律。他在《哨遍》中说，陶渊明赋《归去来辞》，"有其词而无其声"，他就把陶词"稍加隐括（改写），使就声律"。苏轼还曾"取退之诗（指韩愈的《听颖师弹琴》）稍加隐括，以就声律"（《东坡乐府笺》卷二《水调歌头·昵昵儿女语》）。若不懂音律，就不可能改词以就律。苏轼既通音律，为什么他的词又"间有不入腔处"呢？这是因为苏轼历来主张文贵自然，不愿以声律害意。正如陆游所说："公非不能歌，但豪放，不喜剪裁以就声律耳。"（《历代诗余》卷一一五）或如晁补之所说："居士词横放杰出，自是曲中缚不住者。"（《苕溪渔隐丛话》后集卷三三）苏轼的"不喜剪裁以就声律"，在当时虽然遭到很多非议，连苏门六君子之一的陈师道都说："子瞻以诗为词，如教坊雷大使之舞，虽极天下之工，要非本色。"（《后山诗话》）但是，从词的发展史看，却使词逐渐发展成为一种独立的新的抒情诗体。特别是在词谱失传之后，更只能沿着苏轼的路子走，一直到现在仍为词家所采用。

二七　"平生好书仍好画"

——苏轼书画艺术

　　苏轼是一个多才多艺的人，他不仅在诗、词、散文等文学领域，而且在书法、绘画等艺术领域都有巨大的成就。他在书法、绘画方面有不少精辟的见解。

　　宋代有很多著名书法家，如范仲淹、蔡襄、米芾、黄庭坚、赵构（宋徽宗）、岳飞等，其中仍以苏轼最为有名，苏轼对历代书法都很有研究。他说，秦朝虽然无道，但它所创立的东西有不少超过前人，"其文字之工，世亦莫及，皆不可废"（《东坡续集》卷一二《刻秦篆记》）。他最推崇魏人钟繇、晋人王羲之的书法，认为他们的特点是"萧散简远，妙在笔画之外"。他认为唐代的颜真卿①、柳公权②虽集古今书法之大成，"极书之变，天下翕然以为宗师"；但已开始失去钟、王那种"萧散简远，妙在笔画之外"的风格，"钟、王之法益微"（《东坡后集》卷九《书黄子思诗集后》）。由此可见，苏轼对钟、王的推崇远在颜、柳之上。这与他称自己的书法"不及晋人"，而与唐人"仿佛近之"的观点是一致的。

　　苏轼早年学王羲之父子，颇得其法，写得"风姿妩媚"；中年以后学颜字，笔划渐趋粗壮，字形媚中带骨；晚年学李邕③，在凝重、厚实中又添豪劲。苏轼认为作书应内刚外柔，"如绵裹铁"，"藏锋画中，力出字外"，以达

---

　　① 颜真卿（709—784）字清臣，京兆万年（今陕西西安）人。官至殿中侍御史、太子太师，封鲁国公。书法端庄雄伟，气势开张，世称"颜体"。

　　② 柳公权（778—865），字诚悬，唐京兆华原（今陕西铜川）人，元和初年进士，累官太子太师。书法遒劲妩媚，曾以"心正则笔正"答唐穆宗，进行笔谏。

　　③ 李邕（678—747），唐代著名文人，早擅才名，尤长碑颂，嫉恶如仇，屡遭贬斥，后以七十岁高龄被李林甫杖杀。

到刚柔相间，"藏工于拙"。苏轼的书法就具有肉丰骨劲、外拙内美、浑厚华美、端庄秀丽的特点，代表作有《念奴娇·赤壁怀古帖》《前赤壁赋帖》《醉翁亭记碑》《罗池庙碑》《临王羲之讲堂帖》《杜甫桤木诗卷帖》《黄州寒食诗帖》以及一些书札尺牍。

苏轼认为，文贵自然，书法也贵自然。他说："我书意造本无法，点画信手烦推求。"这是一种很高的书法境界；信笔直书，随意点染（"意造"），不受限制，不假思索（"本无法"）。这种"无法"是通过"有法"的刻苦练习得来的。"兴来一挥百纸尽，骏马倏忽踏九州。"这种"兴"不仅是一时的灵感，而主要是通过"堆墙败笔如山丘"（《东坡集》卷二《石苍舒醉墨堂》）的长期艰苦劳动做好准备的。他又说：

> 吾虽不善书，晓书莫如我。
> 苟能通其意，常谓不学可。
> 貌妍容有矉，璧美何妨椭。
> 端庄杂流丽，刚健含婀娜。

> （《东坡集》卷一《和子由论书》）

"能通其意"，不学亦可；问题在于要通其意，就非学不可。苏轼自己的书法成就是通过自己的"幼而好书，老而不倦"的长期努力获得的；他对历代书法的精当评论，也表明他对前人书法研习很深。只有功夫到家后，才能做到"端庄杂流丽，刚健含婀娜"。否则，就会"端庄""刚健"而失于板滞；"流丽""婀娜"而失于无力。"貌妍容有矉，璧美何妨椭。"确实是这样，功夫到家后，"不自缘饰"，信笔"意造"，即使像美人皱眉，碧玉微椭，那也无妨。白璧微瑕，往往还能"因病成妍"。

苏轼认为学习书法应先练真书（正楷），再练行书；要在真书、行书有了根底以后，才能练草书。他说："张长史（旭）[①] 草书，颓然天放，略有点画

---

① 张旭，字伯高，唐代著名书法家，善草书，世称"草圣"。

处，而意态自足，号称神逸。今世称善草者，或不能真、行（真书、行书），此大妄。"他认为正楷有如立正（"真如立"），行书有如行走（"行如行"），草书有如快跑（"草如走"），"未有未能立、行，而能走者也"（《东坡集》卷二三《书唐氏六家书后》），这些话都是经验之谈。

苏轼"善画古木丛竹"，他的存世绘画只有《枯木竹石图》较为可信。王维是所谓士人画即文人画的开创者，但第一个提出"士人画"的名称的是苏轼。他在《跋宋汉杰画山》中说："观士人画如阅天下马，取其意气所到"，并称赞汉杰的画"真士人画也"。所谓"士人画"是既有别于民间绘画，又有别于官方的院体画的一种绘画，强调神似，强调"诗画本一律"，把绘画与诗文、书法结合起来，要做到"诗中有画"，"画中有诗"。

关于画竹，苏轼认为，不能光在"节节""叶叶"上下功夫，关键在于要胸有成竹，一挥而就。他说："今画者乃节节而为之，叶叶而累之，岂复有竹乎？故画竹必先得成竹于胸中，执笔熟视，乃见其所欲画者，急起从之，振笔直书，以追其所见，如兔走鹘落，少纵即逝矣。"要做到这点很不容易，全靠平时的基本功。苏轼说他还只懂得这个道理，而不能完全做到这点。这是因为平时功夫不够，临时就会"内外不一，心手不相应"。即使"有见于中"，也会由于"操之不熟"，而无法表现出来，很难有传神之笔（《东坡集》卷三二《文与可画筼筜谷偃竹记》）。

关于画水，苏轼也认为不应刻板地的描摹水的"波头起伏"，而应根据山形水势，"随物赋形，尽水之变"（《东坡集》卷二二《画水记》）。这样画出的水才是活水，而不是死水。

人物画更贵神似，而人的脸颊，特别是眼睛是最能传神的。他很欣赏顾恺之[①]的一句话："传神写景都在阿睹（眼睛）中。"苏轼认为，如果叫一个人穿得衣冠楚楚，坐待画像，是不可能画出他的真正神情的；"当于众中阴察之"，才能获得其神志特征。人物画即使画得"举体皆似"，未必能传神，关键在于把握每个人的特征，"得其意思（神态特征）所在"。

---

① 顾恺之，字长康，晋代著名画家，时称顾恺之有三绝：才绝、画绝、痴绝。小字虎头，人称顾虎头。

与画贵神似的观点相联系，苏轼还提出了常形（有规定的形状）与常理（固有的道理、规律）的问题。他认为要"曲尽其形"，画得惟妙惟肖并不难。而要"曲尽其理"，画得合情合理就不容易了。"常形之失"，即画得不像，容易发现；而"常理之失"，即画得不合理，违背客观事物的规律，"虽晓画者有不知"。"常形之失"，仅仅是局部不当，"不能病其全"，"若常理之不当，则举废之矣"。因此画无常形而有常理的东西更"不可不谨"（《东坡集》卷三一《净因院画记》）。

苏轼特别推崇唐代吴道子的画。他认为吴道子不仅能做到"不差毫末"的形似，更重要的是能做到神似，"出新意于法度之中，寄妙理于豪放之外"。吴道子的画有其独特风格，苏轼说他对于他人的画还不一定能判别其真伪，"至于道子，望而知其真伪也"（《东坡集》卷二三《书吴道子画后》）。

时人对苏轼的书画都很爱好，对他的"只字片纸皆藏收"（《东坡集》卷二《石苍舒醉墨堂》）。他说他"书成辄弃去，谬被旁人裹"（《东坡集》卷一《和子由论书》），他写了就丢了，而别人却当作宝贝珍藏起来。"平生好书仍好画，书墙涴（沾污）壁长遭骂。"（《郭正祥家醉，画竹石壁上，郭作诗为谢，且遗二古铜剑》）"长遭骂"，自然是客气话，他在别人墙上随意挥抹几笔，正是主人求之不得的，谁还会骂他呢？他在郭正祥家"画竹石"，郭不仅"作诗为谢"，而且送他"古铜剑"两把就是明证。

苏轼对文物考古也很有兴趣。他在赴凤翔任的途中经过长安，欣赏了石林亭中的石刻，这是唐苑中的故物，后来流散民间的："都城更几姓，到处有残碑。古隧埋蝌蚪（小篆），崩崖露伏龟。"（《东坡集》卷一《中隐堂诗》）苏轼在凤翔还考察了石鼓、诅楚文、秦穆公墓等古迹、古文物，并断定开元寺就是祈年观的故基。妙庭观相传是仙女董双成①炼丹的故宅，苏轼通判杭州时在这里发现了丹鼎；在杭州，有人送了苏轼一件古铜器，样子像鼎，但比鼎小得多；鼎上有两柱，把鼎反过来以两柱着地，鼎不会倒。这一精巧的古器，苏轼认为是古代的饮器。苏轼在密州时，从民间发现了秦篆字，比当时所能

---

① 董双成，仙女名，相传是西王母侍女，炼丹宅中，丹成得道升仙。

见到的都要完好得多。为了不致"磨灭"，苏轼特地请人把它"摹诸石，置之超然台上"（《刻秦篆记》）。直至苏轼去世前不久，苏轼从海南北归途中，还偶然在江边发现了石制的古箭镞。

苏轼的博学不仅表现在社会科学方面，而且还表现在自然科学方面。如前所述，苏轼在各地做官，都很注意兴修水利，成绩卓著。在贬官惠州期间，他主张引蒲涧滴水岩之水入广州城，解决市民饮水问题，这恐怕是中国历史上最早的自来水。贬官儋州时，当地群众以溪水做饭，很不卫生，他又指导群众挖井，饮用井水。苏轼一生为我们留下了大量的兴修水利的著述，比较重要的有《乞开杭州西湖状》《申三省起请开湖六条状》《乞相度开石门河状》《进单锷吴中水利书状》《申省论八丈沟利害状》《奏论八丈沟不可开状》等等。

苏轼对医学也很有研究，并用它来为民治病。他对中国的古典医书很重视："医之有《难经》，句句皆理，字字皆法，后世达者神而明之，如盘走珠，如珠走盘，无不可者。"并指责那些不重视《难经》的"俚俗医师"说："俚俗医师不由经论，直授方药，以之疗病，非不或中；至于遇病辄应，悬断生死，则与知经学古者不可同日而语也。世人徒见其有一至之功，或捷于古人，因谓《难经》不学而可，岂不误哉！"（《东坡集》卷四〇《书楞伽经后》）苏轼也很注意向同时代的名医学习，他与精通《伤寒论》的庞安时，善治眼病的王彦若都有交往。他还很注意收集各种药方，并亲加检验和推广。苏轼研究医学不仅是为自己却病延年，而且是为治疗民病。他在密州，曾推广宋王朝颁发的《济众方》；在杭州，曾作稀粥药剂，遣使挟医分坊为民治病，并捐黄金五十两，建安乐坊，仅三年就治愈上千人；在贬官岭南期间，他用姜、葱、豉三物煮浓治瘴毒，"散饮疾者"。特别值得一提的是《苏沈良方》。苏轼和沈括的政治立场是对立的，但他们都精通医理，熟悉药物，后人不管他们政治上的分歧，把他们有益于民的"良方"编在一起，名《苏沈良方》。《苏沈良方》十八卷，《拾遗》两卷，共二十卷，一百七十余付药剂，是一部比较重要的医书。《四库全书总目提要·苏沈良方》说："宋士大夫通医理，而轼与括尤博洽多闻。其所征引，于病症治验，皆详著其状，凿凿可据。其中如苏合香丸、至宝丹、礞石丸、椒朴丸等类，已为世所常用，至今神效。即有奇秘之方，世不恒见者，亦无不精妙绝伦，足资利济。"苏轼对养生学也很有研究，并著有《问养生》《续养生论》《上张安道养生诀论》等，认为世间没有什么长生不死之药，善养生者不过慎起居饮食，节声色，能逸能劳而已。在《上张安道养生诀论》（《东坡续集》卷八）中，提出了气功疗法，认为练气功"初效亦不甚觉，但积累百余日，功用不可量。比之服药，其力百倍"。

此外，《东坡酒经》论述制曲酿酒技术；《东坡志林》记述了四川名纸（"川纸"）以布头制作，四川盐户以筒井吸盐水；《仇池笔记》载沈括以石烛作墨，质量在松烟之上，蜀人养鹅取粪杀蛇，浓茶漱口既可去烦腻又不伤脾胃，这一切都表明了苏轼对自然科学的关心。苏轼甚至对炊事技术也有研究，他有一篇《猪肉颂》（《东坡集》卷一〇）谈到如何慢火煮肉：

净洗铛（锅的一种），少着水。柴头罨（掩覆）烟焰不起。待他自熟莫催他，火候足时他自美。黄州好猪肉，价贱如泥土。贵者不肯食，贫者不解煮。早晨起来打两碗，饱得自家君莫管。

至今菜谱中还有所谓"东坡肉"，可能就是从这里来的。

二八　"议论常公于身后"

——结语

　　宋孝宗在《苏文忠公赠太师制》(《经进东坡文集事略》卷首)中说:"经纶不究于生前,议论常公于身后。"前一句精确概括了苏轼的一生。后一句是宋孝宗概括南宋初年为苏轼恢复名誉时说的话,但用来概括苏轼逝世九百多年来对他的评价也是大体符合实际的。

　　中国有句成语叫作"盖棺定论"。其实,情况很复杂,盖棺也未必能定论。因为论,不仅涉及被论的客体,而且还涉及论人的主体。人死了,被论者的所作所为已经完全结束,就客体言,似乎可以定论了。但恰恰因为人死了,被论者不能为自己辩解了,只能任论者胡褒乱贬,论就更不能定了。就客体生前而言,有权有势者如中国的历代皇帝,他们盖棺以前可由自己为自己定论。秦始皇生前,借李斯的如椽大笔,给自己的定论是:"圣德广密,六合之中,被泽无疆。"盖棺以后,他们自己为自己定的论不再上算,也只能由后人根据各自的需要来为他们定论。同一位秦始皇,贾谊的如椽大笔给他的定论却是:"怀贪鄙之心,行自奋之智,不信功臣,不亲士民,废王道,立私权,禁文书而酷刑法,先诈力而后仁义,以暴虐为天下始。"(《史记》卷六《秦始皇本纪》)无权无势或权势不如人者的情况恰恰相反,他们生前由有权有势者为他们定论。苏轼生前历尽荣辱浮沉,在他未仕以前,因为与他人没有利害关系,得到的几乎是众口一词的好评。而入仕以后,特别是在卷入变法斗争以后,他的一些师友门生仍对他推崇备至,而变法派却把他骂得一钱不值,甚至把他投入监狱,远谪黄州、惠州和儋州。可见苏轼生前不但不能实现其"经纶",也得不到公正一致的评论。

　　苏轼"身后",对他的"议论"确实是"常公"的,南宋、元、明、清各代对他的评价都很高。但也只是"常公"而已，苏轼去世后，对苏轼的诋毁并不亚于他生前其政敌对他的诋毁。苏轼去世后不久的徽宗朝，他就被指为"奸党"，并诏毁其文集。当时，宋徽宗采纳了曾布的主张，改元崇宁，意思是崇尚熙宁变法。从此又开始了对元祐党人的打击。崇宁元年（1102）五月，韩忠彦以"变神考之法度，逐神考之人才"的罪名罢相，再次追贬司马光等四十四人官职；同年六月，曾布受蔡京排斥罢相，逐渐开始了蔡京专权；九月，立党人碑，把司马光等一百二十人列出罪状，谓之"奸党"，御书刻石于端礼门，其中就包括苏轼兄弟及其门人秦观、张耒、晁被之、黄庭坚等；崇宁二年（1103）四月，诏毁苏洵、苏轼、苏辙、黄庭坚、秦观等人文集；九月，蔡京又自书"奸党"为大碑，令各州县都立党人碑（至今在广西桂林龙隐岩还保存有一块元祐党籍碑）；崇宁三年（1104）六月，又重定党人，刻石于朝堂，由原来的一百二十人增至三百零九人。其后对元祐党人的迫害虽略有缓和，但终徽宗朝，苏轼等人均未能恢复名誉。直至宋钦宗靖康年间，苏轼等人才复故官；南宋高宗时，赠资政殿学士；宋孝宗时，追谥文忠，特赠太师，制词称颂苏轼说：

方嘉祐全盛，尝膺特起之招；至熙宁纷更，乃陈长治之策。叹异人之间出，惊谗口之中伤。放浪岭海而如在朝廷，斟酌古今而若斡（旋转）造化。不可夺者峣然之节，莫之致者自然之名。经纶不究于生前，议论常公于身后。人传元祐之学，家有眉山之书。

宋孝宗还亲自为苏轼文集作序作赞，称赞他的"忠言党论，立朝大节，一时廷臣，无出其右。负其豪气，志在行其所学；放浪岭海，文不少衰"，称他为"一代文章之宗"。从苏轼去世，到宋孝宗彻底为他恢复名誉，已经过了半个多世纪。

"文化大革命"期间，苏轼更被"四人帮"的御用文人罗思鼎之流扣上了"儒家""顽固派""典型投机派"的帽子。在宋徽宗、蔡京之后，历代对苏轼道德、文章、政治的评价虽然都各有褒贬，但肯定苏轼的总还是占多数。像

"四人帮"的御用文人那样全面否定苏轼，在宋徽宗以后确实是"史无前例"的。但是，正如杜甫所说："尔曹声与名俱灭，不废江河万古流。"在"四人帮"横行时，私下为苏轼鸣不平的就大有人在。在"四人帮"声名俱灭以后，逐渐又形成了苏轼热。

所谓南宋、元、明、清各代对他的评价都很高，也是就总体说的。在学术上，理学家常批评他为杂学，好在苏轼自己似乎从未以纯儒自居。在文学上，历代都对他五体投地，但也不断有人批评他手滑笔快，用典用韵多有可议之处，江西诗派、尊唐派对他也偶有微词。

苏轼是中国文学史上的奇才，是历代研究得最多的文学家。就时代看，南宋、清代和近现代，苏轼研究成果最多。清末民初陈衍在《知稼轩诗叙》中说："长公之诗，自南宋风行，靡然于金、元，明中熄，清而复炽。二百余年中，大人先生殆无不濡染及之者。"这是就苏诗对历代诗歌创作的影响说的，但整个苏轼研究也大体如此。从整个苏轼研究看，九百多年来，大体可分为六个时期：

（一）对苏轼的研究并非起于南宋，而是起于苏轼生前，从苏轼青少年时代起，就有不少对他的评述，只是北宋直观性的评述居多，深入研究远不如南宋。但他的诗文生前刊刻之多、流传之广，在历史上似乎很难找到第二人。

（二）金、元"靡然"期。所谓"靡然"，大概就是翁方纲所说的"苏学行于北"，主要是指金、元文人学习、模仿苏轼诗词文的创作风格，至于对苏轼生平及其诗、词、文的研究，则根本不足以与南宋相比。

（三）南宋"风行"期。上自皇帝、大臣，下至平民、"盗贼"均知敬爱苏轼；研究苏轼生平成风，南宋所编苏轼年谱不下十种；注释苏集成风，文有郎晔的《经进东坡文集事略》，词有傅幹的《注坡词》，苏诗号称有百家注，流传至今的既有分类注（王十朋《百家注分类东坡先生诗》），又有编年注（《施顾注苏诗》）。

（四）明代"中熄"期。受"文必秦汉，诗必盛唐"的影响，明人不重视宋代文学，但与"雅不好宋诗，而独爱东坡"（《雨村诗话》卷下）的清人李调元一样，明人对苏轼的喜爱似乎也不亚于任何一代。而苏轼研究，无论对苏轼生平，还是对苏轼诗、词、文的注释都根本不足以与前之南宋、后之清代媲美，但对苏轼作品的辑佚仍作了不少有益的工作。明代评点派盛行，出版过不少苏轼诗文的选评本，有利于苏轼诗文的普及。

（五）清代"复炽"期。清代是苏轼研究的高峰，更是苏诗研究的高峰。其集中表现，一是苏诗注，不仅整理出版了历代广泛流传的《王注》，即朱从延《增刊校正王状元集注分类东坡先生诗》；整理出版了不绝如缕的施、顾注苏诗，即邵长蘅等补注的《施顾注苏诗》；而且清人自己注释苏诗成风，先后有查慎行《补注东坡先生编年诗》、翁方纲《苏诗补注》、冯应榴《苏文忠公诗合注》、王文诰《苏文忠公诗编注集成》、沈钦韩《苏诗查注补正》等。二是苏诗评，比较重要的有查慎行的《初白庵诗评》中的苏诗评、汪师韩的《苏诗选评笺释》、纪昀的《评苏文忠公诗》、赵克宜的《角山楼苏诗评注汇钞》等。特别是纪昀，他几乎评尽苏诗，正如梁章钜《退庵随笔》所说："纪文达师评点本，尤为度人金针也。"三是清代的诗话、词话、曲话、赋话、四六话特多，对苏轼的诗、词、文都有很多精彩的评论。清末还有一部专评苏诗的诗话，即张道的《苏亭诗话》。四是苏轼生平研究，出现了王文诰《苏诗编注集成总案》，这实际是一部详尽的苏轼年谱，南宋以后，对苏轼生平的研究从未取得如此重要的成果。

（六）现当代"熄"而"复炽"期。陈衍为清末人，自然仅仅讲到清代为止，因此需补充清以后一百多年的情况。近一百多年的苏轼研究再次经历了"熄"而"复炽"的过程。20世纪的前五十年战乱频仍；一九四九年后的前三十年又政治运动不断，禁忌很多，特别是"大革文化之命"的十年，苏轼被扣上了反动派、顽固派、投机派等等帽子，苏轼研究几乎完全处于停顿状态。物极必反，最近几十年，苏轼研究又全面复兴，取得了可与清人媲美的成就。对苏轼诗文进行了全面的辑佚整理，中华书局相继出版了《苏轼诗集》《苏轼文集》《苏轼词编年校注》。历代有很多人注苏诗，但却没有人注苏词，只有一部宋人傅幹的《注坡词》在很小的范围内以手抄本流传。20世纪却相继出现了朱祖谋《东坡乐府编年》、龙榆生《东坡乐府笺》，此后三十多年更是笺注苏词成风，曹树铭、郑向恒、唐玲玲、薛瑞生、邹同庆等多家皆有苏词全集注。对苏轼生平的研究，也取得了重大成就，这就是王水照先生整理出版的《宋人所撰三苏年谱汇刊》和孔凡礼先生的《苏轼年谱》。有关苏轼的研究性专著，最近几十年尤多，并成立了全国苏轼学会，每两年开一次年会，至今已开十九次，每次都出版一本论文集。这对团结国内外苏轼研究工作者，相互交流研究心得，推动苏轼研究的深入发展，起了一定作用。

　　就地域看，苏轼不仅在国内有很多爱好者和研究者，在国外也有不少爱好者和研究者。日本、韩国不用说了，苏轼生前，他的作品已开始传入日、韩："颖士声名动倭国，乐天辞笔过鸡林。"（秦观《客有传朝议欲以子瞻使高丽，大臣有惜其去者，白罢之，作诗以纪其事》，《淮海集》卷三，上海古籍出版社，1994年。一作孙觉诗）根据日本现有文字资料，《东坡词》至迟在日本嘉祯元年（南宋端平二年，1235年）已由入宋日僧带回。日本的《四河入海》是四位日本僧人对苏诗的注释，是在中国明代陆续注解，而于日本天文三年（明嘉靖十三年，1534年）成书。相当于中国清代乾、嘉时的东京赖山阳（1780—1832）编选的《东坡诗钞》，所附评语几乎可与清人的苏诗媲美。日本文人还经常举行赤壁人和寿苏会，并出版有多种《寿苏集》。苏轼生前，韩国人就知道苏轼的文名，并有人以"轼""辙"为自己的儿子命名；以后海东江西派文人更沉醉于苏轼的赤壁风流——"拟把汉江当赤壁"；还有人集有关他的资料，编成《东坡源流》。近百年来，欧、美也开始出现苏轼的爱好者和研究者，特别是林语堂先生以英文出版《苏东坡传》以后。

　　就研究领域、研究成果看，苏诗注以南宋和清代的研究成就最高；苏词注和苏轼生平研究以南宋和当代的研究成就最高；苏文注则历代都是薄弱环节，只有南宋的《经进东坡文集事略》和明、清的苏文选评略可一提；苏轼的书画艺术为历代书画家所重视，苏轼的学术成就，对他自己最看重的《易传》《书传》和《论语说》的研究，却远比对他的文学、艺术成就的研究逊色，基本上没有人作过专门的深入研究，《论语说》甚至因此而失传。苏轼研究极不平衡，很少有人把苏轼放在北宋的理学、新学的总体环境中来研究苏轼蜀学的历史地位，很少有人从思想史的角度来研究苏轼。北宋理学都主张兴天理，灭人欲，三苏父子却以人情论解释六经，指责王安石、程颐不近人情，可见三苏父子的哲学思想也许才是北宋理学的真正对立面。研究工作不深入，写过苏轼文章的人何其多，读完苏轼作品的人又何其少，读完三苏作品、读完与苏轼有关的人的作品就更是凤毛麟角了。而连他父亲、弟弟的诗文都不作研究，则对苏轼的研究也是很难深入的。正因为研究工作不深入，因此浮在面上的文章太多，重复性的研究太多。今后值得研究的题目仍然很多，需要撰写一些填补空白的研究性专著和论文。大题目如苏轼美学思想、苏轼经学思想、苏轼史学观、苏轼文学观、苏轼与儒释道的关系、二苏笔记文比较；小题目如苏轼与美食（东坡与酒、东坡与茶）、东坡与棋、苏轼妇女观、东坡与歌妓等都是一些有趣的题目。